EL LIBRO IMPRES... PARA
INICIARSE EN LA COMPUTACIÓN

Todo lo que hay que saber sobre
hardware, Windows, Word,
Excel, la Web y el correo
electrónico, en diez
lecciones prácticas.

COLECCIÓN MANUALES USERS | 368 páginas | ISBN 987-526-118-1

TÍTULO: SEPA CÓMO USAR SU PC AL MÁXIMO

AUTOR: Carlos Fernández García

COLECCIÓN: Manuales USERS

EDITORIAL: MP Ediciones

FORMATO: 17 x 24 cm

CANTIDAD DE PÁGINAS: 304

Editado por MP Ediciones S.A., Moreno 2062 (C1094ABF),
Ciudad de Buenos Aires, Argentina.
Tel.: (54-11) 4959-5000, Fax: (54-11) 4954-1791

ISBN 987-526-133-5

SEPA CÓMO USAR SU PC AL MÁXIMO

Carlos Fernández García

Sobre el autor

Carlos Fernández García se inició en el mundo de la computación cuando todavía estaban muy lejos los grandes desarrollos de hardware y de software y los impresionantes avances en el campo de las comunicaciones presentes hoy en día.

Avalado por sus estudios de ingeniería y su experiencia de trabajo, ha adquirido un nivel de conocimientos cuyo dominio ha volcado en la enseñanza y escritura de libros, donde se destaca por su estilo sumamente didáctico. Entre sus trabajos recientes puede mencionarse una completísima guía sobre el sistema Windows, editada por una acreditada editorial española, haber sido responsable del suplemento de Informática de un importante diario de Buenos Aires y colaborar con una de las más prestigiosas editoriales del mundo. Con este libro continúa y afianza su vinculación con MP Ediciones, que comenzara tiempo atrás con el *Manual de OFFICE XP*, el *Manual de WORD XP* y la guía *PC PARA TODOS*, de reciente publicación.

Dedicatoria

A mi esposa Beatriz, compañera de toda mi vida en las horas buenas y malas. A Patricia y Alejandro, hijos como no hay otros. A mis nietas Fía y Mili, dulces, alegres y cariñosas. A mis hermanos David, Lilián y Antonio.

Sobre la editorial

MP Ediciones S.A. es una editorial especializada en temas de tecnología (computación, IT, telecomunicaciones).

Entre nuestros productos encontrará: revistas, libros, fascículos, sitios en Internet y eventos.

Nuestras principales marcas son: *USERS, Aprendiendo PC, Dr. Max* y *TecTimes.*

Si desea más información, puede contactarnos de las siguientes maneras:

Sitio web: www.tectimes.com

E-mail: libros@tectimes.com

Correo: Moreno 2062 (C1094ABF), Ciudad de Buenos Aires, Argentina.

Tel.: 54-11-4959-5000 / **Fax:** 54-11-4954-1791

Prólogo

Muchos usuarios utilizan su PC en forma limitada y solamente realizan en ella tareas rutinarias, para las que aplican los conocimientos básicos adquiridos a través de cursos y libros. Sin embargo, siempre tienen la intuición de que con los inmensos recursos que posee su computadora podrían encarar muchas otras tareas adicionales.

Estas tareas pueden ser útiles tanto en el aspecto personal como en pequeños comercios, oficinas o actividades profesionales, y son de fácil comprensión y realización cuando se conocen las sencillas formas de ejecutarlas.

No obstante, esas personas que demuestran inquietudes mayores no pueden concretar sus iniciativas porque no han sido debidamente instruidas para hacerlo y no saben dónde buscar información al respecto.

Este es el objetivo de este libro: brindar a nuestros lectores sencillas instrucciones que les permitan extraer el máximo provecho de su computadora. Por eso no está encarado en forma de curso, ni incluye tampoco excesivas consideraciones teóricas de las que puede prescindirse, con el objeto de dar la máxima prioridad al aspecto práctico de las tareas a ejecutar.

En este sentido, hemos sido estrictos en exponer, paso a paso, todas y cada una de las distintas operaciones que se deben efectuar, agregando al mismo tiempo las necesarias figuras e ilustraciones, a fin de clarificar la forma de realizar cada secuencia, evitando de esa forma las dudas y titubeos que podrían surgirle al usuario novel durante la tarea.

Creemos que esta obra será muy útil para que los lectores descubran aspectos que tal vez aún no conocen acerca de las posibilidades de su PC, contribuyendo a que cada día encuentren nuevas aplicaciones que les permitan usar su computadora al máximo. Por eso, este es un libro fundamentalmente práctico, que incluye en su contenido tareas que consideramos que son necesarias para mucha gente, pero cuya realización no es habitual para el común de las personas. Las explicaciones están desarrolladas en forma concisa y clara, para que cada uno pueda llegar directamente a lo que necesite, sin dificultades y sin pérdida de tiempo.

El autor

El libro de un vistazo

En este libro encontrará directivas precisas para ejecutar en forma práctica, por medio de su computadora, una gran cantidad de tareas que le serán de suma utilidad en su vida diaria. A continuación, un detalle de los temas que podrá solucionar siguiendo las explicaciones paso a paso de este manual.

CAPÍTULO 1
Crear un informe
Utilice, siguiendo las instrucciones paso a paso de este capítulo, las plantillas que le permitirán crear fácilmente informes impecablemente presentados.

CAPÍTULO 2
Escribir un currículo
Vea en este capítulo como escribir excelentes currículos, puerta de entrada al progreso en su vida laboral, agregándoles incluso su fotografía.

CAPÍTULO 3
Enviar y recibir faxes
Si su PC tiene un fax-módem y Windows XP, utilícela también como máquina para enviar y recibir faxes.

CAPÍTULO 4
Crear diagramas
Un buen diagrama vale más que mil palabras. Cree diagramas fácilmente para exponer ideas y mostrar la organización de su empresa.

CAPÍTULO 5
Crear un cartel
No siempre es necesario recurrir a un especialista para la creación de un cartel. Explicamos como usted también puede hacerlo, muy fácilmente y sin problemas, con su computadora.

CAPÍTULO 6
Combinar correspondencia
Gane miles de clientes enviándoles cartas personalizadas, para cada uno de ellos, con folletos y publicidad.

CAPÍTULO 7
Creación de un folleto
Publicite sus productos y servicios por medio de folletos que usted mismo puede hacer fácilmente utilizando las herramientas de Word XP.

CAPÍTULO 8
Diagramar un periódico escolar
Tal vez usted no tenga necesidad de diagramar un periódico escolar, pero con las instrucciones de este capítulo podrá aprender a crear un sinnúmero de documentos útiles.

CAPÍTULO 9
Crear una página Web personal
¿Por qué no colocar en la Web nuestra propia página personal? Usted puede crearla de una manera muy sencilla siguiendo los pasos del Asistente para páginas Web.

CAPÍTULO 10
Crear una tabla de gastos mensuales

A veces parece que el dinero se evaporara. Controle sus gastos e inversiones creando una tabla que le permita verificarlos y regularlos mensualmente.

CAPÍTULO 11
Crear una lista de precios

Los precios cambian constantemente por los aumentos, promociones e impuestos que los afectan. Cree una Lista de precios que se actualice automáticamente ante cada cambio que deba hacer.

CAPÍTULO 12
Hacer una planilla de liquidación de sueldos

Las grandes empresas disponen de profesionales especialmente capacitados para la liquidación de haberes. Si su negocio es más pequeño, en este capítulo encontrará la forma de crear sencillamente una planilla de liquidación de sueldos a su medida.

CAPÍTULO 13
Hacer una Factura comercial

Prepare su computadora para emitir Facturas comerciales de perfecta presentación que puedan calcular importes parciales, subtotales y totales.

CAPÍTULO 14
Crear una planilla de Informe de gastos

Si tiene personal en su empresa que viaja habitualmente para cumplir sus tareas, cree una planilla para conocer detalladamente y controlar los gastos realizados.

CAPÍTULO 15
Crear una presentación

Una presentación dinámica, con textos e imágenes en movimiento, puede convencer a su audiencia de las bondades de un proyecto o de un producto. Vea en este capítulo cómo crear excelentes presentaciones por medio de PowerPoint.

CAPÍTULO 16
Administrar la agenda de citas

Organice sus citas y recuerde sus compromisos diarios, semanales o anuales por medio del Calendario de Microsoft Outlook. Aprenda cómo agendarlos y establezca además que le avise cuando se acerca alguno de ellos.

CAPÍTULO 17
Gestionar el correo electrónico

No conocer el manejo del correo electrónico significa desaprovechar uno de los más importantes avances del mundo actual. Vea en este capítulo lo fácil que es enviar y recibir e-mails y documentos adjuntos.

CAPÍTULO 18
Gestionar los contactos

Reúna en su computadora los nombres, direcciones, teléfonos y toda la información sobre las personas, empresas e instituciones con las que mantiene alguna vinculación y disponga de esos datos al instante.

CAPÍTULO 19
Las notas de Outlook

Termine con los recordatorios anotados en papeles que luego se pierden. Cree Notas en Outlook, en un instante, y téngalas a la vista en el escritorio de su PC.

CAPÍTULO 20

Retocar una fotografía

Usted puede retocar cualquier fotografía o imagen utilizando uno de los accesorios estándar de Windows XP.

CAPÍTULO 21

Crear un cartel de publicidad

Cree un cartel para publicidad con las herramientas de su computadora y luego imprímalo o hágalo imprimir, siguiendo las indicaciones de este capítulo.

CAPÍTULO 22

Digitalizar una imagen

Digitalizar sus fotografías, imágenes y documentos mediante un escáner, le permite guardarlos en su PC y, entre otras cosas, enviarlos por mail.

CAPÍTULO 23

Digitalizar textos

No solamente pueden digitalizarse imágenes y fotografías, sino también textos. En este último caso puede utilizar el Reconocimiento óptico de caracteres para trabajar con los documentos digitalizados como si se tratara de textos escritos por usted.

CAPÍTULO 24

Grabar mensajes y sonidos

Envíe por mail mensajes de salutación para sus amigos, grabe las primeras palabras de su hijo o la melodía de una canción, utilizando la Grabadora de sonidos.

CAPÍTULO 25

Grabar un CD de datos

Si dispone de una grabadora de CD en su equipo, puede grabar archivos de todo tipo, en discos compactos, ya sea para transferirlos a otras PC o para conservarlos como copias de seguridad. En este capítulo se muestra cómo hacerlo.

CAPÍTULO 26

Grabar un CD de música

Cree CD de música, a partir de sus propias ejecuciones musicales, de otros CD o de listas de reproducción creadas seleccionando los temas que más le agraden, siguiendo las instrucciones paso a paso de este capítulo.

CAPÍTULO 27

Grabar un CD desde un casete o LP

Muchas personas lamentan tener que perder el contenido de sus antiguos LP de vinilo o las cintas de audio que tanto aprecian. Usted puede solucionarlo grabando esos temas en un CD. Hágalo en la forma indicada en este capítulo.

CAPÍTULO 28

Comunicarse con Windows Messenger

Poder comunicarse con sus amigos y seres queridos, en tiempo real, en una charla escrita o una conversación de voz, es un innegable motivo de alegría. Pero, hacerlo viéndose al mismo tiempo en la pantalla de la PC colma las mejores expectativas. En este capítulo podrá comprobar lo fácil que es llevar a la realidad este deseo.

SERVICIOS AL LECTOR

Para facilitar la utilización de los programas explicados en este libro, se incluye en esta sección una guía con atajos de teclado y un completo índice temático.

A lo largo del libro encontrarán estos recuadros con información complementaria:

CURIOSIDADES

Datos divertidos y locuras varias que resultan necesarios para ser un experto animador de reuniones sociales.

DEFINICIONES

Después de leer estas definiciones, no existirán más palabras incomprensibles ni temas que lo inhiban.

IDEAS

Trucos para realizar distintas tareas de manera más rápida y efectiva. Consejos sabrosos para todo conocedor del tema.

ATENCIÓN

Problemas típicos o errores frecuentes con los que se cruza el usuario inquieto, y los secretos para evitarlos.

DATOS ÚTILES

Información valiosa, datos precisos y actualizados, sitios web clave y respuestas a las preguntas frecuentes.

SOLO PARA GENIOS

Información y trucos para usuarios avanzados. ¡Todos llevamos un genio dentro (el asunto es saber encontrarlo)!

NOVEDAD

Comentarios sabrosos acerca de las novedades incluidas en la última versión y las mejoras logradas en sus aplicaciones.

ON WEB

Información, recursos, software o ejemplos del libro que están publicados en el sitio web exclusivo para lectores: onweb.tectimes.com.

UNA NUEVA DIMENSIÓN
EN LIBROS

TUTORIALES

Aquí encontrará diferentes
tutoriales en video relacionados
con el libro. Sólo deberá hacer
un clic en Ver Tutorial
para bajar el video a su PC.

GUÍA

Una completa guía con
sitios web, para acceder
a más información
y recursos útiles que
le permitirán profundizar
sus conocimientos.

SOFTWARE

Las mejores aplicaciones
y herramientas accesorias,
ejemplos y listados del libro
para que no tenga que invertir su
tiempo en transcribirlos.

OnWeb, el sitio que le permitirá aprovechar al máximo cada uno de
nuestros libros, con contenido exclusivo: la mejor selección de software y
los ejemplos analizados en el texto, tutoriales en video y una completa
guía de sitios de Internet. **>** Además, un foro a través del cual podrá
realizar interconsultas con otros lectores y usuarios, debatir con ellos y
estar en contacto con la editorial. Como siempre, **MP Ediciones**, a la
vanguardia en la divulgación de la tecnología.

BIENVENIDO A LOS SERVICIOS EXCLUSIVOS DE ONWEB:

Ingrese al sitio **onweb.tectimes.com**. La primera vez que acceda,
deberá registrarse con un nombre de usuario y una clave.
Para completar el proceso de registro, se le hará una pregunta
referida al libro y se le solicitarán sus datos personales.

ONWEB.TECTIMES.COM

Contenido

Sobre el autor	4
Prólogo	5
El libro de un vistazo	6
Información complementaria	7
OnWeb	10
Contenido	11
Introducción	14

CAPÍTULO 1
Crear un informe

Crear un informe	16
Elegir la plantilla	16
Adaptar la portada	18
Reemplazar los textos	19
Reemplazar o agregar imágenes y otros elementos	20
Completar el contenido del informe	22
Modificar, crear o insertar una tabla	22
Representar la tabla con un gráfico	22
Enviar el informe por correo electrónico	25

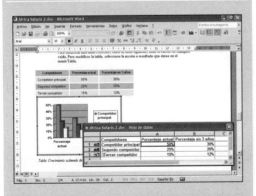

CAPÍTULO 2
Escribir un currículo

Escribir un currículo	28
Crear un currículo personalizado	28
Crear un currículo usando el Asistente	32

CAPÍTULO 3
Enviar y recibir faxes

Enviar y recibir faxes	38
Instalar el componente Servicios de fax	38
Configurar el Servicio de fax	39
Enviar un fax	41
Recibir un fax	48

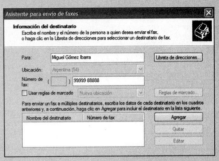

CAPÍTULO 4
Crear Diagramas

Crear diagramas	50
Crear un organigrama	50
Diseño del organigrama	54
Seleccionar formas y líneas de conexión	56
Dar formato al organigrama	58

CAPÍTULO 5
Crear un cartel

Crear un cartel	62

CAPÍTULO 6
Combinar correspondencia

Cartas personalizadas	68
Preparar la combinación	68
Combinar la carta con la base de datos	71
Crear los sobres	75
Combinar correo electrónico	79

CAPÍTULO 7
Creación de un folleto
Creación de un folleto	84

CAPÍTULO 8
Diagramar un periódico escolar
Diagramar un periódico escolar	92

CAPÍTULO 9
Crear una página web personal
Crear una página web personal	102

CAPÍTULO 10
Crear una tabla de gastos mensuales
Crear una tabla de gastos mensuales	114
Crear la tabla	115
Dar formato a la Tabla	119
Funcionamiento de la tabla	121

CAPÍTULO 11
Crear listas de precios
Crear listas de precios	126

CAPÍTULO 12
Planilla de liquidación de sueldos
Liquidaciones de sueldo	132
Crear una planilla	132
Utilización de la planilla	138

CAPÍTULO 13
Hacer una factura comercial
Hacer una factura comercial	140
Personalizar la plantilla Factura	140
Utilizar la plantilla personalizada	145

CAPÍTULO 14
Informe de gastos
Los informes de gastos	148
Crear una plantilla personalizada	148
Dar Formato a la planilla	152

CAPÍTULO 15
Crear una presentación
Crear una presentación	160
Animar la presentación	166

CAPÍTULO 16
Administrar la agenda de citas
Administrar la agenda de citas	172
Crear citas o eventos	177

CAPÍTULO 17
Gestionar el correo electrónico
Configurar el acceso telefónico	184
Configurar la cuenta de correo	185
Crear el mensaje	186
Enviar y recibir mensajes	189
Responder y reenviar mensajes	190
Eliminar mensajes	190

CAPÍTULO 18
Gestionar los contactos
Gestionar los contactos	192
Crear una lista de contactos	193

CAPÍTULO 19
Las notas de Outlook
Las notas de Outlook	202

Escribir notas 203

Formas de ver las notas 206

CAPÍTULO 20

Retocar una fotografía

Retocar una fotografía 210

CAPÍTULO 21

Crear un cartel de publicidad

Crear un cartel de publicidad 218

CAPÍTULO 22

Digitalizar una imagen

Digitalizar una imagen 226

CAPÍTULO 23

Digitalizar textos

Digitalizar textos 232

CAPÍTULO 24

Grabar mensajes y sonidos

Grabar mensajes y sonidos 240

CAPÍTULO 25

Grabar un CD de datos

Grabar un CD de datos 246

CAPÍTULO 26

Grabar un CD de música

Grabar un CD de música 252

CAPÍTULO 27

Grabar un CD desde un casete o LP

Grabar un CD desde un casete o LP 262

CAPÍTULO 28

Comunicarse con Windows Messenger

Comunicarse con Windows Messenger 270

Configurar la conexión 270

Crear la lista de contactos 273

Iniciar conversaciones 275

Conversaciones de voz 278

Realizar videoconferencias 279

Transferencia de archivos 280

SERVICIOS AL LECTOR

Atajos de teclado 284

Windows XP 284

Generales 284

En cajas de diálogo 284

Para Escritorio, Mi PC y el Explorador 285

Sólo para Mi PC y el Explorador 285

Sólo para el Explorador 285

Con la tecla Windows 286

Word XP 286

Trabajo con documentos 286

Inserciones 287

Aplicar estilos y formatos 287

Formas de ver el documento 287

Inclasificables y muy utilizados 287

Excel XP 287

Navegar por la planilla 289

Formatos 289

Copiar, modificar e insertar datos 289

Seleccionar rangos 290

Opciones de archivo 290

Especiales 290

Índice temático 291

Introducción

La idea que ha originado este libro es poner en sus manos una guía que le permita extraer de su computadora el máximo beneficio posible. Por esa razón, ha sido planificado, escrito y desarrollado con la intención de que le sea de utilidad para la solución de necesidades que seguramente se presentan en su vida cotidiana y que pueden ser resueltas con el auxilio de una computadora.

Para cumplir ese objetivo se han desarrollado, paso a paso, los procedimientos necesarios para que pueda ejecutar sin dificultades un sinnúmero de tareas que se requieren habitualmente en el hogar, en la oficina o el consultorio y otras con las que podrá satisfacer también algunas inquietudes personales.

Por otra parte, al encarar nuevos desafíos adquirirá destreza en el uso de las herramientas que ofrecen los programas, aplicándolas en múltiples situaciones prácticas distintas y logrará, de esa forma, conocer sus funciones mucho más eficientemente que con los enunciados teóricos, a veces demasiado superficiales, recibidos en los cursos.

Cuanto más trabaje en distintos emprendimientos con su PC, más dominio tomará sobre sus programas y más se capacitará para emprender tareas que tal vez hoy considera fuera de su alcance.

Además, la existencia en los programas de una amplia variedad de plantillas y asistentes constituye una ayuda invalorable que debe conocer, ya que le facilitarán la realización de innumerables emprendimientos.

La creación de un currículo con diagramación y presentación sobresalientes; la preparación y el envío de correspondencia masiva, personalizada para cada uno de los destinatarios en forma automática; la elaboración de una lista de precios que pueda ser actualizada rápidamente, incluso en forma automática, para aplicar aumentos o descuentos en los mismos; la posibilidad de crear un pequeño folleto de publicidad para un comercio o de hacer una dinámica presentación animada para un producto, y muchos otros trabajos más, son realizaciones que cualquier usuario de PC puede encarar con éxito con sólo disponer de la fórmula adecuada para llevarlas a cabo.

Es necesario tener en cuenta que en el uso de la computadora existen muchas maneras de hacer las cosas y muchos caminos para llegar al mismo objetivo. Comience por los que mostramos aquí y, a medida que aprenda a utilizar mejor las herramientas, opte por las formas de trabajar que le sean más afines.

La forma ideal de aprovechar este libro consiste en comenzar por el primer capítulo y, a medida que vaya recorriéndolos, irá adquiriendo mayor soltura para encarar las tareas más complejas. No obstante, cada tema es independiente de los otros, de manera que, si tiene urgencia por poner en marcha cualquiera de las propuestas incluidas en este libro, también puede hacerlo.

Crear un informe

Los informes son sumamente utilizados para recopilar y exponer información sobre temas o acontecimientos determinados, que se utilizan tanto en las empresas y actividades profesionales, como entre las personas individualmente.

Crear un informe	16
Elegir la plantilla	16
Adaptar la portada	18
Reemplazar los textos	19
Reemplazar o agregar imágenes y otros elementos	20
Completar el contenido del informe	22
Modificar, crear o insertar una tabla	22
Representar la tabla con un gráfico	22
Enviar el informe por correo electrónico	25

SERVICIO DE ATENCIÓN AL LECTOR: lectores@tectimes.com

Crear un informe

Se puede elaborar un informe sobre un proyecto, sobre el resultado de una reunión o sobre los valores de un análisis de mercado.

La correcta distribución de textos y títulos, la acertada elección de fuentes y colores, la inserción de imágenes, tablas y gráficos pueden diferenciar claramente un informe bien elaborado, haciéndolo mucho más claro y atractivo.

El programa indicado para crear un informe con una esmerada presentación es Microsoft Word, que permite hacerlo fácilmente con sólo reemplazar, en la plantilla elegida, los elementos de ejemplo que correspondan.

Elegir la plantilla

Word XP dispone de plantillas que permiten crear informes de tres diferentes estilos: elegante, moderno y profesional. Para acceder a ellas y seleccionar la que mejor se adapte a sus necesidades proceda de la siguiente forma:

Elegir la plantilla	PASO A PASO

1 Al ejecutar Microsoft Word se presentará el Panel de tareas **Nuevo documento**. Si la ventana se encuentra ya abierta, haga clic en **Archivo/ Nuevo** para acceder al mismo.

2 En el sector **Nuevo a partir de una plantilla**, haga clic en **Plantillas generales... (Figura 1)**. Se presentará el cuadro de diálogo **Plantillas (Figura 2)**.

OTROS USOS

Las plantillas para informes permiten crear también otros tipos de documentos, tales como, libros, resúmenes, propuestas y artículos, que requieran una portada y una correcta distribución de títulos, textos, tablas e imágenes.

USE SU PLANTILLA

Para iniciar un documento nuevo, basado en una plantilla personalizada, creada por usted, haga clic en Archivo/Nuevo/Plantillas generales/ficha General y haga doble clic en el ícono que muestra el nombre que asignó a la plantilla.

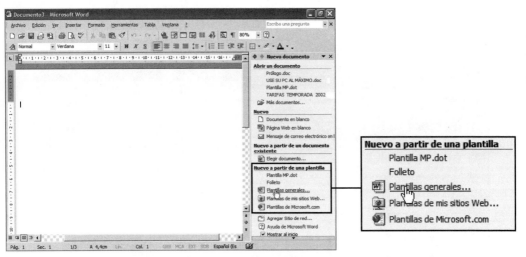

Figura 1. La opción **Plantillas generales...** permite acceder a todas las plantillas disponibles en Word para la realización de muy distintos tipos de documentos.

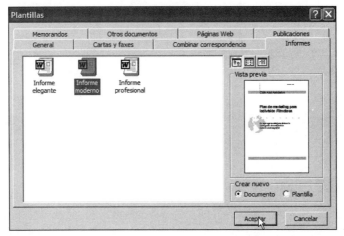

Figura 2. En las fichas de este cuadro se pueden encontrar plantillas para crear los documentos más usuales con distintos estilos.

3 Active la ficha **Informes** y seleccione alternativamente cada uno de los tres íconos para observar, en la vista previa, cuál es la presentación más adecuada para el informe que va a realizar.

4 Haga doble clic en el ícono de la plantilla elegida para el informe o selecciónela y haga clic en **Aceptar**. Para realizar este ejemplo utilizaremos la plantilla **Informe**

moderno (Figura 3). Se presentará un documento nuevo, con las características de la plantilla elegida, listo para ser completado con la información necesaria.

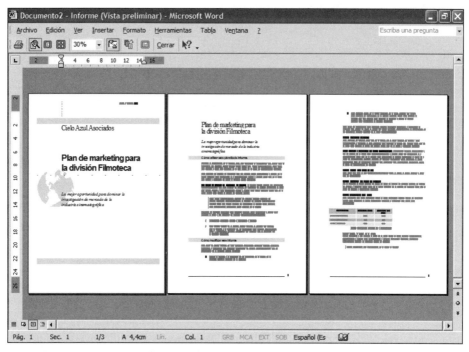

Figura 3. La vista preliminar muestra que la plantilla abarca tres páginas.

Adaptar la portada

Los títulos, ornamentos e imágenes de la portada de la plantilla pueden servir de base para el nuevo informe a crear, pero será preciso adaptarlos a la temática de este, realizando los cambios necesarios.

PLANTILLAS PROPIAS

Cree sus propias plantillas abriendo, con el botón **Plantillas** activado en el cuadro **Abrir**, una de las existentes en Word, modifíquela a su gusto y guárdela después con otro nombre, seleccionando **Plantilla de documento** en el cuadro **Guardar como:**

Reemplazar los textos

Los textos que aparecen como muestra en la plantilla deberán ser reemplazados por los reales. Estos textos indican, en muchos casos, los procedimientos a seguir para completar el informe.

Reemplazar los textos	PASO A PASO

1 Haga clic en el cuadro de texto de la parte superior derecha del documento y escriba la dirección o cualquier otro dato que desee agregar en ese lugar. Si necesita más espacio, haga clic en el borde del cuadro de texto y arrastre alguno de los controladores de tamaño hasta la dimensión adecuada.

2 Para introducir los títulos seleccione los textos de muestra existentes y escriba sobre ellos los que corresponden para su informe. En la **Figura 4,** puede verse un ejemplo de los cambios realizados.

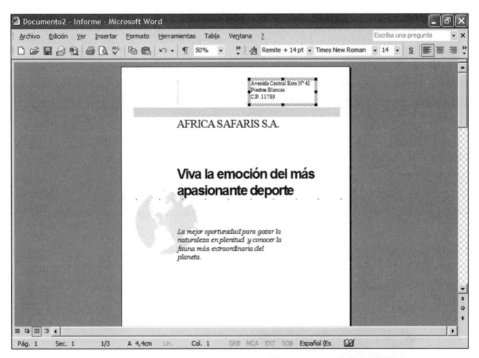

Figura 4: Seleccionando los títulos y textos es posible modificar su formato, asignándoles fuentes, tamaños y atributos distintos.

Reemplazar o agregar imágenes y otros elementos

Existen en la portada de la plantilla otros elementos decorativos, tales como imágenes, anchas líneas de color gris y otras de puntos, que se encuentran en los sectores de encabezado y pie de página. Para poder modificarlos se debe proceder de la siguiente forma:

Reemplazar imágenes y otros elementos   PASO A PASO

1 Haga clic en **Ver/ Encabezado y pie de página**. De esta forma pasarán a primer plano esos elementos, quedando los demás textos atenuados en la parte posterior.

2 Haga clic en el elemento que desee modificar para seleccionarlo y cámbiele el tamaño, la forma, el color y cualquier otro atributo o, si lo desea, arrástrelo hasta otro lugar.

3 Si desea eliminar la imagen, haga clic en ella y pulse la tecla **Suprimir**. Si, en cambio, desea modificarla, haga doble clic sobre la misma y esta se presentará en una nueva ventana donde puede efectuar los cambios necesarios, utilizando las herramientas de las barras existentes. Al finalizar, pulse en el botón **Cerrar imagen** para volver al documento del informe.

4 Para cambiar la imagen predeterminada por otra, haga clic sobre la misma para seleccionarla, abra el menú **Insertar**, localice y seleccione la nueva imagen y pulse en el botón que permite insertarla en el documento.

5 Otra forma de hacerlo consiste en eliminar la imagen existente, insertar un cuadro de texto en el lugar apropiado y con las dimensiones adecuadas, hacer clic en el interior de este e insertar allí la nueva imagen, como puede verse en la **Figuras 5**.

VEA EL INFORME DEL EJEMPLO

El archivo correspondiente al **Informe** de la **Figura 6** se encuentra en el sitio **onweb.tectimes.com** con el nombre **África safaris.doc**

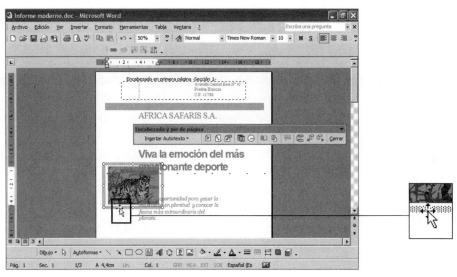

*Figura 5. Insertando la imagen en el interior de un cuadro de texto
es posible agrandarla, achicarla o arrastrarla a otro lugar con el puntero.*

Después de las modificaciones realizadas, la portada del informe quedará aproximadamente como puede verse en la **Figura 6**.

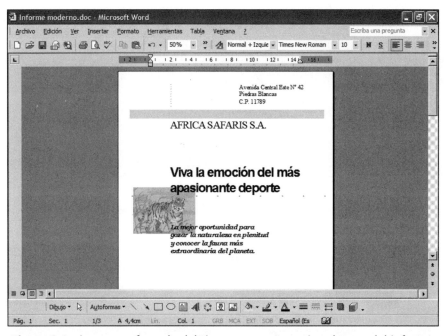

Figura 6: La imagen esfumada del tigre acompaña mejor el tema del informe.

Completar el contenido del informe

Después de la portada, las páginas siguientes del informe pueden contener, además de los textos, listas numeradas o con viñetas, imágenes, gráficos, tablas y otros objetos. Los textos se reemplazan directamente, seleccionándolos y escribiendo sobre ellos. Las listas numeradas o con viñetas pueden ser creadas como en cualquier otro documento de Word. Las imágenes y gráficos pueden ser reemplazados o insertados tal como si ha visto anteriormente. Veamos cómo proceder con las tablas.

Modificar, crear o insertar una tabla

Las plantillas contienen tablas que pueden ser utilizadas, adaptándolas a la necesidad del informe, o pueden crearse otras que se ajusten más a los requerimientos del usuario. También pueden insertarse tablas existentes.

Para utilizar la tabla de la plantilla bastará seleccionar los textos y valores y reemplazarlos por los adecuados. Haciendo clic en una celda o seleccionando filas y columnas y utilizando las opciones del menú **Tabla**, es posible realizar todas las operaciones habituales de edición de las mismas.

Para crear una tabla nueva utilice cualquiera de los métodos que permiten dibujar o insertar una tabla y luego introduzca en ella los datos que corresponden.

Para insertar una tabla existente selecciónela, en el lugar donde se encuentra y cópiela. Después coloque el punto de inserción donde desee ubicarla y péguela con vínculo o sin él, en el informe. Si la pega con vínculo se actualizará cada vez que sea modificado el archivo original.

Representar la tabla con un gráfico

Si lo desea puede representar los datos de la tabla con un gráfico. Para hacerlo proceda de la siguiente forma:

AGRÉGUELE UN ÍNDICE

Cuando cree un informe extenso es muy conveniente que agregue al mismo un Índice o una Tabla de contenido. Para hacerlo, pulse sobre el menú Insertar/Referencia/Índice y tablas y utilice el cuadro que se presentará.

IMÁGENES EN INTERNET

Si no tiene a mano imágenes relacionadas con el tema del informe, el poderoso buscador de imágenes de Google (**www.google.com**) le será de suma utilidad. Puede buscar por palabras clave y bajar a su PC las que más le agraden.

Insertar un gráfico en el informe — PASO A PASO

1 Coloque el punto de inserción entre la tabla y el texto siguiente. Si es necesario desplace este hacia abajo con la tecla **ENTER**.

2 Seleccione la tabla con el mouse o el teclado, y haga clic en **Insertar/ Objeto.../** ficha **Crear Nuevo**.

3 Pulse sobre los botones de la barra de desplazamiento de la ventana principal, seleccione **Gráfico de Microsoft Graph** y pulse en el botón **Aceptar**. En la tabla aparecerá el **Gráfico** con su **Hoja de datos (Figura 7)** con la información obtenida desde el documento.

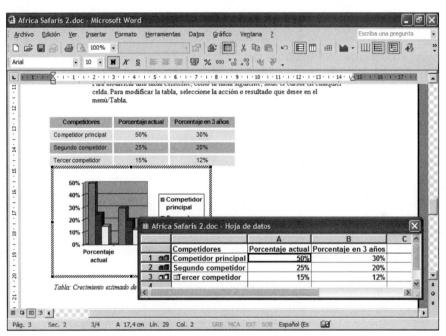

Figura 7. En la **Hoja de datos** aparecen los valores
de la tabla y el gráfico que los representa.

ANTES DE IMPRIMIR

No olvide probar el informe yendo a Archivo/Vista preliminar antes de imprimir el informe, para estar seguro de qué es lo que saldrá por la impresora. En ocasiones, una la configuración de márgenes no acorde deja algunos detalles fuera del área de impresión.

4 Finalmente, cierre la **Hoja de datos** que contiene la información representada en el gráfico, utilizando el botón **Cerrar**.

5 Ajuste la forma y el tamaño definitivo del gráfico, utilizando los botones controladores que aparecen en los lados y en las esquinas. El gráfico insertado a continuación de la tabla se verá, aproximadamente, como el que se muestra en el documento de la **Figura 8**.

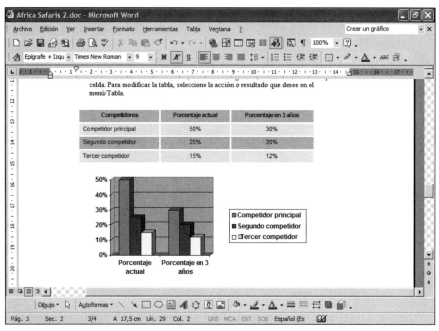

Figura 8. *El gráfico muestra de una forma mucho más clara los distintos valores.*

Ya tenemos finalmente nuestro informe completo con texto, imágenes, tablas con información numérica, y un gráfico que ayuda a visualizar los resultados obtenidos.

Veamos a continuación que más podemos hacer desde Word con el documento ya terminado.

IDEAS

HIPERVÍNCULOS

En el caso de que el informe esté pensado para visualizarse en una PC, ya sea como documento de Word o en forma de correo electrónico, es una buena idea complementar la información con vínculos a sitios web relacionados con el tema.

Enviar el informe por correo electrónico

Una vez terminado el informe puede enviarlo utilizando el correo electrónico, directamente desde la ventana del documento, incluyéndolo en el cuerpo del mensaje.
Para hacerlo proceda de la siguiente forma:

Enviar el Informe desde Word   PASO A PASO

1 Haga clic en el menú **Archivo/ Enviar a/ Destinatario de correo** o pulse en el botón **Correo electrónico** de la barra de herramientas **Estándar**. Se agregarán a la ventana las barras habituales para enviar mensajes de correo electrónico **(Figura 9)**.

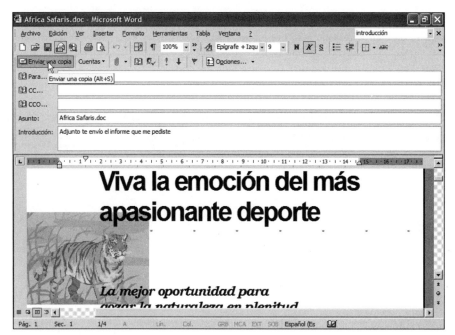

Figura 9. *En el cuadro* **Asunto:** *aparecerá, de forma predeterminada, el nombre del archivo. Si lo desea puede cambiarlo.*

2 Escriba los nombres de los destinatarios o selecciónelos en la **Libreta de direcciones**.

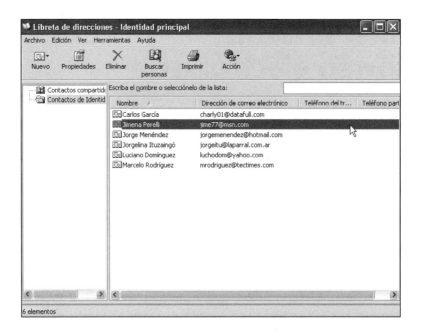

3 En el cuadro **Introducción:** escriba el texto que desea agregar al documento.

4 Pulse en el botón **Enviar una copia**.

También puede enviar el informe, creando un mensaje de correo electrónico nuevo, de la forma como lo hace habitualmente y agregándolo como un archivo adjunto.

MENOS ES MEJOR

Si va a enviar el informe por correo electrónico, intente evitar el uso excesivo de imágenes y demás elementos que aumenten el tamaño del archivo. Tenga en cuenta que un mensaje de 1MB tarda alrededor de 10 minutos en bajar a través de una conexión telefónica.

Escribir un currículo

Un currículo es un documento que reúne
la información relativa a una persona,
tal como sus datos personales, los estudios
cursados, los antecedentes laborales,
las referencias y todos los demás elementos
que permitan establecer una calificación
para la misma. En muchos casos
se suele agregar, incluso, una fotografía
de la persona en cuestión.

SERVICIO DE ATENCIÓN AL LECTOR: lectores@tectimes.com

Escribir un currículo   28
Crear un currículo personalizado   28
Crear un currículo
usando el Asistente   32

Escribir un currículo

Elaborar un currículo bien presentado puede constituir una excelente puerta de ingreso al mundo laboral.

Por medio de Microsoft Word, utilizando alguna de las plantillas o el asistente provisto con el programa, es posible crear currículos de tres estilos diferentes, elegante, moderno y profesional, de una forma muy fácil y rápida, con solo completar los datos solicitados por el programa.

En este capítulo, veremos la forma de crear un currículo totalmente personalizado, adaptado a las necesidades del usuario, en el que agruparemos de forma ordenada los ítems que lo componen y agregaremos una fotografía personal. Para continuar crearemos después otro currículo utilizando el Asistente.

Crear un currículo personalizado

Para crear un currículo personalizado de acuerdo con nuestras necesidades utilizando Word, procederemos de la siguiente manera:

Crear un currículo personalizado	PASO A PASO

1 Pulse en el botón **Nuevo documento en blanco** de la barra de herramientas **Estándar**.

2 Haga clic en **Tabla/Dibujar tabla** y, arrastrando la herramienta **Lápiz**, dibuje el borde exterior de una tabla que abarque todo el espacio horizontal y vertical entre los márgenes de la página.

3 Trace una línea horizontal, aproximadamente a **1 cm**. del borde superior.

SIN LÍNEAS DE DIVISIÓN

Es posible presentar el currículo sin mostrar las líneas que lo caracterizan como una tabla, pulsando en Tabla/Ocultar líneas de división y en Formato/Bordes y sombreado/ ficha Bordes/ valor Ninguno.

Trace otras líneas horizontales, separadas aproximadamente 4 cm una de la otra, hasta llegar al margen inferior.

5 Trace una línea vertical que abarque desde la segunda fila hasta el final de la tabla sin incluir la primera fila. La tabla presentará el aspecto aproximado de la que se ve en la **Figura 1**.

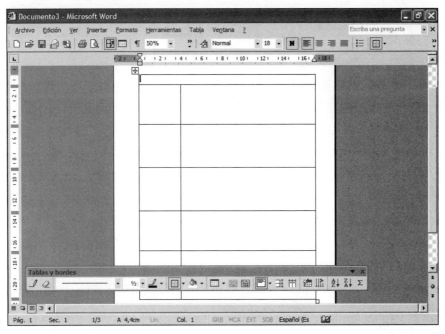

Figura 1. La tabla servirá para ordenar los distintos ítems que incluye el currículo.

6 Haga clic en la primera fila y escriba **Currículo Personal**.

7 Seleccione el texto y asígnele fuente **Verdana**, tamaño **20 pts.**, **Negrita**, alineación **centrada**.

8 Haga clic en la celda de la segunda fila a la izquierda.

9 Abra el menú **Insertar/ Imagen/ Desde archivo...** Se presentará el cuadro **Insertar imagen**.

10 Localice y seleccione una fotografía suya e insértela en la celda donde había colocado el punto de inserción.

11 Modifique el tamaño de la fotografía arrastrando el controlador de la esquina inferior derecha, de modo que se ajuste al tamaño de la celda. Si es necesario cambie también el ancho o el alto de la celda. La tabla debería verse como en la **Figura 2**.

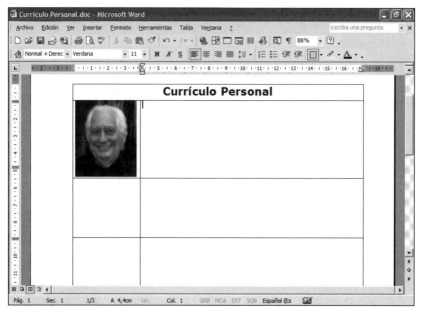

Figura 2: *Este es el planteo inicial de la tabla. Probablemente sea necesario cambiar después el ancho y alto de algunas celdas.*

12 Haga clic en la celda de la derecha de la segunda fila y escriba **Datos personales**.

13 A continuación escriba en esa misma celda, hacia abajo, los datos personales que desee incluir en el currículo, tales como, nombres y apellidos, dirección, teléfonos, número de documento, fecha de nacimiento, estado civil y cualquier otro dato que considere de interés.

14 Seleccione el título **Datos personales** y asígnele fuente **Verdana**, tamaño **12 pts.**, **Negrita**, **Cursiva** y **Subrayado**. Después seleccione todo el bloque de datos y asígnele fuente **Verdana**, tamaño **11 pts**.

15 Haga clic en la celda de la tercera fila, a la izquierda, y escriba **Estudios cursados**. Seleccione el texto y asígnele fuente **Verdana 12 pts.**, **Negrita**, **Cursiva** y **Subrayado**.

16 En la celda de la derecha de la tercera fila escriba el detalle de sus estudios y el de las instituciones donde los ha realizado. Agregue otros estudios, masters y seminarios, si posee.

17 Seleccione los títulos de cada uno de los niveles de estudios y asígneles fuente Verdana, **tamaño 12 pts.**, **Negrita**, **Cursiva** y **Subrayado**. Después seleccione los estudios realizados y los títulos obtenidos y, utilizando el botón de la barra de herramientas Formato, aplíquele viñetas a cada párrafo.

18 En las filas siguientes, agregue, de la misma forma, colocando el título en la celda de la izquierda y los detalles en la de la derecha, toda la información que considere que puede contribuir a mejorar su calificación, como por ejemplo: idiomas que conoce, antecedentes laborales, experiencia, aficiones, habilidades y todo otro aspecto de interés.

19 Para terminar, dé formato definitivo al currículo, modificando, si es necesario, los tipos, tamaños y atributos de las fuentes, la separación de los párrafos, las alineaciones, cambiando la posición de algunas líneas y todo lo que pueda mejorar la presentación del mismo.

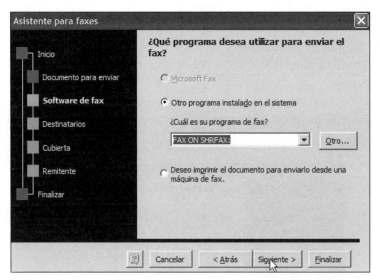

Figura 3. Una distribución ordenada, separando los ítems, permite una mayor claridad en los datos y facilita la lectura.

BAJE EL CURRÍCULO DE INTERNET

El archivo correspondiente al **Currículo** de la **Figura 3** se encuentra en el sitio **www.onweb.tectimes.com** con el nombre Currículo personal 1.doc.

Crear un currículo usando el Asistente

Veamos a continuación la forma de crear un currículo personal utilizando todas las opciones inlcuidas en el Asistente.

Crear un currículo por medio del asistente — PASO A PASO

1 Al ejecutar Microsoft Word se presentará el Panel de tareas **Nuevo documento**. Si la ventana se encuentra ya abierta, haga clic en **Archivo/ Nuevo** para acceder al mismo.

2 En el sector **Nuevo a partir de una plantilla,** haga clic en **Plantillas generales...** Se presentará el cuadro de diálogo **Plantillas**.

3 Active la ficha **Otros documentos** y seleccione luego la opción **Asistente para currículos**. Se presentará el primer cuadro del mismo. Haga clic con el mouse en **Siguiente** para continuar.

4 En el nuevo cuadro **(Figura 4),** seleccione el estilo de currículo que más le agrade y pulse en **Siguiente**.

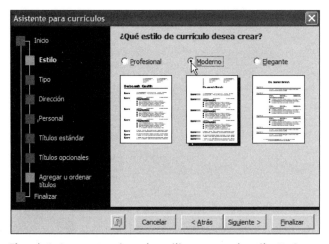

Figura 4. Para este ejemplo utilizaremos el estilo Moderno.

5 Seleccione el tipo de currículo. Para este ejemplo se utilizará la opción **Básico**.

6 En el nuevo cuadro ingrese sus nombres y apellidos, la dirección postal, teléfonos, dirección de correo electrónico y pulse en **Siguiente** para pasar al próximo paso del asistente **(Figura 5)**.

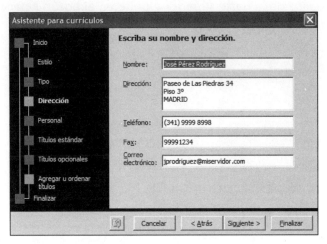

Figura 5. *La información de este cuadro servirá, además, para que puedan contactarlo.*

7 Para continuar tilde, en este cuadro, las casillas de verificación de todos los datos personales que desea incluir.

8 En este paso debe activar las casillas correspondientes a los temas sobre los que quiere ingresar información en el currículo **(Figura 6)**. En el ejemplo, seleccionaremos las opciones Educación, Idiomas, Experiencia laboral y Referencias.

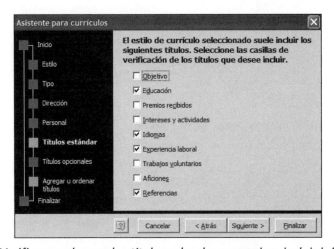

Figura 6. *Verifique cuales son los títulos sobre los que quiere incluir información.*

9 En el nuevo cuadro hay otros temas para incluir que también puede tildar.

10 Si desea agregar algún ítem que no haya sido propuesto por el Asistente, escríbalo en el cuadro de la parte superior y pulse en el botón **Agregar (Figura 7)**.

Figura 7. Puede modificar la posición de los títulos, utilizando los botones *Subir* y *Bajar.*

11 Al pulsar en **Finalizar** se presentará el documento listo para completar **(Figura 8)**.

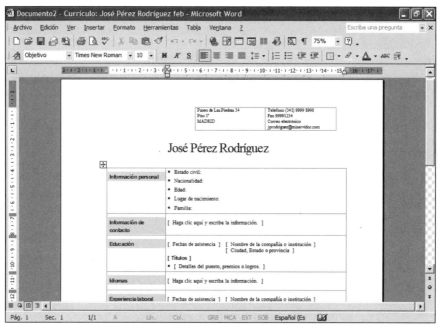

Figura 8. Pulsando en el menú *Tabla/ Mostrar líneas de división*
se puede conocer toda la estructura del documento.

12 Si desea insertar su foto en el currículo, seleccione el texto con sus nombres y apellidos y apliquele alineación derecha con el objeto de hacer un lugar para colocar la misma.

13 En la tabla de la parte superior, haga clic en la celda de la izquierda, donde aparece su dirección postal, y pulse en el menú **Tabla/ Insertar/ Columna a la izquierda**. Se agregará una nueva celda a la tabla. Veamos ahora como insertar una imagen en ese lugar.

14 Pulse en la nueva celda para colocar el punto de inserción y pulse en el menú **Insertar/ Imagen/ Desde archivo...** En el cuadro que aparecerá localice y seleccione su fotografía, insértela en el documento y si es necesario, modifique el tamaño de la foto.

Escribir un currículo

2

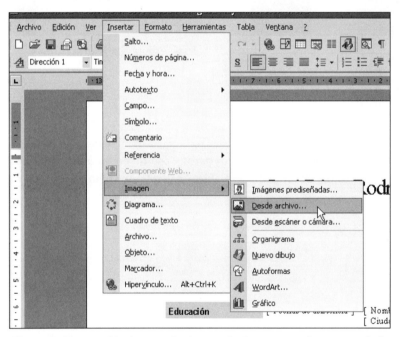

Figura 9. Esta opción le permite buscar imágenes que haya guardado en su disco duro, en CD-ROMs, disquetes o unidades de red.

EL CURRÍCULO PERSONALIZADO

El archivo correspondiente al Currículo de la **Figura 10** se encuentra en el sitio **www.onweb.tectimes.com** con el nombre Currículo personal 2.doc.

15 Seleccione todo el documento y asígnele el tipo de fuente que le agrade. Complete todos los datos y realice los cambios de formato que crea necesario. Al terminar el currículo tendrá aproximadamente el aspecto que se ve en la **Figura 10**.

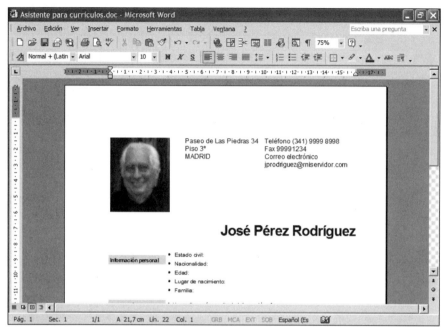

Figura 10. *Antes de completar los datos y ocultando las líneas de división, el aspecto del documento será aproximadamente como el de la figura.*

ELIJA EL ESTILO

Para elegir el estilo de currículo, seleccione, antes, alternativamente en el cuadro Plantillas, cada uno de los tres íconos de las mismas, para observar, en la vista previa, cuál es la presentación más adecuada para el currículo que va a realizar.

Enviar y recibir faxes

A pesar de la popularización del correo electrónico y de los programas de mensajería instantánea, la comunicación por intermedio de faxes sigue teniendo vigencia, ya que ofrece la posibilidad de enviar rápidamente documentos sin digitalizar, como un dibujo a mano alzada o una nota manuscrita.

SERVICIO DE ATENCIÓN AL LECTOR: lectores@tectimes.com

Enviar y recibir faxes	38
Instalar el componente Servicios de fax	38
Configurar el Servicio de fax	39
Enviar un fax	41
Recibir un fax	48

Enviar y recibir faxes

Mucha gente sigue utilizando hoy en día máquinas de fax para sus actividades, sin verse en la necesidad de disponer de una computadora. No obstante, mediante estas, contando con Windows XP y el equipamiento necesario, pueden enviarse por fax, documentos digitalizados por máquinas de fax comunes e incluso recibir faxes que hayan sido despachados desde las mismas.

Para el envío y la recepción de faxes por medio de su computadora, esta debe disponer básicamente de un Dispositivo de fax (usualmente un Módem con capacidad para la gestión de faxes) y tener instalado el componente Servicios de fax, que viene provisto con el sistema operativo Windows XP.

Instalar el componente Servicios de fax

Este componente no se instala de forma predeterminada al instalar Windows XP, sino que es necesario agregarlo posteriormente. Para hacerlo se debe seguir el procedimiento siguiente:

Instalar el componente Servicios de Fax	PASO A PASO

1 Haga clic en **Inicio/Panel de control** y dentro de este en el ícono **Agregar o quitar programas**. Se presentará la ventana de ese nombre.

2 Pulse en el botón **Agregar o quitar componentes de Windows**. En la ventana del Asistente que se presentará, active la casilla de verificación **Servicios de fax** y pulse en **Siguiente**. Comenzará la copia de archivos y luego de unos instantes se le solicitará que inserte el CD de instalación de Windows XP.

3 Coloque el disco en el lector de CD y pulse en **Aceptar** para continuar con la instalación hasta finalizar.

DOCUMENTOS SIN DIGITALIZAR

Si tiene necesidad de despachar por fax páginas manuscritas, dibujos y otros documentos sin digitalizar, puede enviarlos también por fax mediante la PC, escaneándolos previamente.

MONITOR DE FAX

Cuando necesite abrir el Monitor de fax, por ejemplo para verificar los eventos ocurridos, haga clic, en la ventana de la Consola de fax, en el menú Herramientas/ Monitor de fax... y se presentará la ventana de este.

Configurar el Servicio de fax

Una vez instalado el componente **Servicios de fax** será preciso configurar la forma de trabajar del mismo. Veamos a continuación como hacerlo.

Configurar el Servicio de fax | PASO A PASO

1 Haga clic en el botón **Inicio/ Todos los programas/ Accesorios/ Comunicaciones/ Fax/ Consola de fax**.

2 En la ventana que se presentará **(Figura 1)**, pulse en **Herramientas/ Configurar el fax...** Se presentará el **Asistente para configuración de fax**.

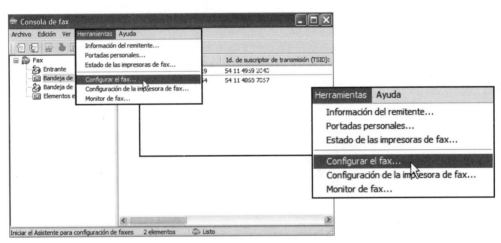

Figura 1. *Esta ventana permite controlar toda la gestión del envío, recepción y archivo de los faxes.*

3 Después del cuadro de presentación, al pulsar en **Siguiente**, se presentará otro cuadro donde se debe introducir la información del remitente de los faxes **(Figura 2)**. Para continuar pulse nuevamente en **Siguiente**.

PORTADAS PERSONALIZADAS

Cree sus propias portadas de fax personalizadas. Haga clic en el botón **Inicio/ Todos los programas/ Accesorios/ Comunicaciones/ Fax/ Editor de portadas de fax** y utilice las variadas herramientas existentes para crear textos, líneas y figuras.

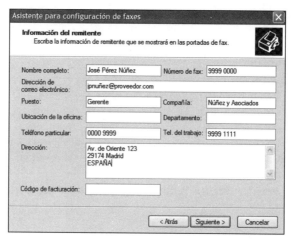

Figura 2. *La información introducida en este cuadro*
será luego utilizada por el programa para agregarla al fax.

4 En el nuevo cuadro **(Figura 3),** tilde las casillas para habilitar el envío y recepción de los faxes y, si elige la opción para que el fax responda automáticamente, seleccione la cantidad de veces que deberá sonar el timbre antes de que el fax tome la comunicación y emita su señal.

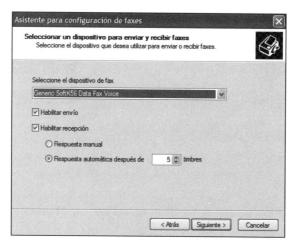

Figura 3. *Si dispone de más de un dispositivo*
de fax seleccione, en la lista desplegable, el que va utilizar.

5 En los dos cuadros siguientes escriba, si lo desea, el número de fax y el nombre de la persona o empresa que utiliza el mismo, para que el programa agregue esos datos a los faxes salientes y lo transmita a los remitentes de fax cuando se detecte un fax entrante.

6 En el próximo cuadro del Asistente **(Figura 4),** debe establecer, activando la casilla de verificación correspondiente, si desea que se imprima el fax al recibirlo. En ese caso seleccione, en la lista ubicada al lado, la impresora a utilizar. También puede optar por almacenar una copia del fax en alguna carpeta que usted elija, activando la casilla correspondiente, pulsando en el botón **Examinar** y seleccionando en cuál de ellas desea almacenarlo.

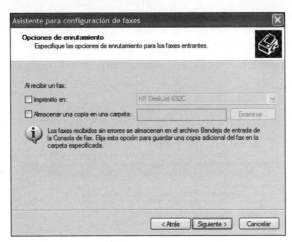

*Figura 4. Si no elige ninguna de las dos opciones, el fax quedará, de todos modos, en la **Bandeja de entrada** de la **Consola de fax**.*

7 En el último cuadro del Asistente se puede ver un detalle de la configuración establecida. Si está conforme pulse en **Finalizar**. En caso contrario pulse en el botón **Atrás** y modifique lo que estime necesario. Al terminar, su equipo estará habilitado para enviar y recibir faxes.

Enviar un fax

Una vez instalado y configurado el componente **Servicios de fax**, su PC está en condiciones de enviar y recibir faxes hacia y desde máquinas de fax comunes.

Existen dos formas de enviar un fax desde la PC.

• Puede remitir una portada, con una nota escrita directamente en la misma, utilizando el **Asistente para envío de faxes**.

• Puede remitir un documento desde la aplicación con que fue creado, por ejemplo Microsoft Word, o un mensaje de correo electrónico creado en Outlook Express o en

Microsoft Outlook, procediendo de la misma forma que para imprimirlo, pero utilizando como impresora el dispositivo fax y agregándole una portada. Veremos a continuación como utilizar ambas posibilidades.

Para enviar una portada con una nota, proceda de la siguiente forma.

Enviar una portada de fax con una nota incluida   PASO A PASO

1 Haga clic en el botón **Inicio/ Todos los programas/ Accesorios/ Comunicaciones/ Fax/ Enviar un fax**. Se presentará el **Asistente para envío de faxes**. Haga clic en **Siguiente**.

2 En el nuevo cuadro **(Figura 5),** escriba el nombre del destinatario y su número de fax. Para continuar pulse en **Siguiente**.

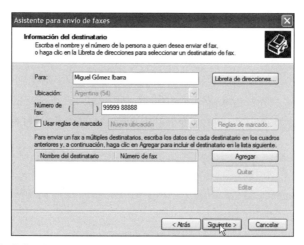

Figura 5. Si el destinatario se encuentra registrado en la *Libreta de direcciones* con su número de fax, haga clic en el botón correspondiente y selecciónelo allí.

3 Introduzca un título para el fax en la caja **Asunto** del cuadro que se presentará y, más abajo, escriba el texto completo del fax **(Figura 6)**.

IDEAS

DOCUMENTOS ESCANEADOS

Cuando escanee una imagen o un documento, puede enviarlo directamente por fax desde la aplicación en que lo digitalizó, pulsando en Imprimir y seleccionando, como impresora a utilizar, el dispositivo de fax.

DATOS ÚTILES

VER LOS FAXES

Cuando necesite ver el contenido de alguno de los faxes guardados en las carpetas de la Consola de fax, haga doble clic sobre el mismo en el panel de detalles y este se presentará en la ventana del Visor de imágenes y fax de Windows.

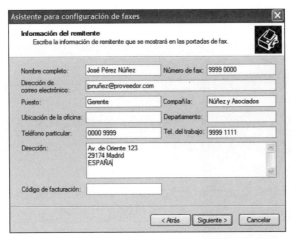

*Figura 6. Para seleccionar la portada que va a usar, haga clic en cada opción de la lista desplegable **Plantilla de portada** y observe su apariencia en el cuadro de vista previa.*

4 Tilde, en el próximo cuadro, las opciones que le parezcan adecuadas, cuyo texto es suficientemente explícito **(Figura 7)**, y pulse en **Siguiente**.

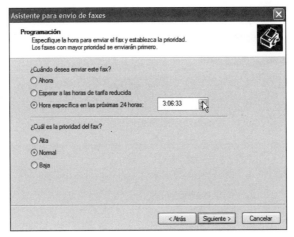

Figura 7. Si desea enviar el fax a una hora determinada, active la casilla correspondiente y establezca la hora en el control que se encuentra al lado.

DEL FAX A WORD

Mediante la herramienta Microsoft Office Document Imaging (incluida en Office XP), es posible hacer un reconocimiento de caracteres de cualquier imagen (incluidos los faxes recibidos) para pasar el texto a Word, aunque con unos mínimos errores.

5 En el próximo cuadro se presentará un informe de las opciones establecidas **(Figura 8)**.

*Figura 8. Verifique, en este cuadro si todo está en orden y, si es así, pulse en **Finalizar**.*

6 Si lo desea puede obtener una vista previa del fax **(Figura 9)**, pulsando en el botón correspondiente.

Figura 9. Si al observar la vista previa del fax aparece algún detalle erróneo,
*puede volver al cuadro anterior, pulsar en **Atrás** las veces necesarias y corregirlo.*

7 Si está de acuerdo con la vista previa, pulse en **Finalizar** y el fax pasará a la **Bandeja de salida** de la **Consola de fax (Figura 10).**

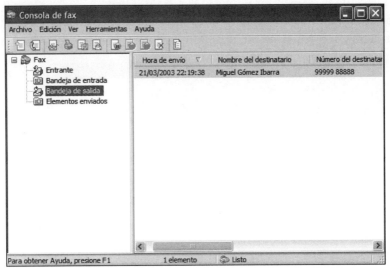

*Figura 10. Hasta que los faxes son despachados permanecen
en la Bandeja de salida, después pasan a la carpeta Elementos enviados.*

8 Si ha establecido que el envío se realice **Ahora**, se iniciará la comunicación de inmediato. Si, en cambio, ha elegido enviarlo en horario de tarifa reducida o a una hora determinada, el fax quedará en la **Bandeja de salida** de la **Consola de fax** esperando el momento establecido. Cuando se produzca la comunicación, aparecerá en pantalla la ventana **Monitor de fax (Figura 11),** que permitirá seguir el proceso.

*Figura 11. Al finalizar la transmisión
del fax, el monitor indicará si la misma
ha sido exitosa y sin errores.*

9 Si la máquina que recibirá el fax, emite automáticamente la señal para la recepción, el despacho se iniciará de inmediato. En caso contrario, la persona que atienda el teléfono, al recibir la señal de fax enviada por la PC, debe dar manualmente en su máquina la señal de fax.

Si el **Monitor de fax** no se abriera automáticamente de forma predeterminada, puede configurar el equipo para que lo haga en el futuro. Pulse en el botón **Inicio/ Panel de control** y en la ventana de este, en **Impresoras y faxes**. Luego haga clic derecho en el ícono del dispositivo de fax, seleccione **Propiedades/** ficha **Seguimiento** y active, en el sector **Monitor de fax**, las casillas de verificación **Enviado** y **Recibido (Figura 12)**.

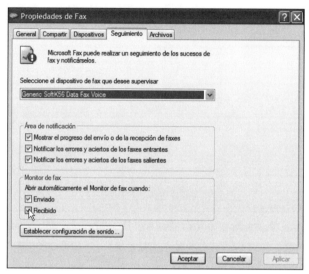

Figura 12. En las fichas del cuadro Propiedades, del dispositivo de fax, pueden verse y modificarse la mayoría de la opciones de configuración del mismo.

Veamos ahora como enviar un documento, acompañado de una portada de fax, desde la aplicación en la que fue creado. Siguiendo los mismos pasos es posible también enviar, por fax, mensajes de correo electrónico desde Outlook Express y desde Microsoft Outlook.

Enviar un documento por fax desde una aplicación   PASO A PASO

1 En la ventana de la aplicación con la que se creó el documento, y teniendo a este abierto, haga clic en **Archivo/ Imprimir...**

2 En el cuadro de diálogo que se presentará despliegue la lista **Nombre:**, seleccione como impresora a utilizar el dispositivo de fax y pulse en **Aceptar (Figura 13)**. Se presentará el **Asistente para envío de faxes**.

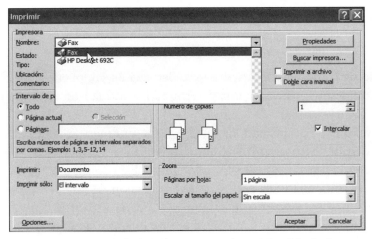

Figura 13. Cuando instale en su equipo el Servicio de fax comenzará a aparecer en esta lista el dispositivo de fax.

3 Complete los datos del destinatario, del remitente y los demás cuadros del Asistente, de la misma forma que se indicó para el envío de una portada con una nota en el ejemplo anterior.

4 Al hacer clic en **Vista previa de fax**, podrá ver, en el **Visor de imágenes y fax de Windows**, la portada del fax y las demás páginas que forman el documento **(Figura 14)**.

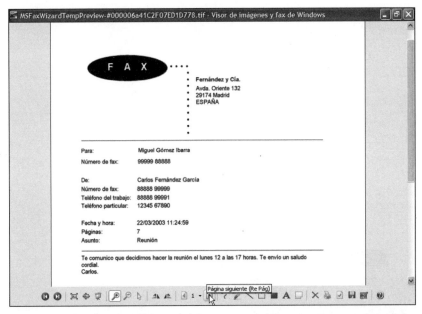

Figura 14. Para ver las demás páginas del fax, que son las que corresponden al documento que se desea enviar además de la portada, pulse en el ícono Página siguiente.

Recibir un fax

Dependiendo de cómo haya configurado su **Servicio de fax** puede recibir los faxes automáticamente después de sonar una determinada cantidad de timbres en el teléfono o hacerlo en forma manual.

Si ha configurado su equipo para recibir los faxes automáticamente, este emitirá una señal de fax después de transcurrir el número de timbres establecido, si la llamada no ha sido contestada previamente en forma manual. Esta configuración es muy adecuada cuando se destina una línea exclusiva para la gestión de faxes.

Si, en cambio, prefiere operarlo manualmente, puede activar la recepción del fax al contestar la llamada telefónica y recibir la indicación de que se le va a enviar un fax. En ese caso puede proceder de dos maneras diferentes:

• Si se encuentra abierto el **Monitor de fax** pulse en el botón **Contestar ahora**.

• Si se encuentra abierta la **Consola de fax** haga clic en **Archivo/ Recibir un fax ahora...**

En caso de no estar abierta la **Consola de fax** deberá abrirla haciendo clic en el botón **Inicio/ Todos los programas/ Accesorios/ Comunicaciones/ Fax/ Consola de fax**.

SOFTWARE ESPECÍFICO

Si siente que no le alcanza con los servicios de fax de Windows y desea dar un paso más allá, intente con programas específicos como RingCentral SmartFax Professional. Trae opciones mucho más avanzadas y una interesante integración con Outlook.

Crear Diagramas

El uso de diagramas se ha difundido
enormemente en los últimos tiempos
por la claridad con que pueden mostrar,
de forma sumamente gráfica, relaciones
no matemáticas entre distintos elementos,
procesos de ciclo continuo y relaciones
piramidales, además de otros.

SERVICIO DE ATENCIÓN AL LECTOR: lectores@tectimes.com

Crear diagramas	50
Crear un organigrama	50
Diseño del organigrama	54
Seleccionar formas y líneas de conexión	56
Dar formato al organigrama	58

Crear diagramas

En Word XP existe una herramienta que posibilita la creación de diagramas en una forma muy fácil. Haciendo clic en **Insertar/Diagrama...** se accede a la **Galería de diagramas** donde se muestran seis tipos de diagramas diferentes para elegir.

Al hacer clic en cada una de las figuras, en la parte inferior del cuadro aparecerá el nombre del tipo de diagrama correspondiente y una descripción de su utilidad. Bastará con hacer doble clic sobre el elegido o seleccionarlo y pulsar el botón **Aceptar** para iniciar la creación del mismo.

Veremos, por ejemplo, como crear un organigrama.

Crear un organigrama

En las empresas e instituciones se emplean mucho los organigramas para mostrar, gráficamente, la organización y las relaciones jerárquicas entre sus directores y empleados. El siguiente proceso paso a paso describe cómo crear un organigrama.

Crear un organigrama	PASO A PASO

1 En la ventana de Microsoft Word abra un **Nuevo documento en blanco** pulsando en el botón correspondiente de la barra de herramientas **Estándar**.

2 En la barra de menús pulse en **Insertar/ Diagrama...,** o en la barra de herramientas **Dibujo** en el botón **Insertar diagrama u organigrama**.

3 En el cuadro que aparecerá, haga doble clic en la figura del organigrama, ubicada en la parte superior izquierda del mismo. Se presentará el esquema básico del organigrama y la barra de herramientas **Organigrama (Figura 1)**.

FORMATO DE LÍNEAS

Puede dar formato, por separado, a cada línea del organigrama, seleccionándola y utilizando las herramientas de la barra Dibujo. De esta manera, puede cambiar los espesores y colores, tanto de las líneas de conexión como las de borde de las formas.

HÁGALO HORIZONTAL

Si el organigrama se extiende más hacia lo ancho que hacia lo alto, será conveniente que configure la página en posición horizontal y establezca, también, esta condición para el papel cuando trate de imprimirlo.

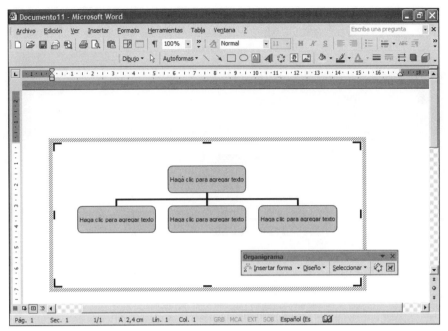

Figura 1. El esquema básico del organigrama incluye la forma (cuadro) correspondiente al cargo de mayor jerarquía y las de tres subalternos.

4 Haga clic en la forma (cuadro) de la parte superior y escriba el título **Director General**. Para escribir dentro de una forma también puede hacer clic derecho en el borde de la misma y seleccionar **Modificar texto** en el menú contextual. Si desea escribir también el nombre de la persona, presione la tecla **ENTER** al finalizar de escribir el cargo e introdúzcalo una línea más abajo.

5 Si desea agregar un/una **Asistente** del **Director General**, haga clic en la forma de este y pulse en el botón **Insertar forma** de la barra de herramientas **Organigrama**. En el menú que se desplegará haga clic en **Ayudante**. Se agregará una nueva forma ligada directamente por una línea de conexión al **Director General**. Haga clic dentro de esta y escriba el cargo **Asistente** y, si lo desea, también el nombre **(Figura 2)**.

FORMATO DE LAS FORMAS

Puede cambiar individualmente los colores de relleno de las formas y aplicarles efectos tridimensionales y de sombra, seleccionándolas y utilizando las herramientas de la barra Dibujo.

Crear diagramas

4

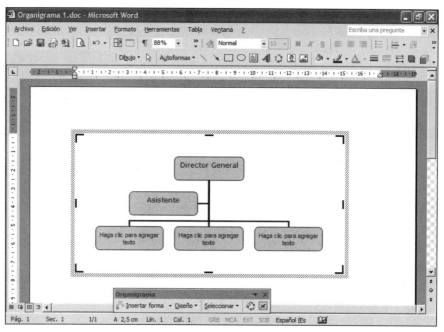

Figura 2. *Si el largo del texto excede el tamaño de la forma,*
al hacer clic en otro lugar, se ajustará automáticamente.

6 Haga clic sobre cada una de las tres formas que dependen directamente del **Director General** y escriba los cargos de cada uno de los **Gerentes**, de acuerdo con el área en que se desarrolla.

7 Si desea agregar un nuevo **Gerente**, en el mismo nivel que los anteriores, haga clic en la forma del **Director General** para seleccionarla, luego en el botón **Insertar forma** y seleccione la opción **Subordinado**. También puede hacer clic en la forma de uno de los **Gerentes** y pulsar en **Compañero de trabajo**. Se agregará una nueva forma, que deberá llenar con los datos del nuevo **Gerente**. En nuestro ejemplo, tendremos entonces cuatro **Gerentes (Figura 3)**.

VÉALO USTED MISMO

El archivo correspondiente al Organigrama de la **Figura 2** se encuentra en el sitio **www.onweb.tectimes.com**, con el nombre Organigrama.doc.

OTRAS APLICACIONES

No sólo podemos armar organizaciones empresariales con un organigrama. También podemos usarlo para crear cualquier tipo de estructura piramidal no estricta, como por ejemplo un árbol genealógico, donde en lugar de jefes y empleados tenemos padres e hijos.

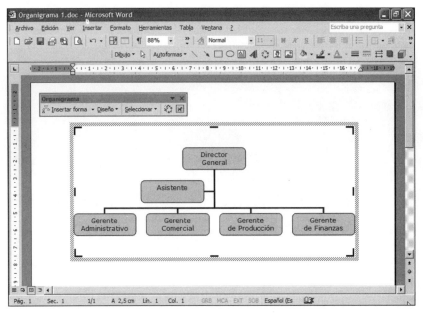

Figura 3. *Los manejadores de las esquinas y de los lados permiten cambiar*
el tamaño del **Lienzo de dibujo** *para adaptarlo al tamaño que va tomando el organigrama.*

8 Para agregar un nuevo empleado que trabaje a las órdenes del **Gerente de Pro-ducción**, simplemente haga clic sobre la forma de este e inserte una nueva forma de **Subordinado**.

9 Agregue un compañero de trabajo del empleado de Producción haciendo clic en la forma de este e insertando un **Compañero de trabajo**.

10 De igual forma puede agregar compañeros de trabajo en el mismo nivel y tam-bién otros ayudantes y subordinados en un nivel inferior, seleccionando pre-viamente la forma con la que están relacionados (**Figura 4**). A medida que se vayan agregando nuevas formas al organigrama, el tamaño de estas y de las fuentes se irán adecuando.

Crear diagramas 4

DIAGRAMAS DE CICLO

Word nos ofrece otros diagramas, ade-más de organigramas: por ejemplo, diagramas de ciclo. Básicamente, cons-tan en elementos unidos por flechas unidireccionales que forman un círculo. Muestran ciclos con pasos concretos y siempre regulares.

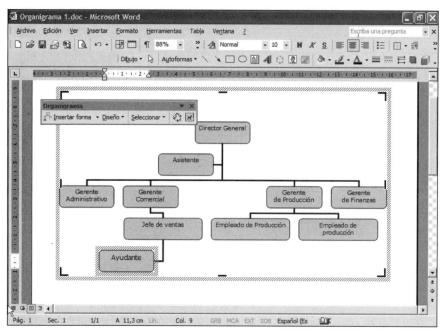

Figura 4. *En el organigrama es posible dar formato a los textos, seleccionándolos y utilizando las mismas herramientas que en otros documentos.*

11 Si necesita quitar una forma, haga clic derecho en el borde de la misma y seleccione en el menú contextual el comando **Eliminar**.

Diseño del organigrama

Las formas se ubican en el organigrama de forma predeterminada siguiendo un diseño estándar, pero es posible modificar esta disposición, seleccionando la forma cuya distribución se desea modificar y pulsando en el botón **Diseño** de la barra de herramientas **Organigrama**.

En el menú que se desplegará existen, además de la opción **Estándar**, otras tres que permiten disponer las formas de distintas maneras:

DATOS ÚTILES

DIAGRAMAS RADIALES

También están entre los que nos brinda Word. Estructurados de una forma también definida como "araña", se usan para visualizar todas las relaciones de un único elemento principal, que se ubica generalmente en el centro del diagrama.

• Dependientes a ambos lados **(Figura 5)**.

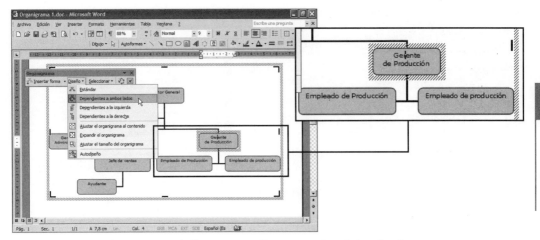

*Figura 5. En el diseño **Dependientes a ambos lados**, las formas*
se ubican a ambos lados de la forma de la cual dependen.

• Dependientes a la izquierda (**Figura 6**).

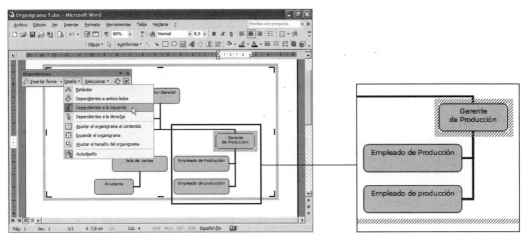

*Figura 6. En el diseño **Dependientes a la izquierda**, las formas*
se ubican a la izquierda de la forma de la cual dependen.

DIAGRAMAS PIRAMIDALES

Permiten observar estructuras organizacionales en un golpe de vista, tomando una cadena de mando que se interpreta desde arriba hacia abajo. Como su nombre lo indica, tienen forma de pirámide, y también los encontraremos entre los diagramas disponibles.

COMBINAR DIAGRAMAS

Siempre es una buena idea utilizar elementos visuales que ayuden a recrear la lectura sin dejar de cumplir un rol informativo. Los distintos diagramas que Microsoft Word le ofrece son ideales para utilizarse junta o separadamente en distintos documentos.

Crear diagramas

4

• Dependientes a la derecha (**Figura 7**).

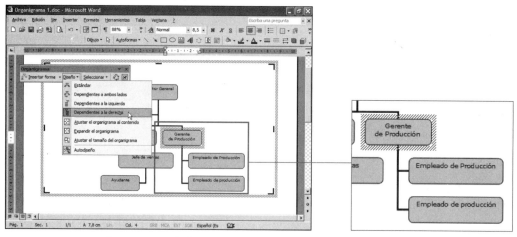

Figura 7. En el diseño **Dependientes a la derecha**, las formas
se ubican a la derecha de la forma de la cual dependen.

Seleccionar formas y líneas de conexión

Haciendo clic en una de las formas y pulsando en el botón **Seleccionar** de la barra de
herramientas **Organigrama** se desplegará un menú que permite:

• Seleccionar las formas del organigrama por **Nivel** (**Figura 8**).

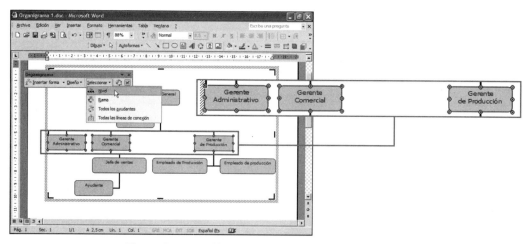

Figura 8. La opción **Nivel** permite seleccionar todas
las formas de los cargos que tienen igual jerarquía.

• Seleccionar las formas del organigrama por **Rama** (**Figura 9**).

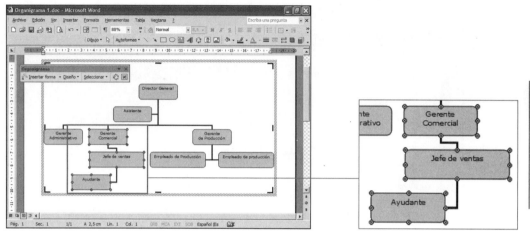

Figura 9. *La opción* **Rama** *permite seleccionar todas las formas que dependen de un determinado cargo.*

• Seleccionar las formas de **Todos los ayudantes** (**Figura 10**).

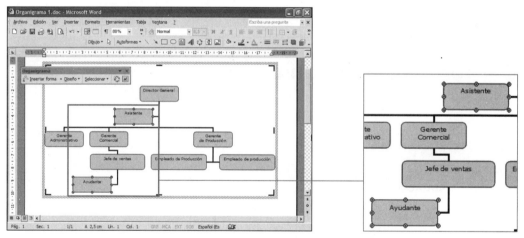

Figura 10. *La opción* **Todos los ayudantes** *permite seleccionar las formas de los ayudantes de todo el organigrama, independientemente del cargo del que dependan.*

DIAGRAMAS DE VENN

Son de los diagramas más conocidos, tienen la función de mostrar conjuntos de elementos con ciertas áreas de superposición, es decir, ciertos elementos en común. Word nos permite construirlos y personalizarlos en un santiamén.

Crear diagramas

4

• Seleccionar **Todas las líneas de conexión** (**Figura 11**).

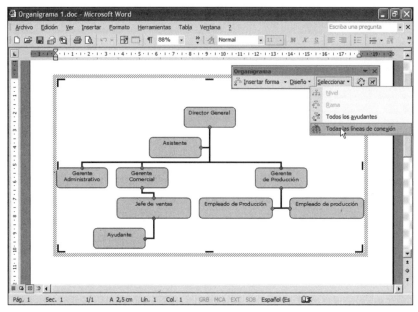

Figura 11. *Al seleccionar **Todas las líneas de conexión** es posible modificarlas utilizando la barra de herramientas **Dibujo**.*

Dar formato al organigrama

Microsoft Word XP dispone de una **Galería de estilos de organigrama** que permite dar formato al mismo de forma simple y rápida, aplicando alguno de los modelos prediseñados existentes en ella.

Para hacerlo bastará simplemente con pulsar, en la barra de herramientas **Organigrama**, en el botón **Autoformato**. Entonces, se presentará el cuadro que vemos dentro de la **Figura 12**, con una cantidad de opciones disponibles para elegir. Lo más recomendable es probar cada una hasta encontrar la más adecuada a nuestro trabajo.

DIAGRAMAS DE CÍRCULOS CONCÉNTRICOS

Podemos usarlos para seguir paso a paso los necesarios para alcanzar un objetivo, que se ubica en el centro del diagrama. Cada círculo supone un paso, tomando como inicial el externo. Con Word, construir uno de estos diagramas toma sólo unos segundos.

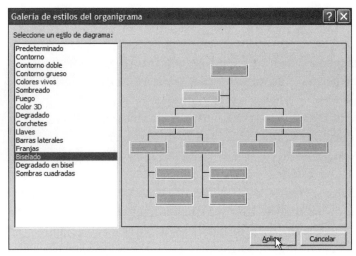

Figura 12. *Haciendo clic en cada uno de los*
nombres de la lista puede elegirse el más adecuado
y aplicarlo, pulsando el botón correspondiente.

Después de aplicar el estilo de Autoformato elegido, el organigrama adoptará la presentación que vemos en la **Figura 13**.

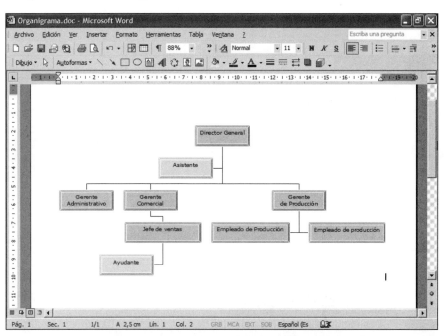

Figura 13. *Esta es la presentación final del*
*organigrama, aplicándole el estilo **Biselado**.*

Insertar imágenes en las formas

Agregar una imagen a cada forma ayuda a generar una mejor impresión y permite identificar a cada persona en un simple golpe de vista. Si intenta seguir el proceso estándar de inserción de imágenes (**Insertar/Imagen/Desde archivo**), notará que la opción está bloqueada, por lo que en teoría sería imposible lograr el efecto que se ve en la **Figura 14**. Sin embargo, existe una manera de hacerlo. Sitúese fuera del organigrama e inserte la imagen normalmente, siguiendo los pasos habituales. Una vez que la imagen esté dentro del documento de Word, no tendrá más que cortarla y pegarla dentro de la forma para contar con fotografías o imágenes en su organigrama.

Figura 14. El organigrama queda mucho más elegante si utilizamos fotografías de los empleados.

DIAGRAMAS DE FLUJO

Para casos avanzados que requieran diagramas de flujo no le será suficiente con Word: deberá utilizar un software pensado para esa tarea, como por ejemplo, Visio, que cuenta con herramientas especiales que cubren cualquier eventualidad que se presente.

Crear un cartel

Los carteles, de dimensión menor que los
afiches, han alcanzado una gran difusión
porque sirven para publicitar productos,
servicios y acontecimientos de todo tipo,
de una forma económica y sencilla,
ya que pueden ser colocados en carteleras,
escaparates, adheridos sobre cualquier
superficie o colgados en lugares adecuados
y son fáciles de realizar, imprimir y exhibir.

Crear un cartel

Antiguamente, los carteles eran pintados a mano por profesionales especializados. En la actualidad, es una tarea que puede efectuar cualquier usuario de PC sin apelar a grandes conocimientos, con sólo tener una guía adecuada. Existen programas especializados para crear este tipo de elementos pero, a un nivel no profesional, también Microsoft Word ofrece las herramientas necesarias para crear un cartel con buena presentación y diseño. En este apartado veremos, paso a paso, la forma de preparar e imprimir un cartel para el escaparate de un comercio, con el objeto de ofrecer un descuento sobre ciertos artículos. De la misma forma se podría crear un cartel para una oferta especial o para anunciar una liquidación de existencias.

Crearemos un cartel como el que se ve en la **Figura 1**. Observemos como hacerlo.

Figura 1. *Al diseñar un cartel cada usuario podrá mostrar sus condiciones para la creación artística, seguramente superiores a las de quien diseñó este ejemplo.*

Crear un cartel	PASO A PASO

1 Diseñe previamente sobre un papel un esquema con los textos y figuras que va a incluir en el cartel, estudiando una ubicación armónica para los distintos elementos.

2 En la ventana de Microsoft Word haga clic en el botón **Nuevo documento en blanco**, de la barra de herramientas **Estándar** o pulse conjuntamente las teclas **Ctrl+U**.

3 Pulse en **Archivo/ Configurar página** y seleccione el tamaño de papel a utilizar y la orientación, vertical u horizontal, del mismo. Para este ejemplo utilizaremos el tamaño **A4** y la orientación **Horizontal**.

4 Para trabajar más cómodamente, en este caso será preferible prescindir del lienzo de dibujo de Word XP. Para hacerlo pulse en **Herramientas/ Opciones...** y en la ficha **General**, del cuadro que se presentará, desactive la casilla de verificación **Crear automáticamente lienzo de dibujo al insertar autoformas**.

5 Active la barra de herramientas **Dibujo**, haciendo clic derecho sobre cualquier barra de herramientas y pulsando sobre su nombre en el menú que se presentará o pulsando sobre el botón correspondiente de la barra de herramientas **Estándar**.

6 Para comenzar haga clic en **Insertar/ Imagen/ WordArt...** Aparecerá el cuadro **Galería de WordArt**. Haga clic en la figura de la tercera fila, segunda columna.

7 Se presentará un nuevo cuadro, **Modificar texto de WordArt**, donde debe escribir el texto **Artículos de Golf**. Seleccione un tamaño de **72 puntos** y asígnele atributo de **Negrita**. Después haga clic en **Aceptar** y el texto se incorporará al documento.

8 Arrastre el texto hasta la ubicación apropiada, cerca del borde superior izquierdo de la página, como puede verse en la **Figura 2**.

Figura 2. El texto se inserta en el documento con el modelo
WordArt, el tamaño y los atributos seleccionados.

9 Haga clic en **Insertar/ Imagen/ Imágenes prediseñadas...** En el panel de tareas **Insertar imagen prediseñada,** en **Buscar texto,** escriba **Personas,** pulse en **Buscar** y localice la figura de la mujer jugando al golf. Insértela en el documento haciendo doble clic sobre su imagen.

10 Voltee la imagen de la mujer, seleccionándola y haciendo clic en **Dibujo/ Girar o voltear/ Voltear horizontalmente.**

11 Arrastre la figura de la mujer hasta el sector inferior izquierdo de la página y después, tomándola por uno de los botones controladores, agrándela hasta aproximadamente el doble del tamaño original **(Figura 3).**

Figura 3. Las dimensiones y ubicación definitivas de cada objeto del cartel se ajustarán en el último paso de la creación de este.

12 Haga clic en el botón **Cuadro de texto** de la barra de herramientas **Dibujo** y arrastre el cursor por la pantalla para insertar un cuadro de aproximadamente **8 cm** de ancho x **6 cm** de alto en la parte central del costado derecho de la página.

13 Dentro del cuadro de texto escriba verticalmente la siguiente lista: **Palos, Pelotas, Calzado** y **Viseras.**

14 Seleccione todo el texto y asígnele fuente **Verdana,** tamaño **32 pts., Negrita** y color **Azul.** Sin deseleccionar el texto aplíquele también viñetas pulsando en el botón correspondiente de la barra de herramientas **Formato.**

15 Si, por estar predeterminado, ha aparecido un borde alrededor de los textos, elimínelo. Para hacerlo pulse sobre ese mismo borde con el botón derecho del mouse y, en el menú contextual, haga clic en **Formato de cuadro de texto**. En la ficha **Colores y líneas**, del cuadro que aparecerá, despliegue, en el sector **Línea**, la lista **Color**, seleccione **Sin línea** y pulse en **Aceptar (Figura 4)**.

Figura 4. *Después de ejecutar el **Paso Nº 15**, la página debería verse aproximadamente como en esta figura.*

16 Inserte, pasando sobre la golfista, un nuevo cuadro de texto en la parte inferior de la página, que abarque todo el ancho útil de la misma y tenga una altura de unos 5 cm. Escriba en su interior **Descuentos 50%**, pulse **ENTER** y escriba **Sólo hasta fin de mes**.

17 Seleccione **Descuentos 50%** y asígnele fuente **Arial**, tamaño **72 pts.**, **Negrita**, color **Rojo** y alineación **Derecha**.

18 Seleccione **Sólo hasta fin de mes** y asígnele fuente **Arial**, tamaño **36 pts.**, **Negrita**, color **Azul oscuro** y alineación **Derecha**.

MOVER OBJETOS

Para mover el texto WordArt y la figura, haga clic con el puntero en cualquier lugar de los mismos y arrástrelos con el botón izquierdo del mouse presionado. Para mover los cuadros de texto arrástrelos colocando el puntero en su borde.

19 Utilice el cuadro de diálogo **Formato de cuadro de texto**, igual que en el punto **15**, para dar al borde de este, un grosor de **3 puntos** y color **Rojo (Figura 5)**.

Figuras 5. *En este momento el cuadro de texto tapa*
a la golfista, pero esta pasará luego a primer plano.

20 Haga clic sobre el cuerpo de la golfista para seleccionarla. Pulse en el botón **Dibujo** de la barra de herramientas del mismo nombre y, en el menú que se desplegará, haga clic en **Ordenar/ Traer al frente**. La golfista ya no quedará más oculta por el cuadro de texto.

21 Seleccione y reubique todos los elementos, para dar al cartel la forma definitiva, tal como se vio en la **Figura 1**.

PARA AGRANDARLO

Si el cartel ha resultado un poco chico, por el tamaño de papel utilizado o por la limitación de la impresora, puede hacer una fotocopia ampliada, en cualquier comercio de ese ramo, para llevarlo al tamaño que necesita.

Combinar correspondencia

Microsoft Word XP dispone de una utilidad que permite combinar una Carta modelo, con los datos recopilados en una Base de datos, dando como resultado cartas personalizadas.

SERVICIO DE ATENCIÓN AL LECTOR: lectores@tectimes.com

Cartas personalizadas	68
Preparar la combinación	68
Combinar la carta con la base de datos	71
Crear los sobres	75
Combinar correo electrónico	79

Cartas personalizadas

Es muy común que las empresas envíen una misma carta tipo a muchos destinatarios, personalizando algunos aspectos de la misma, como el título (Sr., Sra., Dr., etc.), el nombre y apellido, el cargo que desempeña esa persona, la dirección y el código postal, la localidad, etc.

También se suele agregar algún otro detalle de interés en el texto mismo de la carta (por ejemplo, qué servicio ha recibido ese cliente de la empresa o qué mercadería ha comprado antes). Esto hace que la carta parezca escrita individualmente para ese destinatario.

A esta utilidad de Microsoft Word se la denomina **Combinar correspondencia** y consiste en colocar en la carta unos elementos llamados **Campos de combinación**, en los que luego se insertará la información de la base de datos. Puede utilizarse una carta y un origen de datos existentes o crearlos con la guía del **Asistente para combinar correspondencia**. De la misma forma pueden crearse también etiquetas postales, sobres y envíos masivos de correo electrónico y de fax.

Preparar la combinación

Veamos cómo preparar un envío de correspondencia de este tipo. Antes de comenzar con el trabajo propiamente dicho, necesitaremos dos elementos fundamentales: por un lado, en un documento de Microsoft Word, la **Carta modelo** (**Figura 1**), es decir, el texto que queremos enviar masivamente a decenas, cientos o miles de destinatarios; y por el otro, la lista con los datos de esos destinatarios (**Figura 2**), que obtenemos en este caso de otro documento de Word, pero que podríamos tomar de una planilla de Excel o de una base de datos de Access, entre otras opciones.

La combinación puede limitarse a algo tan simple como enviar el mismo mensaje a todo el mundo, o personalizarse un poco más, mediante la inclusión de campos de la base dentro del mismo texto, logrando de esta manera que el receptor lea su nombre, su dirección y algunos otros datos personales que hagan más cálida la lectura.

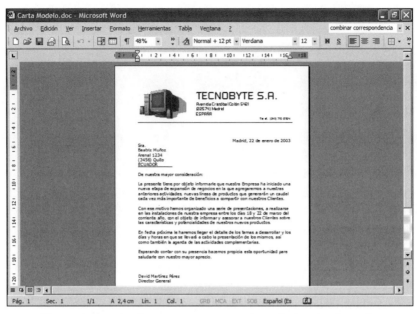

Figura 1. *En este documento se reemplazarán los destinatarios y algún otro dato para personalizar las cartas.*

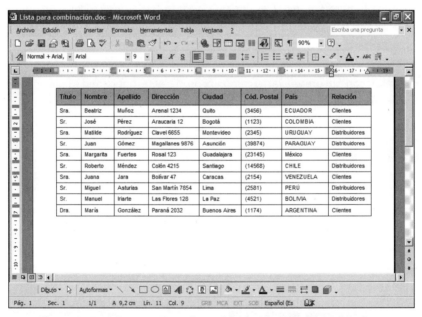

Figura 2. *Esta lista contiene las columnas (campos) con los datos necesarios para crear la combinación de correspondencia.*

Para hacerlo copie en un documento nuevo el texto siguiente o descargue la carta del sitio Web de MP Ediciones y guárdelo con el nombre **Carta Modelo.doc**.

Combinar correspondencia

6

Sr.
Juan José González
Calle del Sol 238
(22541) Madrid
ESPAÑA

De nuestra mayor consideración:

La presente tiene por objeto informarle que nuestra Empresa ha iniciado una nueva etapa de expansión de negocios en la que agregaremos a nuestras anteriores actividades, nuevas líneas de productos que generarán un caudal cada vez más importante de beneficios a compartir con nuestros distribuidores.

Con ese motivo hemos organizado una serie de presentaciones, a realizarse en las instalaciones de nuestra empresa, entre los días 18 y 22 de marzo del corriente año, con el objeto de informar y asesorar a nuestros distribuidores sobre las características y potencialidades de nuestros nuevos productos.

En fecha próxima le haremos llegar el detalle de los temas a desarrollar y los días y horas en que se llevará a cabo la presentación de los mismos, así como también la agenda de las actividades complementarias.

Esperando contar con su presencia hacemos propicia esta oportunidad para saludarle con nuestro mayor aprecio.

David Martínez Pérez
Director General

Copie también la lista siguiente, que es la que se usará como base de datos o descárguela del sitio Web de MP Ediciones y guárdela con el nombre **Lista para combinación.doc,** preferiblemente en la carpeta **Mis archivos de origen de datos** de la carpeta **Mis documentos.** Recuerde que cuando haga sus propias combinaciones no deberá limitarse a esta cantidad de registros, sino que podrá agregar la cantidad que le sea necesaria.

SELECCIONAR REGISTROS

Seleccione, en el cuadro Destinatarios de combinar correspondencia, los registros de un determinado país o de una ciudad, etc., haciendo clic en el botón con punta de flecha del encabezado de cada columna y seleccionando qué registros desea obtener.

LOS DATOS DE PRUEBA

En **www.onweb.tectimes.com**, el sitio web de MP Ediciones, puede encontrar los archivos Mensaje de correo.doc y Lista para mensajes.doc utilizados en los ejemplos.

Título	Nombre	Apellido	Dirección	Ciudad	Cód.Postal	País	Relación
Sra.	Beatriz	Muñoz	Arenal 1234	Quito	(3456)	ECUADOR	Clientes
Sr.	José	Pérez	Araucaria 12	Bogotá	(1123)	COLOMBIA	Clientes
Sra.	Matilde	Rodríguez	Clavel 6655	Montevideo	(2345)	URUGUAY	Distribuidores
Sr.	Juan	Gómez	Magallanes 26	Asunción	(39874)	PARAGUAY	Distribuidores
Sra.	Margarita	Fuertes	Rosal 123	Guadalajara	(23145)	México	Clientes
Sr.	Roberto	Méndez	Colón 4215	Santiago	(14568)	CHILE	Distribuidores
Sra.	Juana	Jara	Bolívar 47	Caracas	(2154)	VENEZUELA	Clientes
Sr.	Miguel	Asturias	San Martín 54	Lima	(2581)	PERÚ	Distribuidores
Sr.	Manuel	Iriarte	Las Flores 128	La Paz	(4521)	BOLIVIA	Distribuidores
Dra.	María	González	Paraná 2032	Buenos Aires	(1174)	ARGENTINA	Clientes

Combinar la carta con la base de datos

En los próximos pasos veremos como ejecutar el envío de correspondencia masiva, personalizando su información. Para hacerlo, utilizaremos el **Asistente para combinar correspondencia**.

Combinar correspondencia   PASO A PASO

1 Abra el archivo **Carta modelo.doc** con la carta que se usará para enviarla masivamente, personalizada para cada destinatario, por medio de la combinación de correspondencia.

2 Haga clic en el menú **Herramientas/ Cartas y correspondencia/ Asistente para combinar correspondencia...** En el panel de tareas **Combinar correspondencia** que se presentará, seleccione el botón **Cartas** y haga clic en **Siguiente: Inicie el documento (Figura 3)**.

TABLA DE ACCESS

Al escribir y guardar una lista usando el formulario del Asistente para combinar correspondencia, el archivo creado se guardará, de forma predeterminada, como tabla de una base de datos, con la extensión *.mdb correspondiente a Microsoft Access.

Combinar correspondencia   6

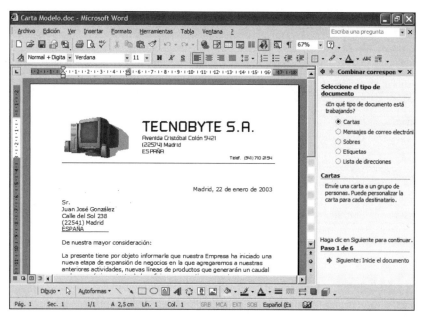

Figura 3. *Las opciones de este panel de tareas permiten crear, no solamente cartas, sino también mensajes de correo electrónico, sobres, etiquetas y listas de direcciones.*

3 En el nuevo paso del Asistente active la opción **Utilizar el documento actual** y pulse en **Siguiente: Seleccione los destinatarios**.

4 Haga clic en la opción **Utilizar una lista existente** y, a continuación, en **Examinar**. En el cuadro de la **Figura 4**, localice el archivo de su origen de datos y haga clic en **Abrir**. Para este ejemplo puede utilizar el archivo **Lista para combinación.doc**.

Figura 4. *Es posible que para encontrar el archivo de su base de datos deba abrir la lista desplegable **Tipo de archivo:** y seleccionar la opción **Todos los archivos (*.*)**.*

5 Se presentará el cuadro **Destinatarios de combinar correspondencia** mostrando todos los registros de la base de datos **(Figura 5)**. Si desea excluir alguno, desactive la casilla de verificación correspondiente. Si desea modificar algún registro o agregar otros nuevos, haga clic en el botón **Modificar...** Después haga clic en **Aceptar**.

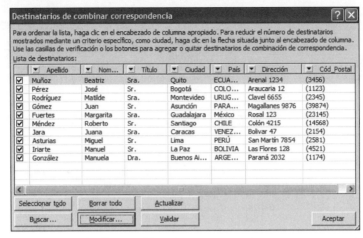

Figura 5. Haciendo clic en el botón Buscar puede encontrar un registro determinado, indicando el texto que busca y el campo al que corresponde.

6 Para continuar pulse, en el panel de tareas **Combinar correspondencia**, en **Siguiente: escriba la carta**.

7 Seleccione, en los datos del destinatario de la **Carta modelo**, la palabra **Sr.** y haga clic en **Más elementos...** Se presentará el cuadro **Insertar campo de combinación**, haga clic en **Título**, luego en el botón **Insertar** y después en **Cerrar**. En la carta se insertará el campo de combinación **Título**.

8 Para continuar seleccione el nombre **Juan José**, haga clic en **Más elementos...**, luego en **Nombre** y nuevamente en **Insertar** y **Cerrar**.

9 De la misma forma seleccione el apellido **González** y asígnele el campo correspondiente.

AGREGUE LOS QUE PRECISE

Cuando cree una base de datos para combinar correspondencia, agregue todos los campos que necesitará insertar, pulsando, en el Paso 3 del Asistente, en Escribir una lista nueva/ Crear... y, en el cuadro Nueva lista de direcciones, en Personalizar...

10 Continúe seleccionando los demás datos: la dirección, el código postal, la ciudad y el país, e insertando los campos correspondientes de la misma forma **(Figura 6)**.

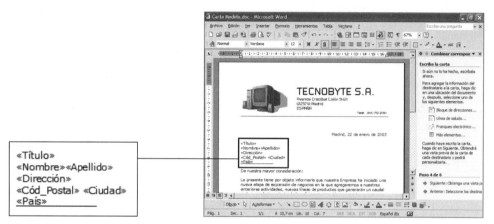

Figura 6. En cada campo de combinación se insertará
el dato correspondiente cuando se creen las cartas.

11 Seleccione, al final del primer párrafo del cuerpo de la carta, la palabra **distribuidores** e inserte en ese lugar el campo **Relación**. Vuelva a seleccionar la misma palabra en la tercera línea del segundo párrafo e inserte, también allí, el campo **Relación**. Ahora la carta se verá como en la **Figura 7**.

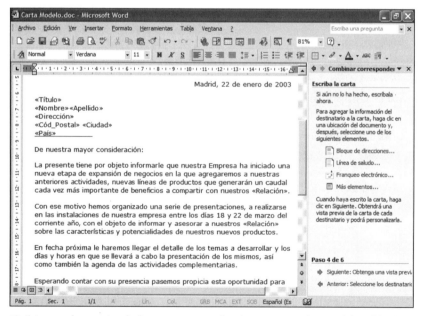

Figura 7. Este es el aspecto de la carta con todos los campos de combinación insertados.
Puede insertar en cualquier lugar de la carta tantos campos como necesite.

12 Pulse sobre **Siguiente: Obtenga una vista previa de las cartas** y podrá ver cómo los campos han sido reemplazados por los verdaderos datos de los destinatarios **(Figura 8)**. Pulsando en las dobles flechas hacia izquierda y derecha se pueden visualizar las cartas creadas.

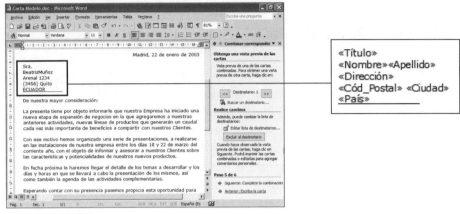

Figura 8. *No solo han sido reemplazados los campos de combinación con los datos de cada destinatario, sino que también en el cuerpo de la carta se han introducido las palabras apropiadas para cada uno de ellos.*

13 Para finalizar pulse en **Siguiente: Complete la combinación** y se le ofrecerá la opción de editar algunas de las cartas para agregarles algún detalle adicional o de imprimirlas tal como están. Haciendo clic en esta última opción se presentará el cuadro de diálogo **Combinar al imprimir,** donde podrá determinar si se imprimirán todos los registros, solo el actual o los incluidos entre dos números determinados.

14 Al pulsar en **Aceptar** se presentará el cuadro **Imprimir** para definir las opciones de impresión e iniciar el proceso de la misma.

Crear los sobres

La primera impresión siempre estará a cargo del sobre, por lo tanto no debemos descuidar en ellos los detalles que tuvimos en cuenta para combinar las cartas. Aquí nos será imprescindible el imprimir campos de la base, para que en cada sobre se vea el nombre y dirección de cada destinatario.

El procedimiento para crearlos es tan simple como al anterior. Aquí están los pasos necesarios.

Crear los sobres   PASO A PASO

1 Haga clic en el menú **Herramientas/ Cartas y correspondencia/ Asistente para combinar correspondencia...** En el panel de tareas **Combinar correspondencia** seleccione el botón **Sobres** y haga clic en **Siguiente: Inicie el documento**.

2 Seleccione la opción **Cambiar el diseño del documento** y pulse en **Opciones de sobre...**

3 Se presentará el cuadro de diálogo **Opciones para sobres (Figura 9)**. Seleccione el tamaño o el modelo que desea utilizar, luego active la ficha **Opciones de Impresión** y seleccione la forma de colocación y alimentación de los sobres y las demás opciones. Después haga clic en **Aceptar**. En la ventana del documento aparecerá el sobre del tipo seleccionado. Para continuar pulse en **Siguiente: Seleccione los destinatarios**.

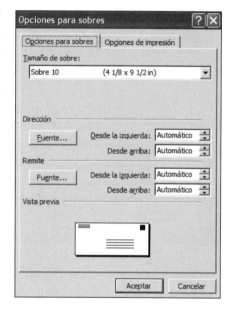

Figura 9. En este cuadro es posible elegir otro tipo y tamaño de fuente y definir la posición de los textos en el sobre, tanto del destinatario como del remitente.

4 En este paso puede elegir entre utilizar una lista de destinatarios existente, seleccionarlos de los contactos de Outlook o escribir una lista nueva. En este último caso se habilitará el botón **Crear...** que, al pulsarlo, dará paso a un formulario **(Figura 10)**, donde se puede crear la base de datos. Para este ejemplo seleccione **Utilizar una lista existente**.

ESCRIBIR LA CARTA

Si inicia la combinación de correspondencia sin haber escrito todavía la carta, haga clic en el botón Nuevo documento en blanco de la barra de herramientas Estándar para iniciar un documento nuevo y después escriba la carta en el Paso 4 del Asistente.

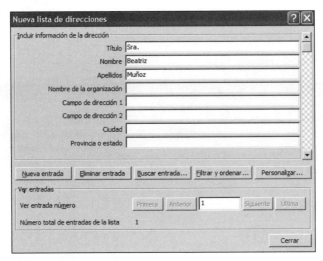

*Figura 10. Si desea crear la base de datos escriba, en este cuadro, los datos de cada registro y pulse en **Nueva entrada** para crear el registro siguiente.*

5 Haga clic en **Examinar...** y localice, en el cuadro que se presentará, el archivo **Lista para combinación.doc**, que ha utilizado para crear las cartas. Cierre el cuadro de diálogo pulsando en **Aceptar** y luego haga clic en **Siguiente: Diseñe el sobre**.

6 En el nuevo paso del Asistente haga clic en el sobre hasta localizar el cuadro de texto existente e inserte el campo **Título**. Presione luego la tecla **ENTER** e inserte los campos **Nombre** y **Apellido** separados por un espacio.

7 Continúe insertando en los renglones siguientes los demás campos hasta completar los necesarios para enviar las cartas **(Figura 11)**. Después haga clic en **Siguiente: Obtenga una vista previa de los sobres**.

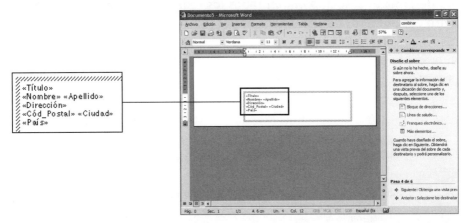

Figura 11. El sobre está ya preparado para incorporar la información de la base de datos.

8 Observe como, en este paso, los datos han reemplazado a los campos insertados. Si lo desea puede hacer clic en los botones con doble flecha para ver los sobres que se han creado **(Figura 12)**.

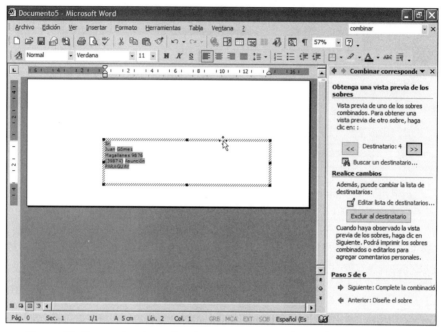

Figura 12. Tomando el cuadro de texto por uno de sus bordes es posible arrastrarlo hasta otra posición más conveniente dentro de los sobres.

9 Para finalizar pulse en **Siguiente: Complete la combinación** y se le ofrecerá la posibilidad de editar algunos de los sobres o de imprimirlos. Haciendo clic en esta última opción se presentará el cuadro de diálogo **Combinar al imprimir**, donde podrá determinar si se imprimirán todos los registros, sólo el actual o los incluidos entre dos números determinados.

10 Al pulsar en **Aceptar** se presentará el cuadro **Imprimir** para definir las opciones de impresión e iniciar el proceso de la misma.

TAMBIÉN CON LA BARRA

Cuando tenga una cierta experiencia en la función **Combinar correspondencia**, podrá utilizar directamente la barra de herramientas del mismo nombre, cuyos botones permiten cubrir todos los pasos necesarios, sin recurrir al Asistente.

Combinar correo electrónico

También es posible enviar masivamente un mismo mensaje de correo electrónico, personalizándolo para cada destinatario. Se debe proceder de igual forma que para el envío de cartas.

Para que la combinación de mensajes de correo electrónico funcione, debe estar predeterminado como cliente de correo electrónico el programa **Microsoft Outlook**. Puede predeterminarlo pulsando, en la ventana del **Internet Explorer**, en el menú **Herramientas/ Opciones de Internet.../** ficha **Programas** y seleccionando, dentro de esta, la opción **Microsoft Outlook**, en la lista desplegable **Correo electrónico:**.

Para comenzar este ejemplo cree previamente, en Microsoft Word, el mensaje y la lista para usar como base de datos.

Copie en un documento nuevo el texto siguiente o descargue el mensaje del sitio Web de MP Ediciones y guárdelo con el nombre **Mensaje de correo.doc**.

Sra. Beatriz:

Le envío el presente para notificarle que la reunión se ha postergado hasta el próximo lunes 23 a la misma hora. Espero que no tenga inconvenientes para concurrir. En caso contrario le ruego que me avise.

Con un saludo cordial.

Carlos.

Copie también la lista siguiente, que usará como base de datos, o descárguela del sitio Web de MP Ediciones y guárdela con el nombre **Lista para mensajes.doc**, preferiblemente en la carpeta **Mis archivos de origen de datos** de la carpeta **Mis documentos**.

TÍTULO	NOMBRE	APELLIDO	DIRECCIÓN DE CORREO ELECTRÓNICO
Sra.	Beatriz	Muñoz	beatrizmuñoz@dominio.com
Sr.	José	Pérez	joseperez@dominio.com
Sra.	Matilde	Rodríguez	matilderodriguez@dominio.com
Sr.	Juan	Gómez	juangomez@dominio.com
Sra.	Margarita	Fuertes	Margaritafuertes@dominio.com
Sr.	Roberto	Méndez	robertomendez@dominio.com
Sra.	Juana	Jara	juanajara@dominio.com
Sr.	Miguel	Asturias	miguelasturias@dominio.com
Sr.	Manuel	Iriarte	manueliriarte@dominio.com
Dra.	María	González	mariagonzalez@dominio.com

Recuerde que si tiene la información en planillas de Excel o bases de datos de Access, también podrá utilizarla sin problemas.

Veamos ahora como preparar el envío de este mensaje, personalizándolo para todos los destinatarios de la lista:

Combinar correo electrónico   PASO A PASO

1 Abra el archivo del mensaje de correo electrónico que desea enviar. Para este ejemplo puede utilizar el archivo **Mensaje de correo.doc**. Si lo prefiere o si no dispone de un mensaje con el texto del correo, puede escribirlo directamente en el **Paso 4** del Asistente.

2 Haga clic en el menú **Herramientas/ Cartas y correspondencia/ Asistente para combinar correspondencia...** En el **Paso 1** del Asistente, seleccione el botón **Mensajes de correo electrónico**.

3 En el **Paso 2** active la opción **Utilizar el documento actual**.

4 En el **Paso 3** haga clic en la opción **Utilizar una lista existente** y, a continuación, en **Examinar**. Localice en la carpeta correspondiente de su disco rígido el archivo del origen de datos y haga clic en **Abrir**. Para este ejemplo puede utilizar el archivo **Lista para mensajes.doc**.

5 Se presentará el cuadro **Destinatarios de combinar correspondencia,** mostrando todos los registros de la base de datos. Si lo considera necesario, puede excluir, agregar o modificar registros. Cuando esté satisfecho con los cambios, haga clic en **Aceptar**.

6 En el **Paso 4** inserte los campos de combinación **Título** y **Nombre**, reemplazando los escritos en el mensaje **(Figura 13)**. Como en el caso de las cartas, estos campos serán reemplazados por el título y el nombre de cada destinatario al llevar a cabo la combinación.

TRES OPCIONES

En el segundo paso del Asistente para combinar correspondencia, puede iniciar la carta a partir del documento actual, de una plantilla o de un documento existente, pulsando en el botón de opción correspondiente.

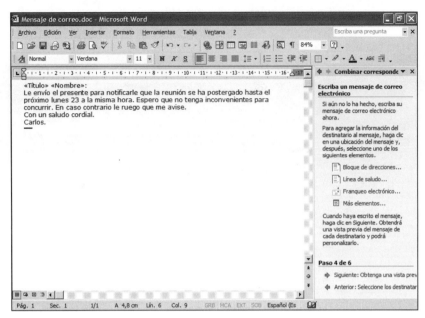

Figura 13. La forma de insertar campos en un mensaje de correo electrónico es similar a la de las cartas y sobres.

7 En el **Paso 5** puede examinar los mensajes creados para cada destinatario, presionando los botones con doble flecha y, si es necesario, puede buscar, editar o excluir alguno de los destinatarios de la lista.

8 En el **Paso 6** pulse en **Correo electrónico** y se presentará el cuadro **Combinar en correo electrónico**, donde debe seleccionar, en la lista desplegable **Para:**, el campo del que deben tomarse las direcciones (en este ejemplo, **Dirección de correo electrónico**). Agregue también el **Asunto** del mensaje, defina qué registros se deben enviar y pulse en **Aceptar (Figura 14)**.

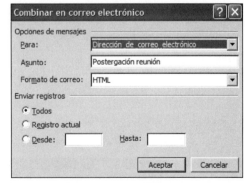

*Figura 14. En la lista desplegable **Formato de correo:** indique si enviará el documento o los mensajes como datos adjuntos, texto sin formato o en formato HTML.*

9 Al pulsar en **Aceptar** se producirá la combinación de los mensajes con los datos de los destinatarios y, al finalizar se podrán ver, en Microsoft Outlook, todos los mensajes creados **(Figura 15)**.

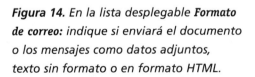

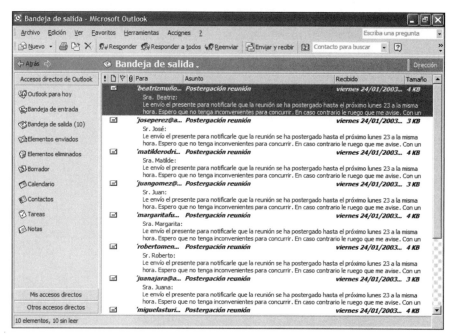

Figura 15. En la **Bandeja de salida** de **Microsoft Outlook** pueden verse
todos los mensajes listos para ser enviados al conectarse.

MÁS OPCIONES

En el Paso 5 del Asistente para combinar correspondencia existen comandos para buscar un destinatario determinado, editar la lista de los mismos y excluir del envío el elemento que se encuentra presente en la pantalla.

Creación de un folleto

Los folletos, otro de los elementos
de publicidad cuya creación estaba
reservada casi exclusivamente
a profesionales, han pasado ahora a estar
al alcance de cualquier usuario que posea
conocimientos, apenas mayores que los
elementales sobre la operación de una PC.

Creación de un folleto

Utilizando todos los recursos de Microsoft Word XP pueden crearse folletos para publicidad de aspecto prácticamente profesional, ya que la enorme cantidad de herramientas disponibles para hacerlo permiten al autor expresar su creatividad sin limitaciones.

Para facilitar la tarea, el programa nos ofrece una plantilla estándar que podemos emplear para crear un folleto básico en forma de tríptico vertical de doble faz, es decir, una hoja de papel que se pliega dos veces (separándola en tres) más alta que ancha e impresa por ambos lados. Bastará con reemplazar los títulos, textos e imágenes por los que el autor desee para obtener un folleto básico; sin embargo, es posible personalizarlo agregando nuevos textos, imágenes, separaciones o cualquier otro tipo de elemento compatible con las necesidades del caso. Cabe mencionar que las tres columnas de esta plantilla están dispuestas de forma que la hoja impresa de ambos lados pueda ser doblada en tres partes iguales, manteniendo la alineación central de los textos y los márgenes hacia los bordes, razón por la cual es recomendable mantener la estructura general de la plantilla. Si por algún motivo específico necesita modificar estos valores, preste especial atención al punto mencionado para no llevarse una sorpresa desagradable al intentar plegar la hoja impresa.

Veamos un ejemplo de cómo crear un folleto para viajes de turismo:

Creación de un folleto	PASO A PASO

1 En la ventana de Microsoft Word haga clic en **Archivo/ Nuevo** y en el panel de tareas que se presentará en **Plantillas generales...** Esto motivará la aparición del cuadro **Plantillas**.

2 Seleccione la ficha **Publicaciones** y dentro de esta haga doble clic en el Ícono **Folleto**. En la pantalla aparecerá un documento nuevo como el que puede verse en la **Figura 1**.

EL FOLLETO

El archivo correspondiente al Folleto de las **Figuras 4** y **5** se encuentra en el sitio **www.onweb.tectimes.com**, con el nombre Folleto.doc.

UTILICE SALTOS

Los textos de la plantilla están organizados en columnas y, al eliminar algunos de ellos, los demás cambiarán de posición. Es posible que al escribir los nuevos vuelvan a su lugar. Si no es así, utilice saltos de columna o página para hacerlo.

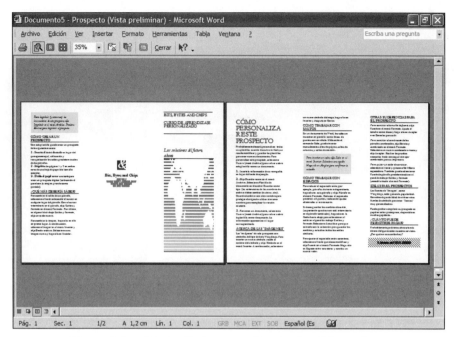

Figura 1. *La vista preliminar permite ver simultáneamente ambas caras del folleto antes de ser plegado.*

3 En la **Página 1**, que constituye la portada del folleto, haga clic en la imagen, para reemplazarla por otra más adecuada. Despliegue el menú **Insertar/ Imagen/ Imágenes prediseñadas...**

4 En el panel de tareas **Imágenes Prediseñadas** escriba, en **Buscar texto:**, la palabra **Velero** y haga clic en el botón **Buscar.**

5 Entre las imágenes que se presentarán haga doble clic en la que muestre el velero que más le agrade. La misma se insertará en el documento **(Figura 2)**. Después cierre el panel de tareas.

IDEAs

SÍMBOLOS WINGDINGS

El logo de la plantilla es un símbolo de la fuente Wingdings. Puede elegir entre muchos otros para reemplazarlo, haciendo doble clic sobre el mismo, seleccionando el que le agrade en el cuadro que se presentará, pulsando en Insertar y luego en Cerrar.

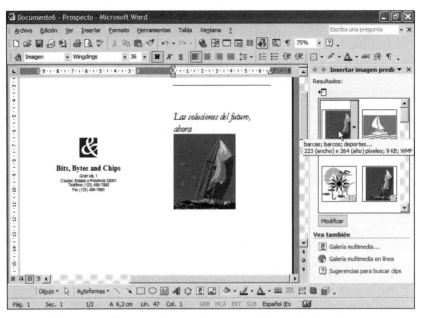

Figura 2. *La imagen insertada ocupa el lugar de la existente*
en la plantilla, pero con su tamaño original.

6 Haga clic en la imagen para seleccionarla, tome con el puntero el controlador de la parte inferior derecha y arrástrelo hasta dar a la nueva imagen el ancho de la línea de la parte superior.

7 Seleccione todo el título y escriba **Viva el paraíso del Caribe en todo su esplendor.**

8 Seleccione el nuevo texto y aplíquele fuente **Comic Sans MS**, tamaño **28 puntos**, **Negrita**, **Cursiva** y color **Rojo oscuro**.

9 Haga clic en **Formato/ Párrafo.../** ficha **Sangría y espacio** y, en el cuadro **Interlineado:** seleccione la opción **Exacto** e introduzca un valor de **28 pts**.

10 A continuación seleccione **Las soluciones del futuro ahora** y haga clic en **SUPRIMIR**.

11 Haga clic derecho sobre la imagen, pulse en el menú contextual en **Formato de imagen.../** ficha **Diseño** y seleccione la opción **Delante del texto**. Después haga clic en **Avanzado.../** ficha **Posición de la imagen** y desactive la casilla **Mover objeto con texto**. A continuación pulse en **Aceptar** y nuevamente en **Aceptar**.

12 Coloque el puntero sobre la imagen y arrástrela aproximadamente **0,5 cm**. hacia abajo de la línea.

13 Deseleccione la imagen, pulse la tecla **ENTER** repetidamente hasta colocar el punto de inserción un poco debajo de la imagen y escriba **El mar esmeralda, el cielo azul, arena, calor, música, alegría...** y en otro renglón: **Todo suyo**.

14 Seleccione el nuevo texto que ha escrito y aplíquele fuente **Comic Sans MS**, tamaño **20 pts**, **Cursiva** y color **Rojo oscuro**. Es posible que algunas líneas pasen a la página siguiente, pero no se preocupe.

15 Haga clic en **Formato/ Párrafo/** ficha **Sangría y espacio** y, en el cuadro **Interlineado:** seleccione la opción **Exacto** e introduzca un valor de **20 puntos**. La portada del folleto se verá aproximadamente como en la **Figura 3**.

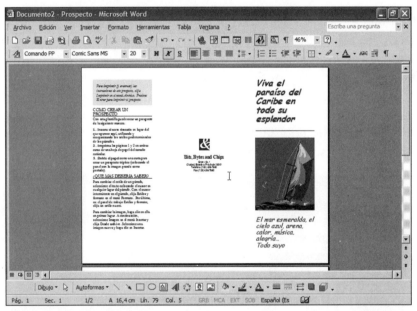

Figura 3. Usando los cuadros **Fuente...** *y* **Formato...** *es posible establecer otros tipos, tamaños y colores de letras, espaciados e interlineados.*

16 Seleccione el texto que se encuentra dentro del rectángulo de la parte superior izquierda de la misma página y escriba el texto adecuado para su folleto. Por

CUADROS VINCULADOS

Word le permite vincular cuadros de texto, de forma de que el texto escrito en uno continúe en otro si el primer cuadro se llena. Haga clic derecho sobre el borde de un cuadro, seleccione Crear vínculo con cuadro de texto y haga clic sobre un cuadro vacío.

ejemplo: **Esta es una oferta especial para nuestros mejores clientes, planeada para que disfruten las mejores vacaciones a un precio muy tentador.**

17 Asigne al texto una fuente que le agrade y el tamaño y color adecuado, por ejemplo, **Cerebral, 14 pts.** y **Cursiva**.

18 Seleccione todo el texto recién escrito, abra el menú **Formato/ Bordes y sombreado.../** ficha **Borde** y elija la opción **Ninguno**. Después pase a la ficha **Sombreado** y en el sector **Relleno:** seleccione el color **Azul**. En el sector **Tramas**, en la lista desplegable **Estilo:**, seleccione **Claro** y en **Aplicar a:** haga clic en **Párrafo**. A continuación pulse en **Aceptar**. Después asigne al texto el color **Blanco**.

19 De la misma forma vaya reemplazando los títulos y textos de la parte inferior escribiendo los adecuados para su propuesta. Puede colocar una lista de argumentos, destacando los ítems con viñetas o numerándolos, combinar distintos colores y, utilizando la barra de herramientas **Dibujo**, agregar algún recuadro, sin relleno y con el espesor de borde adecuado, tal como se puede ver en la **Figura 4**. Trate de utilizar colores contrastantes, recuerde que lo que ve en la pantalla no es exactamente lo que saldrá por la impresora. También tenga en cuenta el utilizar distintos tonos de grises si la impresión se realizará en blanco y negro.

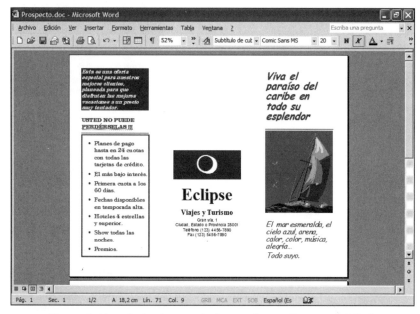

Figura 4. *Usando las barras de herramientas* **Formato** *y* **Dibujo** *se puede dar vida al folleto y agregarle detalles que mejoren su estética.*

20 En la parte interior del folleto, que es la que ocupa la **página 2**, reemplace y elimine textos según su necesidad y utilice saltos de columna en los lugares adecuados para mantener los otros textos en su lugar. Preste especial atención a la disposición general y a la ubicación de los títulos, no olvide que esta parte del folleto se verá desplegada, por lo tanto las tres columnas vistas en conjunto deben proporcionar una sensación de orden y claridad, agradable a los ojos, y capaz de motivar a la lectura.

21 Si le parece conveniente puede agregar otras imágenes, colocando cuadros de texto e insertándolas en su interior. Puede ajustar el texto del folleto alrededor del cuadro, haciendo clic derecho sobre su borde y seleccionando **Formato de cuadro de texto**. En el cuadro de diálogo que se presentará, elija la ficha **Diseño** y la opción **Cuadrado**. En la **Figura 5** puede ver el folleto de ejemplo terminado.

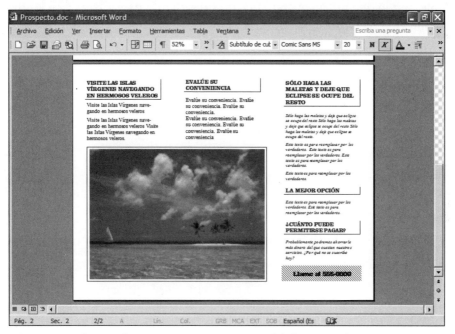

Figura 5. La fotografía a gran tamaño agrega al folleto una fuerte motivación.

OPTIMICE LAS IMÁGENES

Cualquier visor/editor de texto simple como IrfanView le da la opción de cambiar el tamaño y colores de una imagen. No tiene sentido hacer que Word guarde una imagen enorme reducida al 50%: es mejor reducir el tamaño original a la mitad antes de insertarla.

De aquí en más, todo está en sus manos. Recuerde que más allá de la simpleza de este tipo de herramientas, será usted mismo, con su buen gusto y sentido común, quien marque la diferencia. A modo de recomendación, no abuse de las imágenes. Elíjalas con inteligencia: de nada sirve una excelente y detallada fotografía de un hermoso paisaje si su impresora no es capaz de reproducir lo que usted ve en la pantalla. Intente también alejarse de las combinaciones de colores demasiado extravagantes: distraen la atención y dificultan la concentración en la lectura. Por último, trate de limitarse a no más de dos o tres tipos de letras diferentes: utilice siempre el mismo para cada título, siempre el mismo para cada párrafo de texto, siempre el mismo para cada epígrafe, caso contrario no es posible encontrar visualmente un orden y seguir la idea se hace más difícil. Nunca pierda de vista que el objetivo de un folleto no es que se admire la capacidad artística del autor, sino difundir sus contenidos, por lo tanto es el diseño el que debe estar al servicio del texto, y no viceversa. La estructura gráfica del folleto es más que simple, por lo que no encontrará mayores problemas para adaptarla a las necesidades de la información que debe comunicar.

NO ES LO MISMO

Una cosa es un folleto informativo, y otra uno publicitario. El primero le da más preponderancia al texto, ya que se presupone será leído, pero el publicitario debe ganarse al lector con su imagen y con un buen slogan: si no "vende", nadie leerá el texto.

Capítulo 8

Diagramar un periódico escolar

Si bien existen programas especializados para la creación y diagramación de páginas, ya sea de libros, diarios o revistas, Microsoft Word XP reúne una cantidad de herramientas que posibilitan crear, a un nivel no profesional, muchas de estas publicaciones, con un aceptable grado de calidad.

Diagramar un periódico escolar

Los periódicos escolares son un ejercicio sumamente creativo tanto para los alumnos como para sus profesores y maestros. La búsqueda y redacción de los contenidos, sus fotografías e ilustraciones, la diagramación de títulos y textos y el proceso general de creación del periódico, ponen a prueba la capacidad de organización y administración de recursos de quienes ejercen la dirección y de los colaboradores involucrados.

En Word es posible organizar los textos en columnas, insertar cuadros de texto, continuar el texto de una página en otra, insertar fotografías, utilizar tablas y aplicar distintos estilos y tamaños de títulos, elementos que son básicos para la creación de un periódico. En el siguiente ejemplo veremos los pasos a seguir para crear un periódico escolar como el que se ve en la **Figura 1**.

Figura 1. *El periódico de este ejemplo consta solamente de dos páginas, pero puede agregársele todas las que se desee.*

Creación de un periódico escolar   PASO A PASO

1 En la ventana de Microsoft Word, haga clic en el botón **Nuevo documento en blanco** de la barra de herramientas **Estándar**.

2 Haga clic en el menú **Archivo/ Configurar página.../** ficha **Márgenes** y establezca los valores de estos, en **3 cm** para el margen superior, **2 cm** para el inferior y **1,5 cm** para el izquierdo y el derecho. Mantenga la orientación **Vertical** y las demás opciones en sus valores predeterminados.

3 En la ficha **Papel** seleccione el tamaño **A4** y en la ficha **Diseño**, en el sector **Encabezados y pies de página**, active la casilla de verificación **Primera página diferente** y asigne el valor **1,5 cm** para el pie de página. Después pulse en **Aceptar**.

4 Haga clic en el menú **Ver/ Encabezado y pie de página**. Escriba, en el recuadro de encabezado, el texto **PERIÓDICO ESCOLAR "MI ESCUELA"**. Asígnele fuente **Verdana**, tamaño **24 pts.**, **Negrita** y alineación **Centrada**.

5 Sin deseleccionar el texto, abra el menú **Formato/ Bordes y sombreado.../** ficha **Sombreado** y haga clic en el color **Negro**, estilo **Claro** y aplicar a **Párrafo**. Haga clic fuera del encabezado para ver como ha quedado. Como el texto era de color **Automático**, habrá cambiado a **Blanco** automáticamente y se verá como en la **Figura 2**.

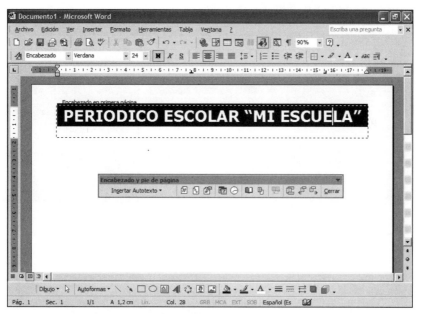

Figura 2. Este encabezado aparece sólo en la primera página del periódico, tal como se estableció en el cuadro Configurar página.

6 En la barra de herramientas **Encabezado y pie de página** haga clic en el botón **Cambiar entre encabezado y pie**. Donde se encuentra titilando el punto de inserción, inserte la fecha, pulsando en el botón correspondiente de la misma barra. Pulse la tecla **TABULADOR**, escriba **Página Nº**, agregue un espacio e inserte a continuación el número de página.

7 Vuelva al cuerpo del documento, pulsando en **Ver/ Encabezado y pie de página**.

8 Escriba, en la parte superior de la página, el título principal: **FINALMENTE SALIERON LAS NOTAS DEL ÚLTIMO EXAMEN**. Asígnele fuente **Arial Black**, tamaño **30 pts.** y alineación **Centrada**. Abra el cuadro **Párrafo** y verifique que el espacio anterior y el posterior sean de **0 pts.**. En **Interlineado** seleccione la opción **Exacto** y fije un valor de **30 pts.**.

9 Haga clic en el menú **Insertar/Salto…** e inserte, a continuación de la palabra **EXAMEN**, un salto **Continuo**.

10 Haga clic en el menú **Formato/ Columnas…** Establezca en **4** el número de columnas y en **0,5 cm** la separación entre ellas. Verifique que esté tildada la casilla de verificación **Columnas de igual ancho**. Si desea ver gráficamente las columnas haga clic en el menú **Herramientas/Opciones…/ficha Ver** y active la casilla de verificación **Límites de texto, (Figura 3)**.

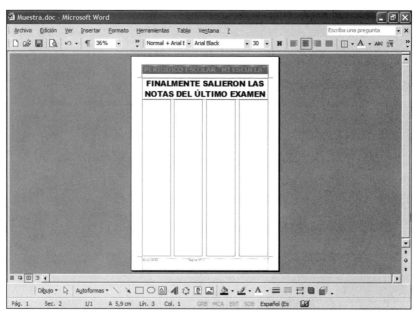

Figura 3. Ver las líneas de límites de texto facilita el trabajo de diagramación de la página. También pueden verse en la figura el título, el encabezado y el pie de página.

11 Utilizando el botón correspondiente de la barra de herramientas **Dibujo** inserte, debajo del título, a la izquierda, un cuadro de texto que abarque **3** columnas de ancho por unos **8 cm** de alto, con cuidado de no ingresar en el espacio del título. Haga clic derecho en el borde del cuadro y seleccione la opción **Formato de cuadro de texto**.

12 En la ficha **Diseño**, del cuadro que se presentará, pulse en el botón **Avanzado...** y en la ficha **Posición de la imagen (Figura 4)**, desactive las casillas de verificación **Mover objeto con texto** y **Permitir solapamientos**. En **Vertical** seleccione, para la posición absoluta, la opción **Página**. Pase luego a la ficha **Ajuste del texto (Figura 5)** y seleccione el estilo de ajuste **Cuadrado** y la opción **Ambos lados**. Fije los valores, para la distancia desde el texto, en **0,2 cm** hacia abajo y en **0 cm** para los otros tres lados.

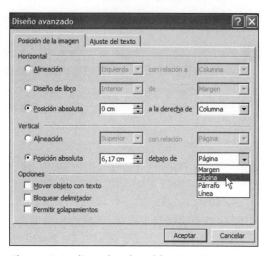

Figura 4. *La lista desplegable permite establecer desde dónde se tomará la distancia para fijar la posición absoluta del cuadro de texto.*

13 Haga clic en el cuadro de texto y escriba, en la parte superior, el título: **Para los alumnos eran temas muy difíciles** y asígnele fuente **Franklin Gothic Médium**, tamaño **18 pts.**, **Negrita** y alineación **Centrada**. Después continúe escribiendo el texto que desee para el resto del cuadro en **Estilo Normal**. Trate de exceder con el texto escrito el tamaño del cuadro para poder luego vincular este cuadro con otro, en alguna de las páginas siguientes.

14 Haga clic en la pequeña parte de la primera columna que se ve debajo del cuadro de texto. El punto de inserción quedará titilando, en el centro de la primera columna, con un tamaño de 30 pts.. Vuelva al **Estilo Normal** y escriba los textos que desee.

Figura 5. *En esta ficha puede establecerse el estilo de ajuste y la distancia que separará, al cuadro, del texto de la página.*

Abra el menú **Herramientas/ Idioma/ Guiones...** y active la casilla **División Automática del documento**.

15 Haga doble clic en el botón **Estilos y formato** de la barra de herramientas **Formato** y, en el panel de tareas que se presenta, donde estará seleccionado el estilo **Normal**, pulse en su borde derecho y luego en **Modificar**. En el cuadro que se presentará pulse en el botón de **Alineación Justificada** y a continuación en **Aceptar**.

16 Donde sea necesario agregue subtítulos a los textos, asignándoles fuente **Franklin Gothic Médium**, tamaño **14 pts.**, **Negrita** y alineación **Izquierda**.

17 Inserte, en la parte inferior derecha de la página, un cuadro de texto de **3** columnas de ancho por **10 cm** de alto.

18 Por medio del menú contextual del mismo abra el cuadro **Formato de cuadro de texto** y, en la ficha **Diseño**, pulse en el botón **Avanzado...** y en la ficha **Posición de la imagen**, desactive las casillas de verificación **Mover objeto con texto** y **Permitir solapamientos**. En **Vertical** seleccione, para la posición absoluta, la opción **Página**. Pase luego a la ficha **Ajuste del texto**, seleccione ajuste **Cuadrado** y la opción **Ambos lados**. Fije los valores, para la distancia desde el texto, en **0,2 cm** hacia arriba y en **0 cm** para los otros lados.

19 Escriba en la parte superior el título **Nuestro equipo de hockey fue muy alentado** y asígnele fuente **Franklin Gothic Médium**, tamaño **18 pts.**, **Negrita** y alineación **Centrada**.

20 Pulse la tecla **ENTER** y haga clic en **Insertar/ Imagen/ Imágenes prediseñadas...**En el panel de tareas **Insertar imagen prediseñada** escriba, en el cuadro **Buscar texto:**, la palabra **Grupos**, busque y haga doble clic en la imagen de las jugadoras de hockey o busque otra que le agrade para insertarla.

21 Vuelva a pulsar **ENTER** y escriba **Las chicas de hockey tuvieron una gran actuación clasificándose subcampeonas**. Asígnele fuente **Arial**, tamaño **9 pts.**, alineación **Centrada** y espacio anterior **6 pts.**

22 Seleccione la imagen y arrastre el controlador inferior derecho hasta darle el tamaño adecuado.

VUELVA TODO ATRÁS

Es muy común que, al trabajar con cuadros de texto, imágenes y columnas, después de alguna operación, los objetos se desacomoden. En esos casos, pulse CTRL+Z y busque en el cuadro de formato de esos objetos, cuál es el valor que debe cambiar.

CUADROS DENTRO DE CUADROS

Para poder insertar un cuadro de texto dentro de otro, deben estar activadas las casillas de verificación Permitir solapamientos, en la ficha Posición de la imagen, del cuadro Diseño avanzado.

23 Es posible, según la cantidad de texto escrito en las columnas, que, al insertar el cuadro de texto, se haya iniciado una nueva página, a cuya primera columna habrán pasado los textos excedentes.

24 Inserte un nuevo cuadro de texto en la primera página, en la parte superior de la columna **4**, de **10 cm** de alto. Abra el cuadro **Formato de cuadro de texto** y establezca las mismas opciones que en los cuadros de texto anteriores, adoptando, para la distancia desde el texto, **0,2 cm** hacia abajo y **0 cm** para los otros tres lados.

25 Escriba en su interior el título **La opinión del Sr. Director**, con fuente **Franklin Gothic Médium**, tamaño **14 pts.**, **Negrita** y alineación **Izquierda**. Escriba a continuación en **Estilo Normal** el texto correspondiente. Por medio de la ficha **Colores y líneas** del cuadro **Formato de cuadro de texto**, establezca un color de relleno **Gris muy claro** y transparencia al **50%**. La primera página, una vez terminada, se presentará como puede verse en la **Figura 6**.

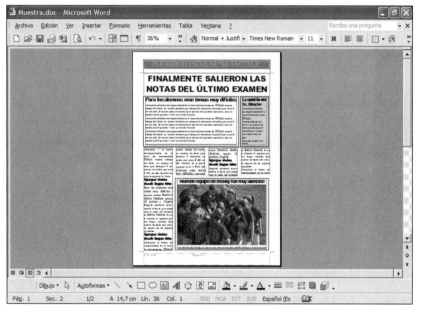

Figura 6. *La libertad para acomodar columnas, cuadros de texto e imágenes es total.*

AJUSTE DE TEXTO

Cuando inserte un cuadro de texto sobre texto ya escrito, este quedará debajo del cuadro. Recién se desplazará fuera de este cuando abra el cuadro de diálogo Formato de cuadro de texto y active el ajuste que corresponda.

26 Inserte en la parte inferior de la segunda página del periódico un cuadro de texto de **4** cm de alto que abarque las cuatro columnas. Abra el **Formato de cuadro de texto** y establezca las mismas opciones que en los cuadros anteriores, adoptando, para la distancia desde el texto, **0,2 cm** hacia arriba y **0 cm** para los otros tres lados.

27 Escriba el título **La tira cómica**, asígnele fuente **Franklin Gothic Médium**, tamaño **14 pts**. y **Negrita** y alineación **Izquierda**. Pulse repetidamente la tecla **TABULADOR** y agregue junto al margen derecho **Por Miguel**, en letra **Arial** y tamaño **11 pts**.

28 Pulse la tecla **ENTER**, abra el menú **Tabla/ Insertar/ Tabla...** e inserte, en el cuadro de texto, una tabla de **5** columnas y **1** fila. Tome con el puntero el borde inferior de la tabla y arrástrelo hacia abajo hasta el borde del cuadro de texto. Después inserte, en cada celda, los dibujos correspondientes, previamente digitalizados (escaneados), que deben tener las dimensiones adecuadas **(Figura 7)**.

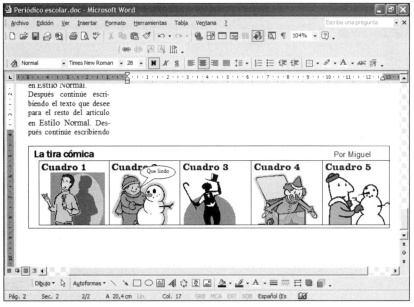

Figura 7. *Si necesita colocar texto en los dibujos de la tira puede utilizar los globos de las autoformas* **Llamadas**.

TODO BIEN LEGIBLE

Si decide personalizar su periódico, no abuse de las columnas ni de las tipografías muy pequeñas, dificultan la lectura. Si se siente perdido, una buena idea es analizar un periódico local que usted considere serio y tomar como modelo la estructura que utiliza.

29 Procediendo de la misma forma que en los ejemplos anteriores, inserte el cuadro de texto de la publicidad de la librería y el correspondiente al campamento. Defina los estilos de línea utilizando los botones disponibles en la barra de herramientas **Dibujo**.

30 Para continuar inserte un nuevo cuadro de texto de **2** columnas de ancho por **5 cm** de alto arriba del de la publicidad y establezca las mismas opciones que en los anteriores.

31 Haga clic derecho en el borde del cuadro de texto de la parte superior izquierda de la página **1** y seleccione, en el menú contextual, la opción **Crear vínculo con cuadro de texto**. El puntero tomará la forma de una jarra. Llévelo hasta el interior del cuadro de texto vacío de la página **2** y cuando la jarra se incline, haga clic. El texto excedente del cuadro de la página **1** se insertará en el nuevo cuadro de texto. Escriba el resto del texto de este cuadro.

32 Si lo desea, puede colocar una nota enviando a los lectores desde el primer cuadro hasta el segundo. Coloque el punto de inserción, al final de una palabra, aproximadamente en el centro de la última línea del cuadro de las página **1** y pulse **ENTER** para enviar el texto que sigue al cuadro de la página **2**. Vuelva al cuadro de la página **1** y escriba **(Pasa a la Pág.2, Col. 3)**. En el cuadro de la página **2**, pulse **ENTER** para enviar el texto de la primera línea a la línea siguiente, después vuelva a la primera línea y escriba **(Viene de la Pág. 1, col. 1)**. Este recurso es muy utilizado en el rubro editorial, especialmente dentro de los periódicos.

33 En la página **2** haga clic en **Ver/ Encabezado y pie de página**. En el recuadro del encabezado escriba **Periódico escolar "Mi escuela"** y asígnele fuente **Arial, 11 pts**. Haga clic en **Formato/ Bordes y sombreado...** y agregue un borde inferior de **1 pto**. que abarque todo el párrafo.

34 Para terminar el periódico cambie el pie de página y créelo de la misma forma que en la página **1 (Figura 8)**.

LA ORTOGRAFÍA PRIMERO

Si bien es una herramienta conocida, mucha gente olvida utilizar el corrector ortográfico de Word antes de entregar un texto. Ningún periódico que se precie puede permitirse tener faltas de ortografía. Tenemos nuestro propio corrector, aprovechémoslo.

MÁS IMÁGENES EN INTERNET

La función de búsqueda de imágenes de AltaVista (www.altavista.com) es también de excelente calidad. Encuentra fácilmente cosas simples, e incluso nos trae miles de resultados ante búsquedas muy específicas, algo a destacar en cualquier buscador.

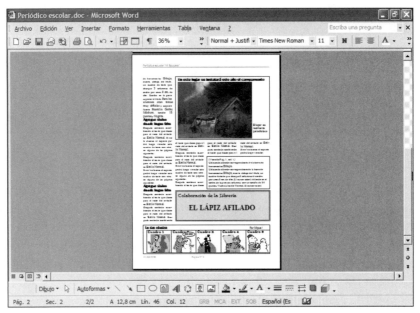

Figura 8. Si han quedado espacios vacíos, complételos con algún texto,
foto o cuadro adicional y la página estará terminada.

Para poder colocar el cuadro de texto con el epígrafe de la foto debe estar activada la
casilla de verificación **Permitir solapamientos**, en la ficha Posición de la imagen, del
cuadro Diseño avanzado.

FUENTES NO TAN COMUNES

¿Quiere utilizar nuevos tipos de letra?
Diríjase a **www.1001freefonts.com**,
un excelente sitio web de donde puede bajar muchísimos sin costo alguno.
Recuerde que debe instalar las tipografías que baje de Internet a través de la
carpeta Fuentes.

Capítulo 9

Crear una página Web personal

Tanto las empresas de cualquier tamaño,
que expanden sus actividades por medio
del e-commerce, como los usuarios
particulares que gustan presentarse
por medio de páginas personales
o las instituciones de todo tipo,
están extendiendo enormemente
la demanda de creación de páginas Web.

Crear una página web personal

Las grandes páginas o sitios Web requieren conocimientos de lenguajes de programación específicos y deben ser creados por profesionales capacitados, pero las páginas personales y las de pequeñas o medianas empresas pueden ser creadas en forma relativamente sencilla utilizando una de las utilidades de Microsoft Word apropiada para este fin. En Word pueden crearse páginas Web de varias formas:

• Creando documentos de Word y guardándolos luego como páginas Web.
• Utilizando distintas plantillas disponibles en el programa.
• Utilizando el Asistente para páginas Web.

Veremos a continuación cómo puede crear una página Web personal utilizando el Asistente, que le entregará luego de algunas preguntas una plantilla personalizada donde sólo habrá que rellenar los datos con la información que se desee incluir.

Crear una página Web	PASO A PASO

1 Estando en la ventana de Microsoft Word, pulse en **Archivo/ Nuevo...** En el Panel de tareas **Nuevo documento** haga clic en **Plantillas generales...** En la ficha **Páginas Web**, del cuadro que aparecerá, haga doble clic en el ícono **Asistente para páginas Web**. Se presentará el primer cuadro del Asistente **(Figura 1)**.

Figura 1. En cualquier asistente, el botón Siguiente lo lleva al próximo paso.

2 En el nuevo cuadro **(Figura 2),** escriba el título que desea darle a su página Web. Un poco más abajo puede aceptar la ubicación propuesta para guardar la página o, si desea elegir otra distinta, hacer clic en el botón **Examinar...** y buscar otra carpeta.

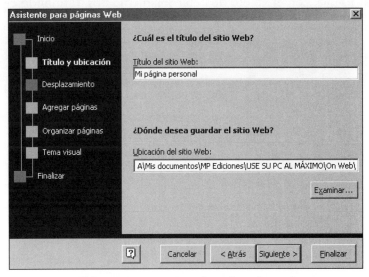

Figura 2. En este ejemplo se ha adoptado como título para la página **Mi página personal.**

3 Para continuar elija, en el cuadro siguiente **(Figura 3),** el tipo de marco que utilizará para la página. En los marcos aparecen los vínculos que, al pulsarlos, llevan a otras páginas del sitio.

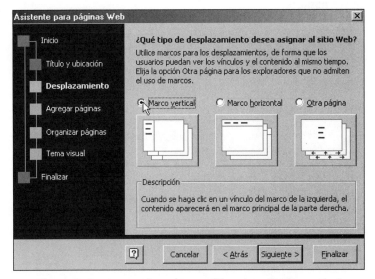

Figura 3. Para este ejemplo se utilizará un **Marco vertical.**

4 De forma predeterminada el Asistente propone, en el próximo cuadro **(Figura 4)**, tres páginas para formar el sitio Web: la **Página Web personal** y dos páginas en blanco. Para simplificar este ejemplo, seleccione la **Página en blanco 2** y pulse en el botón **Quitar página**, con el objeto de dejar solamente dos, formando el sitio Web.

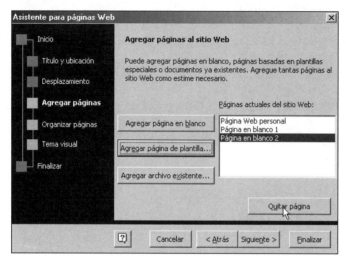

Figura 4. En este cuadro hay botones que permiten agregar más páginas en blanco, páginas desde plantillas y documentos existentes como páginas.

5 Los nombres de las páginas que propone el Asistente no son muy apropiados, especialmente el de la segunda. En el nuevo cuadro que se presenta **(Figura 5),** puede dar nuevos nombres a las mismas. Seleccione **Página web personal** y pulse en el botón **Cambiar nombre**.

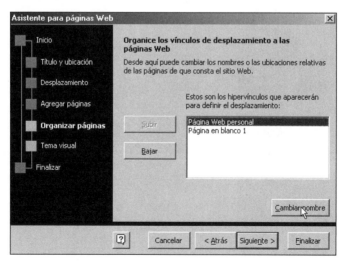

Figura 5. Los botones **Subir** y **Bajar** alteran la ubicación de los vínculos y las páginas.

6 Al pulsar en **Cambiar nombre** se presentará el cuadro que vemos en la **Figura 6,** donde debe ingresar el nuevo nombre.

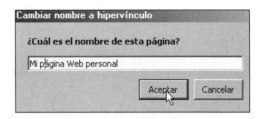

Figura 6: *El nombre que se reemplazará es sólo el de la página actual, los demás se mantienen.*

7 Repita la operación para cambiar el nombre de la **Página en blanco 1** y escriba en su reemplazo **Mis gustos y aficiones**.

8 El asistente propone ahora agregar un **Tema visual** que determine aspectos como el fondo, las fuentes, los colores y el estilo general de la página **(Figura 7)**. Para elegir un tema pulse en el botón **Examinar temas...**

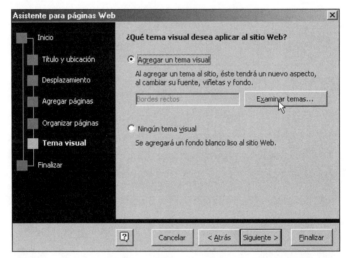

Figura 7. Si lo desea puede optar, pulsando en Ningún tema visual, por un fondo liso blanco, que podrá cambiar más adelante.

9 En el cuadro que se presentará **(Figura 8),** haga clic en cada uno de los temas que hay para elegir y cuando encuentre el que le agrade, pulse en **Aceptar**. En este ejemplo se ha optado por el tema **Arenisca**.

Figura 8. *Al pulsar en cada nombre puede ver un ejemplo en la ventana de vista previa.*

10 En el último cuadro del Asistente pulse en **Finalizar** y, después de algunos instantes, aparecerá en la pantalla la primera página del sitio Web creado **(Figura 9)**, mostrando el marco de vínculos en la parte izquierda, y el sector de contenidos, cuyos títulos y textos deberán ser reemplazados por los verdaderos, a la derecha.

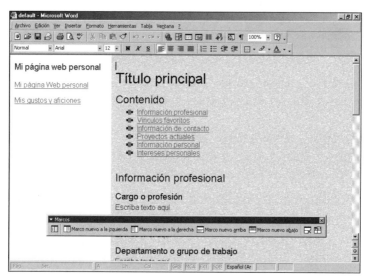

Figura 9. *Junto con la primera página del sitio Web aparecerá la barra de herramientas Marcos, que permite la inserción de otros nuevos y la modificación de sus propiedades.*

11 Pulsando en el vínculo **Mis gustos y aficiones** podrá pasar a la segunda página **(Figura 10)** y comprobar, de paso, el funcionamiento de los hipervínculos.

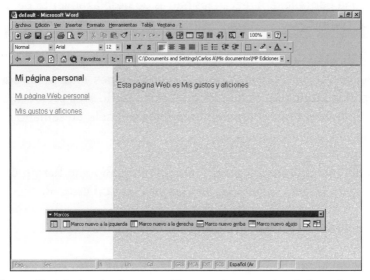

Figura 10. A la izquierda se mantiene, en la segunda página, el marco de los vínculos. Pulsando en Mi página web personal se vuelve a esa página.

12 En la barra **Marcos** haga clic sobre el botón **Propiedades del marco**. En el cuadro de diálogo que se presentará **(Figura 11),** seleccione la ficha **Bordes** y active el botón **Mostrar todos los bordes de Marco**, para establecer una línea de separación entre los mismos. Asigne al borde un ancho de **5** puntos y el color **Azul**.

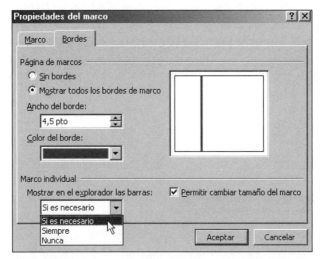

Figura 11. Si acepta que quienes observen la página puedan modificar el tamaño de los marcos, active la casilla de verificación correspondiente.

13 En el sector **Marco individual**, despliegue la lista **Mostrar en el explorador las barras:** y seleccione la opción **Si es necesario**, con el objeto de que, si la página excede el tamaño de la pantalla, aparezcan las barras de desplazamiento para poder visualizarla por completo.

14 Corresponde ahora comenzar a reemplazar los textos y títulos existentes por los reales. Puede tomar como ejemplo estas indicaciones y las de los puntos siguientes. Seleccione **Titulo principal** y sobrescriba **Mi página Web personal**. Utilizando los botones de la barra de herramientas **Formato** asígnele un tamaño de **20 pts.**, color **Violeta** y alineación **Centrada**.

15 Pulse **ENTER** y escriba su nombre. Selecciónelo y asígnele fuente **Comic Sans MS**, un tamaño de **28 pts.**, color **Azul**, **Negrita** y alineación **Centrada**.

16 Seleccione y elimine las palabras **Cargo o** y coloque mayúscula inicial en **Profesión**.

17 Seleccione, en el renglón siguiente, el texto **Escriba texto aquí** y escriba los datos que correspondan. Asígneles tamaño **18 pts.** y color **Azul**.

18 De la misma forma seleccione y reemplace los textos debajo de **Responsabilidades principales** y **Departamento o grupo de trabajo** por los que realmente correspondan.

19 Seleccione y elimine **grupo de trabajo**.

20 Debajo de **Vínculos favoritos** puede colocar hipervínculos para acceder a otros documentos o archivos que puedan ser de interés para quienes vean su página Web. Para hacerlo, seleccione el texto de la primera viñeta y haga clic derecho en él. En el menú contextual pulse en **Hipervínculo**. Se presentará el cuadro **Insertar hipervínculo (Figura 12)**.

AGREGAR ARCHIVOS

Para incluir en el sitio Web que está creando un documento existente pulse, en el cuadro Agregar páginas al sitio Web, en el botón Agregar archivo existente... En el cuadro que se presentará localice el archivo y pulse en Aceptar.

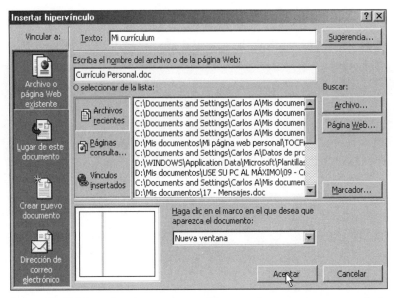

Figura 12. El hipervínculo puede remitir a un documento, a una página
Web o a un marcador dentro de la misma página o en otro archivo.

21 En el cuadro **Texto:** escriba las palabras que desea que aparezcan en el hipervínculo. Para remitir a un archivo, haga clic en el botón de ese nombre y, en el cuadro que se presentará, localice el archivo, selecciónelo y pulse en **Aceptar**. En la lista desplegable de la parte inferior haga clic en la opción correspondiente al lugar donde desea que aparezca el documento. Después pulse en **Aceptar**.

22 En la página aparecerá el texto del hipervínculo. Selecciónelo y asígnele fuente **Arial, 14 pts**. y color **Azul**.

21 Si lo desea agregue otros hipervínculos. En caso contrario, elimine las demás viñetas, seleccionándolas y pulsando las teclas **SUPRIMIR** o **RETROCESO**. Si no va a insertar ningún hipervínculo elimine también el título **Vínculos favoritos**.

24 De la misma forma complete la Información de contacto, sus proyectos y sus datos e intereses personales, hasta terminar el contenido de la página, que se pre-

ARCHIVOS DE LA PÁGINA

Al guardar la página Web, Word le asigna, de forma predeterminada, el nombre Default.htm y crea, en la misma ubicación, las carpetas necesarias para guardar los archivos relacionados.

LA PÁGINA DEL EJEMPLO

El archivo correspondiente a esta página Web se encuentra en el sitio web www.onweb.tectimes.com, con el nombre Página Web personal.htm.

sentará como se ve en la **Figura 13**. Después pulse en el botón **Guardar** de la barra de herramientas **Estándar** para actualizar los cambios realizados.

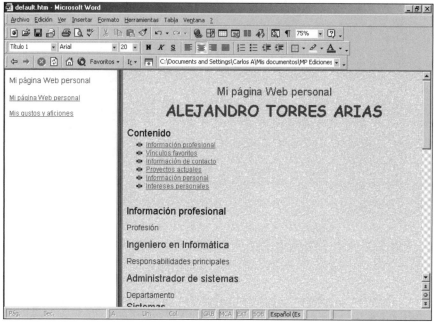

Figura 13. Una vez completada la página conviene comprobar el funcionamiento de los hipervínculos.

25 Ahora es necesario establecer cual será la página inicial que mostrará el marco principal. Haga clic derecho en un lugar del marco principal donde no haya texto y seleccione **Propiedades del marco...** Se presentará el cuadro del mismo nombre **(Figura 14)** donde, en la ficha **Marco**, en el cuadro **Página inicial:** se mostrará, de forma predeterminada, la primera página. Si desea cambiarla abra la lista desplegable y seleccione la que desea mostrar. También puede seleccionar otro marco desplegando la lista **Nombre:**

VISTA PREVIA

Si desea ver como va quedando la página a medida que la modifica, haga clic en el menú Archivo/ Vista previa de la página Web y podrá verla en la ventana del Internet Explorer.

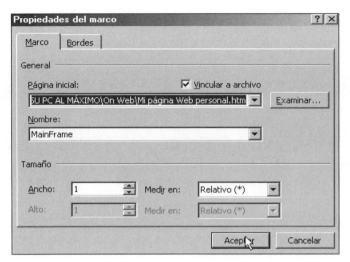

Figura 14. Si es necesario puede buscar otra página, pulsando en el botón Examinar...

26 En el menú contextual del marco existe otra opción **Guardar marco activo como...** que abre un cuadro de diálogo que permite guardar el marco con otro nombre. También existe en este cuadro el botón **Cambiar título**, que da paso a otro cuadro **(Figura 15),** donde se puede establecer el título de la página. Después pulse en **Aceptar** y, en el cuadro **Guardar como** en **Guardar**.

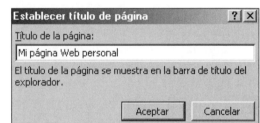

Figura 15. El título ingresado en este cuadro es el que aparecerá en la Barra de título de la página Web.

27 A continuación debe completar la segunda página. Pulse, en el marco de la izquierda, en el vínculo **Mis gustos y aficiones** y esta se presentará en el marco principal. Elimine el texto que aparece de forma predeterminada y escriba, tal como si se tratara de cualquier documento de Word (en realidad lo es), los títulos, subtítulos y textos que desee. Al finalizar pulse en el botón **Guardar** de la barra de herramientas **Estándar**. En la **Figura 16** puede observar como ha quedado la página **2** terminada.

DISEÑO PROFESIONAL

Word se queda corto si lo que se busca es un diseño profesional. Para trabajos simples, puede probar con FrontPage, pero si quiere meterse de lleno en el diseño web en serio, la opción es sin dudas Dreamweaver, de Macromedia, el software más usado de la rama.

MODIFICAR LA PÁGINA

Cuando necesite modificar la página Web, no podrá hacerlo si, para abrirla, hace doble clic en Mi PC o en el Explorador de Windows, pues se abrirá en el Internet Explorer. Debe ejecutar Microsoft Word y abrirla desde allí.

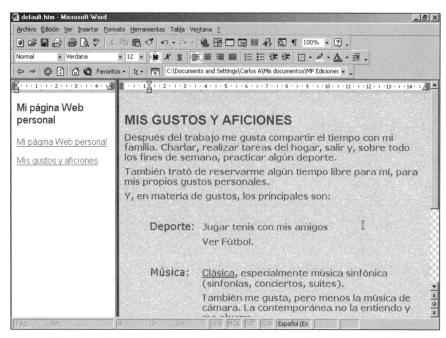

Figura 16. *Al crear páginas Web puede aplicar formato a los textos y utilizar sangrías, numeración y viñetas con las mismas herramientas que usa en Word.*

28 Si lo desea, puede crear su sitio Web personal con más páginas, procediendo de la forma que se ha visto en este ejemplo. Después, sólo restará comunicarse con un Proveedor de Servicios de Internet para que le asigne un espacio y colocarla en la Web.

ALOJAMIENTO GRATUITO

Puede dirigirse a **www.freeservers. com** o a **www.netfirms.com** para obtener un espacio gratuito en Internet donde colocar su sitio web. Si bien los servicios son muy limitados, le servirán, al menos, en un principio o para llevar a cabo algunas pruebas.

Crear una tabla de gastos mensuales

Mucha gente le agrada llevar un control de los gastos familiares realizados, para conocer con exactitud el destino del dinero que se ha gastado o invertido. Utilizando Microsoft Excel XP se puede cumplir este objetivo por medio de una hoja de cálculo muy fácil de realizar.

Crear una tabla de gastos mensuales	114
Crear la tabla	115
Dar formato a la Tabla	119
Funcionamiento de la tabla	121

SERVICIO DE ATENCIÓN AL LECTOR: lectores@tectimes.com

Crear una tabla de gastos mensuales

Con Microsoft Excel se puede crear una hoja de cálculo rápidamente, tanto para confeccionar tablas de gastos como para elaborar un presupuesto para los meses siguientes y verificar, al mismo tiempo, su cumplimiento (ya que de esta forma es posible comparar las erogaciones reales con las presupuestadas y establecer, si es posible, las correcciones necesarias).

En este tipo de tabla (**Figura 1**), es muy sencillo introducir los gastos correspondientes a cada ítem para cada mes y establecer, en otras celdas, fórmulas para calcular los totales por mes y por ítem, los totales por período o anuales, los promedios y también las diferencias si es necesario.

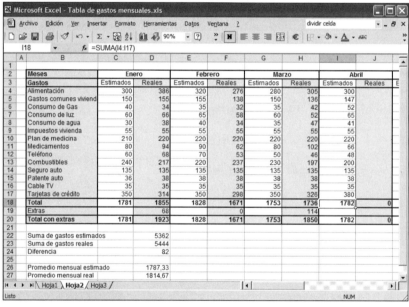

Figura 1. *Observando la tabla se puede notar fácilmente la diferencia entre los gastos estimados y los reales.*

NUESTRA TABLA DE GASTOS

El archivo correspondiente a la Tabla de la **Figura 1** se encuentra en el sitio **www.onweb.tectimes.com** con el nombre Tabla de gastos.xls.

Crear la tabla

Para llevar el control de los gastos será necesario volcar los valores de los mismos en una tabla. Veamos cómo crear la tabla y cómo hacerlo mediante un ejemplo paso a paso.

1   Abra el programa Microsoft Excel y cierre el panel de tareas **Nuevo libro**.

2   Haga clic en la celda **B2** y escriba **Meses**. En la celda **B3** escriba **Gastos** y en las celdas subsiguientes hacia abajo escriba la lista de estos, copiando los de la **Figura 2** o utilizando los suyos propios.

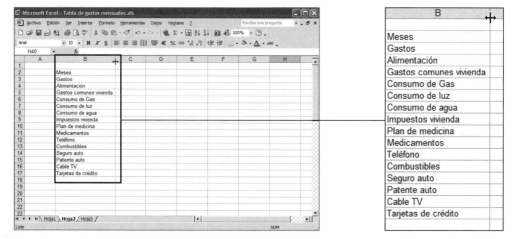

Figura 2. Para que la columna adopte el ancho del texto más largo, haga doble clic, en el encabezado, en la línea de separación con la siguiente.

3   Haga clic en la celda **C2** y escriba **Enero**.

4   Seleccione las celdas **C2** y **D2** y pulse en el botón **Combinar y centrar** de la barra de herramientas **Formato**. Ambas celdas pasarán a ser una sola.

5   Coloque el puntero en la esquina inferior derecha de la celda combinada y, cuando tome forma de una cruz, arrástrelo hacia la derecha hasta escribir la serie de los meses del año **(Figura 3)**.

Crear una tabla de gastos mensuales   **10**

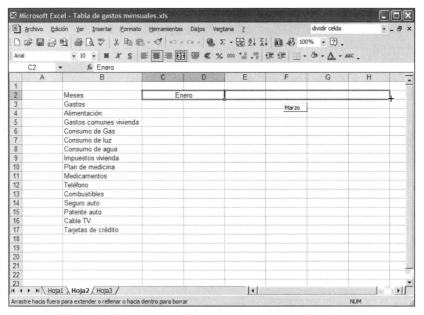

Figura 3. Al arrastrar el puntero, una pequeña etiqueta
le irá indicando hasta que mes ha llegado.

6 Haga clic en **C3** y escriba **Estimados** y luego en **D3** e introduzca **Reales**. Seleccione ambas celdas juntas y pulse conjuntamente las teclas **CTRL+C** para copiarlas.

7 Haga clic en **E3** y pulse simultáneamente las teclas **CTRL+V** para pegarlas. Pulse en **G3** y vuelva a pegar el contenido de las celdas copiadas. De la misma forma vaya pegando las correspondientes a todos los meses subsiguientes.

8 A partir de la celda **C4** ingrese, hacia abajo, los valores del gasto estimado para cada uno de los rubros y en la columna **D**, los gastos reales que ya se hayan producido.

9 Haga clic en la celda **B18** y escriba **Total**. En **B19** escriba **Extras** y en **B20** ingrese **Total con extras**.

EDITAR LAS CELDAS

Para corregir un texto o un número ingresado en una celda, haga clic en la misma y escriba directamente el nuevo valor. Si desea colocar el punto de inserción para modificar el texto, haga doble clic en ella, o selecciónela y pulse la tecla F2.

SOBRE FÓRMULAS

No olvide escribir el signo igual (=) antes de cada fórmula y, si le resulta más cómodo, en lugar de pulsar sobre las celdas que intervienen en la misma, puede escribir directamente sus nombres (la letra y el número que indican la columna y la fila).

10 Haga clic en la celda **C18** y a continuación pulse en el botón **Autosuma** de la barra de herramientas **Estándar (Figura 4)**. De esta forma introducirá en la celda la fórmula que calculará el total de los gastos estimados del mes.

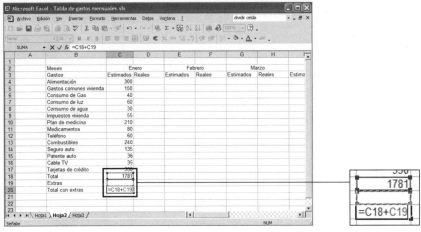

Figura 4. *Un recuadro de línea punteada indicará el rango de celdas que serán sumadas y en la celda donde aparecerá el resultado se puede ver la fórmula que utilizará la función **Autosuma**.*

11 Presione la tecla **ENTER** y en la celda aparecerá el total de los gastos mensuales estimados.

12 Si estima que se producirá un gasto extra, agréguelo en la celda **C19**. En caso contrario déjela en blanco y, si se llegara a producir, agréguelo después.

13 Haga clic en **C20** y escriba el signo igual **(=)** para iniciar una fórmula. Después haga clic en la celda **C18**, presione la tecla del signo más **(+)** y, a continuación, haga clic en **C19** para completar la fórmula **(Figura 5)**. Al presionar la tecla *ENTER* en la celda *C20* aparecerá la suma de los gastos normales más los extras.

Crear una tabla de gastos mensuales **10**

CONFIGURACIÓN REGIONAL

Es posible que no vea en su pantalla los números exactamente como en las imágenes de este capítulo. Esto se debe a que la configuración regional de su PC es diferente a la del ejemplo. No se preocupe por esto, suele haber diferencias de una PC a otra.

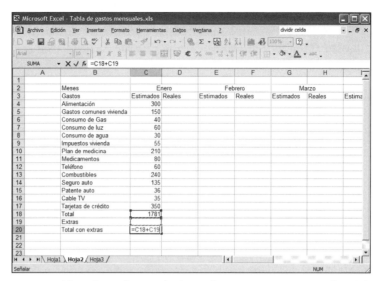

Figura 5. Las celdas afectadas por la fórmula muestran un recuadro del mismo color que aquel con el que aparecen sus nombres en la fórmula.

14 Seleccione la celda **C18** y arrastre hacia la derecha el controlador de relleno, ubicado en la esquina inferior derecha, hasta el final de la tabla, para copiar en todas esas celdas la misma fórmula.

15 Repita la misma operación a partir de la celda **C20**. La tabla ahora está lista para funcionar **(Figura 6)**.

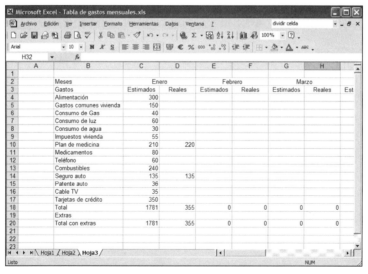

Figura 6. Al haber copiado las fórmulas, cualquier dato que introduzca en alguna de las celdas se verá reflejado en los totales.

Dar formato a la Tabla

Este procedimiento la hará más atractiva y le dará mayor claridad.

1 Seleccione todas las celdas desde **Meses** hasta **Diciembre** y pulse en el botón **Negrita**, de la barra de herramientas **Formato**.

2 Sin deseleccionarlas despliegue el menú del botón **Bordes**, de la misma barra de herramientas, y pulse en el ícono **Borde de cuadro grueso**.

3 Seleccione, en sentido horizontal, las celdas desde **Gastos** hasta el final de la tabla y apliqueles también **Borde de cuadro grueso**. Haga lo mismo con las celdas, **Total** y **Total con extras**

4 Seleccione todas las celdas desde **Meses** hasta **Total con extras**, pulse la tecla **CTRL** y seleccione, hacia abajo, desde **Enero** hasta el final de la tabla. Sin soltar la tecla **CTRL**, seleccione todos los demás meses, uno por uno, sin arrastrar el puntero **(Figura 7)**, y luego pulse en el botón **Borde de cuadro grueso**.

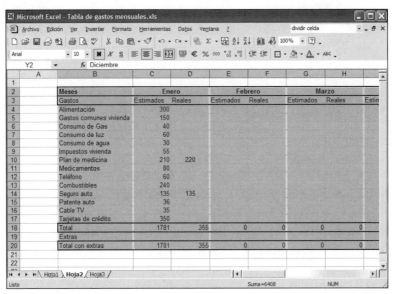

Figura 7. Al hacer la separación con línea de mayor espesor
se observan mejor las distintas secciones de la tabla.

Crear una tabla de gastos mensuales   10

5 Seleccione hacia abajo todas las celdas desde **Reales** hasta el final de la tabla. Pulse la tecla **CTRL** y seleccione, de la misma forma, todas las demás columnas que tienen el encabezado **Reales**. Después despliegue el menú del botón **Bordes** y pulse en el botón **Borde izquierdo**.

6 Sin deseleccionarlas pulse nuevamente la tecla **CTRL** y agregue a la selección las celdas desde **Meses** hasta **Total con extras**.

7 Pulse en el botón **Color de relleno** y asígneles el color **Turquesa claro**.

8 Coloque el puntero sobre el encabezado de la fila **3** y haga clic para seleccionarla toda, **(Figura 8)**. Después pulse en el botón **Centrar** de la barra de herramientas **Formato** para centrar todos los títulos de esa fila.

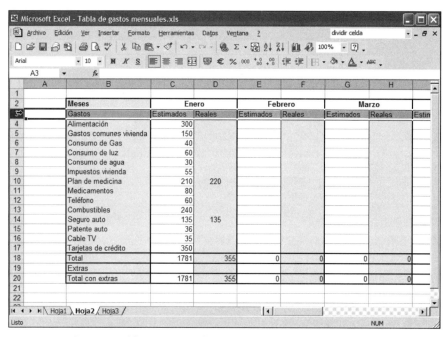

Figura 8. Al hacer una selección múltiple se puede aplicar un comando a muchos elementos en una sola operación.

9 Seleccione la celda **Gastos**, haga clic en el botón **Negrita** y, a continuación, en el botón **Alinear a la izquierda** para restituirle esa alineación.

10 Seleccione las filas **18** y **20** y haga clic en **Negrita** para resaltar los totales.

Funcionamiento de la tabla

A medida que vayan produciéndose los gastos reales, introdúzcalos en las celdas correspondientes. Los totales se irán actualizando automáticamente y al finalizar el mes podrá compararlos con las cifras estimadas.

Al mismo tiempo, puede ir agregando los gastos estimados para el mes siguiente en las celdas correspondientes (**Figura 9**).

	Meses	Enero		Febrero		Marzo		
	Gastos	Estimados	Reales	Estimados	Reales	Estimados	Reales	Esti
	Alimentación	300	386	320				
	Gastos comunes vivienda	150	155	155				
	Consumo de Gas	40	34	35				
	Consumo de luz	60	66	65				
	Consumo de agua	30	38	40				
	Impuestos vivienda	55	55	55				
	Plan de medicina	210	220	220				
	Medicamentos	80	94	90				
	Teléfono	60	68	70				
	Combustibles	240	217	220				
	Seguro auto	135	135	135				
	Patente auto	36	38	38				
	Cable TV	35	35	35				
	Tarjetas de crédito	350	314	350				
	Total	1781	1855	1828	0	0	0	
	Extras		68					
	Total con extras	1781	1923	1828	0	0	0	

Figura 9. En el mes de enero se agregó un gasto extra
que modificó el total de gastos reales.

Con pequeñas modificaciones y agregados es posible obtener otros datos de la tabla. Por ejemplo, puede obtenerse la suma de los gastos estimados para un período de varios meses o para todo el año, y la de los realmente producidos. También puede conocerse el promedio mensual de los gastos estimados y el de los gastos reales para un período determinado y calcular también las diferencias entre ellos. Veamos cómo calcular los de un trimestre.

OPERACIONES CONDICIONALES

En algunos casos se necesitan sumar o contar valores, pero sólo si cumplen una cierta condición. Para eso, Excel nos brinda las funciones SUMAR.SI y CONTAR.SI, que evalúan condiciones en rangos de celdas antes de hacer la operación propiamente dicha.

Crear una tabla de gastos mensuales

10

Calcular sumas y promedios PASO A PASO

1 Pulse en la celda **B22** y escriba **Suma de gastos estimados**. En **B23** escriba **Suma de gastos reales** y en **B24** introduzca la palabra **Diferencia**.

2 Haga clic en la celda **D22**, pulse en la tecla igual (**=**) y después en la celda **C20**. Pulse en la tecla más (**+**) y, a continuación, en la celda **E20**. Continúe pulsando la tecla más (**+**) y agregando los totales con extras estimados, de los meses que desea sumar (**Figura 10**). Cuando agregue el último mes pulse la tecla **ENTER** para obtener el resultado. Recuerde que comenzar con la tecla igual en una celda de formato general define a su contenido como una fórmula, lo que significa que esta celda devolverá un valor determinado que dependerá de otros (en este caso, nos devolverá la suma de los valores contenidos en **C20** y **E20**).

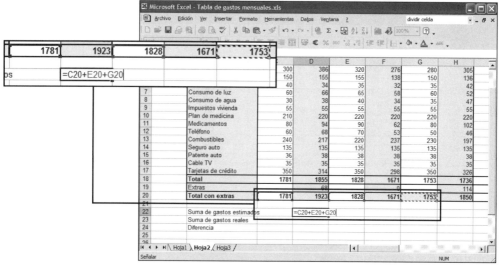

Figura 10. Para sumar los gastos anuales bastará con agregar a la fórmula las celdas faltantes hasta completar el año.

3 Haga clic en la celda **D23** y proceda de la misma forma para obtener el total de los gastos reales del trimestre, tomando en consideración las celdas **D20**, **F20** y **H20**.

4 Para calcular la diferencia entre ambos valores haga clic en la celda **D24** y escriba la fórmula: **=D23-D22**. Al pulsar la tecla **ENTER** aparecerá el resultado.

5 Para calcular el promedio de los gastos estimados del trimestre haga clic en la celda **B26** y escriba **Promedio mensual estimado**. En **B27** escriba **Promedio mensual real** y en **B28** introduzca la palabra **Diferencia**.

6 Haga clic en la celda **D26**, pulse en la tecla igual (**=**) y después en la celda **D22**, donde se encuentra el total de los gastos estimados. A continuación pulse en la tecla de división (**/**) y luego en la tecla **3**, que corresponde a la cantidad de meses que han sido considerados. Al pulsar la tecla **ENTER** aparecerá el promedio de esos meses.

7 Haga clic en la celda **D27** y proceda de la misma forma para obtener el promedio de los gastos reales. En este caso deberá utilizar el valor de la celda **D23**, donde se encuentra el total de los gastos reales. Después pulse **ENTER**.

8 Para calcular la diferencia entre ambos valores haga clic en la celda **D28** y escriba la fórmula: **=D27-D26 (Figura 11)**. Al pulsar la tecla **ENTER** aparecerá la diferencia entre ambos promedios.

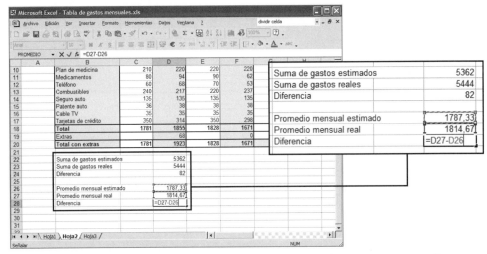

Figura 11. De la misma forma en que se han calculado las sumas y promedios de los totales, podrían haberse calculado los de cada uno de los distintos rubros.

9 Si desea guardar la tabla recién creada como plantilla, para utilizarla en otras oportunidades, haga clic en **Archivo/ Guardar como...** En el cuadro que se presentará asigne el nombre **Tabla de gastos mensuales** al archivo y, en la lista desplegable **Guar-**

Crear una tabla de gastos mensuales

10

BLOQUEO DE DESPLAZAMIENTO

Si intenta mover la celda seleccionada con las flechas pero lo que se mueve es la planilla entera, no se preocupe, su versión de Excel no tiene ningún problema. Simplemente, desactive el bloqueo de desplazamiento con la tecla correspondiente en su teclado.

dar como tipo:, seleccione **Plantilla (*.xlt)**. Excel guardará la hoja de cálculo como plantilla en la carpeta de ese nombre y, en lo sucesivo, agregará su ícono a la ficha **General** del cuadro **Plantillas**. En caso de elegir esta opción, recuerde vaciar las celdas de carga de la planilla (**sólo las que tienen valores numéricos**, no elimine ninguna de las fórmulas o la planilla no funcionará) antes de guardarla. Al seleccionarla en el cuadro **Plantillas**, Excel creará un archivo nuevo que, en lugar de estar vacío, contendrá los datos de nuestra planilla; por lo tanto, es más práctico disponer sólo de la estructura, vacía de contenidos reales, que tener que borrar todos los datos cargados cada vez que queramos crear un archivo a base de éste. Las plantillas se vuelven muy prácticas, si no imprescindibles, cuando debemos manejar formatos estándares de documentos (como una hoja membretada), puesto que nos permiten almacenar la información que se repite y cargar sólo la que es diferente.

IMPRESIÓN APAISADA

Si la vista preliminar no le muestra todos los contenidos en la pantalla, pruebe yendo a la configuración de la hoja y apaisándola. Planillas como ésta, más anchas que altas, suelen requerir opciones de este tipo. También puede intentar reducir los márgenes.

Crear una lista de precios

Las listas de precios de los comercios
sufren frecuentemente variaciones,
ya sea por aumentos en los mismos
o por descuentos aplicados ante
determinadas circunstancias como cambios
de temporada, liquidaciones de stock
y otros motivos variados. Con Microsoft
Excel esta es una tarea sencilla y rápida.

Crear listas de precios

Siempre es muy conveniente que las listas de precios puedan actualizarse de forma rápida por medio de fórmulas que apliquen determinados coeficientes cuyo valor, al ser cambiado, produzca el cambio en todos los precios afectados.
Utilizando Microsoft Excel XP es posible crear listas de precios dinámicas a las que pueden aplicárseles estas modificaciones en forma automática (**Figura 1**).

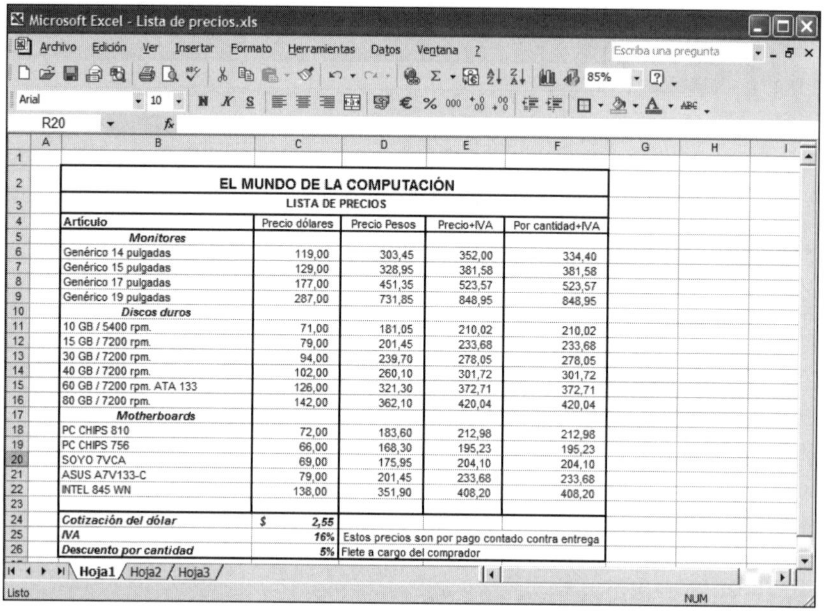

EL MUNDO DE LA COMPUTACIÓN				
LISTA DE PRECIOS				
Artículo	Precio dólares	Precio Pesos	Precio+IVA	Por cantidad+IVA
Monitores				
Genérico 14 pulgadas	119,00	303,45	352,00	334,40
Genérico 15 pulgadas	129,00	328,95	381,58	381,58
Genérico 17 pulgadas	177,00	451,35	523,57	523,57
Genérico 19 pulgadas	287,00	731,85	848,95	848,95
Discos duros				
10 GB / 5400 rpm.	71,00	181,05	210,02	210,02
15 GB / 7200 rpm.	79,00	201,45	233,68	233,68
30 GB / 7200 rpm.	94,00	239,70	278,05	278,05
40 GB / 7200 rpm.	102,00	260,10	301,72	301,72
60 GB / 7200 rpm. ATA 133	126,00	321,30	372,71	372,71
80 GB / 7200 rpm.	142,00	362,10	420,04	420,04
Motherboards				
PC CHIPS 810	72,00	183,60	212,98	212,98
PC CHIPS 756	66,00	168,30	195,23	195,23
SOYO 7VCA	69,00	175,95	204,10	204,10
ASUS A7V133-C	79,00	201,45	233,68	233,68
INTEL 845 WN	138,00	351,90	408,20	408,20
Cotización del dólar	$ 2,55			
IVA	16%	Estos precios son por pago contado contra entrega		
Descuento por cantidad	5%	Flete a cargo del comprador		

***Figura 1.** Los precios de esta lista pueden ser actualizados por tres factores distintos: cotización del dólar, variación en el porcentaje al impesto al valor agragado(en muchos países conocido como IVA) o en el descuento en compras por cantidad.*

Veamos a continuación un ejemplo y los pasos necesarios para realizarlo.

Crear una lista de precios actualizable — PASO A PASO

1 Abra el programa Microsoft Excel y cierre el panel de tareas **Nuevo libro**.

2 Haga clic en la celda **B4** y escriba **Artículo**.

3 Copie la lista completa de la **Figura 2** o bájela a su PC desde el sitio Web de MP Ediciones. Si lo desea haga su propia lista de precios.

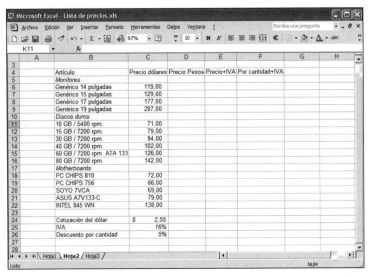

Figura 2. *Antes de darle formato, la lista aparece un poco confusa.*

4 Haga clic en la celda **D6** y pulse en la tecla igual **(=)**. Después haga clic en la celda **C6**, pulse en la tecla multiplicar **(*)** y luego en la celda **C24** que establece el valor del dólar. Pulse de inmediato la tecla **F4** para designar esa celda como referencia absoluta, ya que todos los precios en dólares deben ser multiplicados por ese único valor para obtener los precios en pesos **(Figura 3)**. Después pulse la tecla **ENTER** y aparecerá el primer resultado.

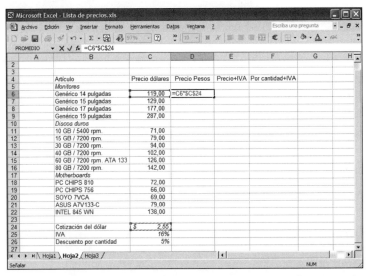

Figura 3. *Los nombres de las celdas que se toman como referencia absoluta (o sea que no varían al copiar la fórmula) se escriben anteponiendo el signo $ al nombre de la fila y al de la columna.*

5 Arrastre el controlador de relleno de la celda **D6**, ubicado en la parte inferior derecha, hasta la celda **D22** para copiar la fórmula en esas celdas. Al soltar el botón del mouse aparecerán todos los precios en pesos.

6 Para obtener el precio más valor agregado (IVA), en la celda **E6**, es necesario sumarle al precio en pesos (**D6**), el valor del impuesto (IVA), que es el producto de multiplicar el precio en pesos (**D6**) por el porcentaje de dicho impuesto (IVA), (**C25**), que es constante para todos los artículos. Por consiguiente la fórmula que se debe escribir en la celda **E6** es la siguiente: **=D6+D6*C25 (Figura 4)**. Al pulsar la tecla **ENTER** aparecerá el primer resultado.

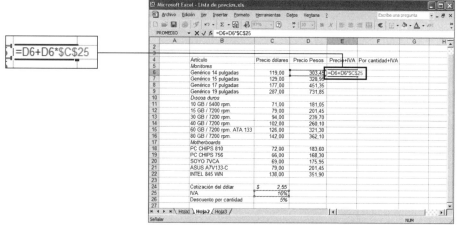

Figura 4. En una fórmula donde existen sumas y productos,
Excel calculará, primero los productos y luego realizará las sumas, tal como establecen
los criterios matemáticos. Para alterar este orden será preciso utilizar paréntesis.

7 A continuación arrastre el controlador de relleno de la celda **E6** hasta la celda **E22** para copiar la fórmula en esas celdas. Al soltar el botón del mouse aparecerán todos los precios más el impuesto al valor agregado (IVA).

8 Para obtener el precio con descuento por cantidad, en la celda **F6**, es necesario restarle al precio más el impuesto (IVA), (**E6**) el valor del descuento, que es el pro-

PORCENTAJES

Al escribir un porcentaje, tal como el de la celda C25 (16%), es posible que Excel lo convierta en número decimal (0,16). Si desea evitarlo, seleccione la celda, haga clic en Formato/ Celdas.../ ficha Número, elija Porcentaje y los decimales que desea.

ATAJOS DE TECLADO

Habrá notado que al lado de muchas de las opciones de los menúes figuran combinaciones de teclas, que puede utilizar para llamar a la opción correspondiente de forma instantánea. Usarlos para las funciones básicas le ahorra muchísimo tiempo de trabajo.

ducto de multiplicar el precio más el valor agregado (IVA) **(E6)**, por el porcentaje de descuento **(C26)**, que es constante para todos los artículos. Por consiguiente la fórmula que se debe escribir en la celda **F6** es la siguiente: **=E6-E6*C26**. Al pulsar la tecla **ENTER** aparecerá el primer resultado.

9 Después arrastre el controlador de relleno de la celda **F6** hasta la celda **F22** para copiar la fórmula en esas celdas. Al soltar el botón del mouse aparecerán todos los precios con descuento para compras por cantidad.

10 Para terminar, escriba en la celda **B2** el nombre del comercio (para este ejemplo **EL MUNDO DE LA COMPUTACIÓN**), seleccione hasta la celda **F2** y pulse en el botón **Combinar y centrar** de la barra de herramientas **Formato**. Haga lo mismo ingresando en la celda **B3** el texto **Lista de precios**, combinando las celdas y centrando ese título.

11 Después, complete la tarea dándole formato a la tabla tal como se hizo al crear la **Tabla de gastos mensuales**. El aspecto final de la misma será aproximadamente como el que se vio en la **Figura 1**.

12 Si desea guardar la Lista de precios como plantilla, para utilizarla en otras oportunidades, haga clic en **Archivo/ Guardar como...** En el cuadro que se presentará asigne el nombre **Lista de precios** al archivo y, en la lista desplegable **Guardar como tipo:**, seleccione **Plantilla (*.xlt)**. Excel guardará la hoja de cálculo como plantilla en la carpeta de ese nombre y, en lo sucesivo, agregará su ícono a la ficha **General** del cuadro **Plantillas**.

La característica de mayor utilidad de esta tabla consiste en que permite actualizar automáticamente los precios al modificarse cualquiera de los valores que intervienen en su formación.

Por ejemplo, si varía el precio en dólares de algunos artículos, bastará seleccionar las celdas donde figuran cada uno de esos precios y escribir en su lugar los nuevos. Esto modificará automáticamente todos los demás precios de esos artículos.

Si, en cambio, variara la cotización del dólar, será suficiente con hacer clic en la celda

IMPORTAR DATOS EXTERNOS

Si tiene la información a utilizar en otro lugar, como por ejemplo un archivo de texto, puede abrirlo con Excel seleccionando el tipo de archivo correspondiente. Se le presentará un tutorial que lo guiará para transformar el formato original al la planilla.

donde se encuentra su cotización **(C24)**, escribir el nuevo valor y pulsar la tecla **ENTER**. También en este caso cambiarán automáticamente todos los precios **(Figura 5)**.

	Artículo	Precio dólares	Precio Pesos	Precio+IVA	Por cantidad+IVA
4	Artículo	Precio dólares	Precio Pesos	Precio+IVA	Por cantidad+IVA
5	Monitores				
6	Genérico 14 pulgadas	119,00	333,20	386,51	367,19
7	Genérico 15 pulgadas	129,00	361,20	418,99	398,04
8	Genérico 17 pulgadas	177,00	495,60	574,90	546,15
9	Genérico 19 pulgadas	287,00	803,60	932,18	885,57
10	Discos duros				
11	10 GB / 5400 rpm.	71,00	198,80	230,61	219,08
12	15 GB / 7200 rpm.	79,00	221,20	256,59	243,76
13	30 GB / 7200 rpm.	94,00	263,20	305,31	290,05
14	40 GB / 7200 rpm.	102,00	285,60	331,30	314,73
15	60 GB / 7200 rpm. ATA 133	126,00	352,80	409,25	388,79
16	80 GB / 7200 rpm.	142,00	397,60	461,22	438,16
17	Motherboards				
18	PC CHIPS 810	72,00	201,60	233,86	222,16
19	PC CHIPS 756	66,00	184,80	214,37	203,65
20	SOYO 7VCA	69,00	193,20	224,11	212,91
21	ASUS A7V133-C	79,00	221,20	256,59	243,76
22	INTEL 845 WN	138,00	386,40	448,22	425,81
24	Cotización del dólar	$ 2,80			
25	IVA	16%			
26	Descuento por cantidad	5%			

Figura 5. Al ingresar el nuevo valor del dólar
todos los precios se ajustan automáticamente.

Lo mismo ocurrirá si se modificara el porcentaje de impuesto, o el de descuento por compras por cantidad. Al cambiar esos valores, en las celdas respectivas los precios se adecuarán automáticamente.

CUIDAR LA ESTÉTICA

Utilice formatos de texto, de celdas, distintos grosores de bordes y colores de texto y de fondo para aportar legibilidad a su planilla, pero no abuse. Si va a trabajar a diario con ella, es fundamental que la consulta sea amena y agradable a los ojos.

Planilla de liquidación de sueldos

Las planillas de liquidación de sueldos
requieren generalmente la realización
de muchas operaciones matemáticas.
Microsoft Excel XP es el programa adecuado
para la realización de este tipo de planillas.

Liquidaciones de sueldo   132
Crear una planilla   132
Utilización de la planilla   138

SERVICIO DE ATENCIÓN AL LECTOR: lectores@tectimes.com

Liquidaciones de sueldo

Las liquidaciones de sueldos necesitan calcular y sumar, a los mismos, los importes de las horas extras, los premios y bonificaciones especiales y también restar los descuentos por aportes para la Seguridad Social, contribuciones sindicales, impuestos y otros ítems. Además, es necesario calcular el total de los sueldos netos a pagar y el de los aportes a depositar para cada organismo.

Microsoft Excel es ideal para este tipo de tareas, ya que en las celdas de sus hojas de cálculo pueden introducirse los valores de cada uno de esos ítems y colocar fórmulas que interactúen con los mismos para realizar los cálculos necesarios y mostrar los resultados automáticamente.

En la **Figura 1** puede verse un ejemplo de una planilla de este tipo.

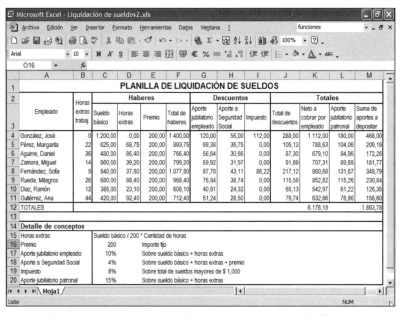

Figura 1. *En una planilla de este tipo es imprescindible dar el formato adecuado para que resulte legible y clara.*

Crear una planilla

A continuación se detalla, paso a paso, la forma de crear una de estas planillas. Los datos propuestos se utilizan sólo a modo de ejemplo, demás está decir que para que este proyecto le sea de utilidad, es necesario que usted los reemplace por los datos de las personas cuyos sueldos quiera liquidar.

Crear una planilla de liquidación de sueldos   PASO A PASO

1 Abra el programa Microsoft Excel y cierre el panel de tareas **Nuevo libro**.

2 Haga clic en la celda **A1** y escriba el título **PLANILLA DE LIQUIDACIÓN DE SUELDOS**.

3 Haga clic y copie en cada una de las celdas indicadas, los textos que se muestran en la tabla siguiente o baje el archivo del sitio Web de MP Ediciones. Al finalizar la hoja de cálculo debería presentar el aspecto de la **Figura 2**.

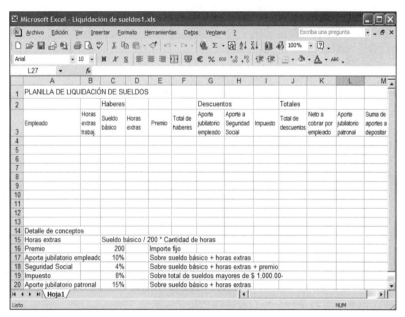

Figura 2. *En la figura se ha asignado una fuente angosta a los títulos de las columnas para que la planilla pueda verse mejor. En la realidad, no es necesario ya que pueden usarse las barras de desplazamiento para ver toda la planilla.*

C2 – Haberes	K3 – Neto a cobrar por empleado	A18 – Aporte a Seguridad Social
G2 – Descuentos	L3 – Aporte jubilatorio patronal	C18 – 4%
J2 – Totales	M3 – Suma de aportes a depositar	E18 – Sobre sueldo básico + horas extras + premio
A3 – Empleado	A14 – Detalle de conceptos	A19 – Impuesto
B3 – Horas extras trabajadas	A15 – Horas extras	C19 – 8%
C3 – Sueldo básico	C15 – Sueldo básico / 200 * Cantidad de horas	E19 – Sobre total de sueldos mayores de $ 1,000
D3 – Horas extras	A16 – Premio	A20 – Aporte jubilatorio patronal
E3 – Premio	C16 – 200	C20 – 15%
F3 – Total de haberes	C16 – 200	E20 – Sobre sueldo básico + horas extras
G3 – Aporte jubilatorio empleado	E16 – Importe fijo	
H3 – Aporte a Seguridad Social	A17 – Aporte jubilatorio empleado	
I3 – Impuesto	C17 – 10%	
J3 – Total de descuentos	E17 – Sobre sueldo básico + horas extras	

4 Escriba en la columna **A**, a partir de **A4**, los nombres de los empleados, en la columna **B**, las horas extras trabajadas y en la columna **C**, los sueldos básicos de cada uno de ellos. En el caso del ejemplo, trabajaremos con ocho empleados, pero tenga en cuenta que puede agregar o quitar si sus necesidades específicas lo requieren.

5 En la celda **D4** escriba la fórmula **=C4/200*B4 (Figura 3)**, que calculará el importe a cobrar por cada empleado en concepto de horas extras trabajadas, y luego pulse la tecla **ENTER**. Como puede ver, en la columna **C** encontramos el sueldo básico de cada empleado, y en la columna **B**, la cantidad de horas extras que ha trabajado.

RELACIONES PERFECTAS

Los datos de la planilla están relacionados unos con otros, de tal forma que, cualquier valor que se cambie en una celda automáticamente modificará el de todos los que están relacionados con él.

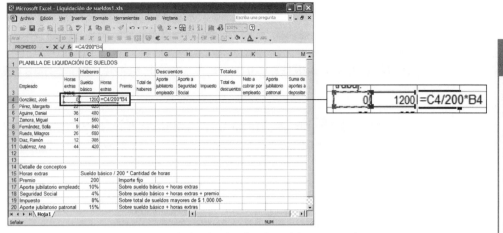

Figura 3. *La fórmula divide el sueldo mensual*
del empleado por 200, que representa el total de horas trabajadas del mes,
y lo multiplica por las horas extras efectivamente trabajadas.

6 Arrastre el controlador de relleno, ubicado en la parte inferior derecha de la celda **D4**, hasta la celda **D11**, para calcular el importe de las horas extras de cada empleado.

7 Ingrese el valor del premio, escribiendo en la celda **E4** la fórmula **=C16** (pulsando en **C16** y luego en la tecla **F4**, para establecer la celda **C16** como referencia absoluta) y luego arrastre el controlador de relleno hasta la celda **E11** para copiar la fórmula. Escríbalo como fórmula para que, si en el futuro dicho valor cambia, se actualice automáticamente en la planilla.

8 Haga clic en la celda **F4** y escriba la fórmula **=C4+D4+E4**, que calculará el importe total de haberes del empleado, sumando los valores de las columnas **C**, **D** y **E**. Luego pulse **ENTER** y arrastre el controlador de relleno de la celda **F4** hasta la celda **F11**.

9 Para continuar calcule los descuentos que deberá aplicar a cada empleado. Comience por calcular el descuento para aporte jubilatorio, escribiendo, en la celda **G4**, la fórmula **=(C4+D4)*C17**. Como debe sumar primero los valores del sueldo básico, más las horas extras y recién luego multiplicarlo por el porcentaje del aporte, coloque las celdas a sumar entre paréntesis para que esa operación se efectúe primero y pulse la tecla **F4** para establecer la celda **C17** como referencia absoluta. Después pulse la tecla **ENTER.**

10 Arrastre luego el controlador de relleno de la celda **G4** hasta **G11** para calcular todos los aportes.

11 Haga clic en la celda **H4** y escriba la fórmula **=F4*C18**, donde **F4** es la celda que reúne la suma del sueldo básico, más las horas extras, más el premio, o sea el total de haberes, y **C18** es la referencia absoluta a la celda del porcentaje de aporte. Después pulse la tecla **ENTER** y arrastre el controlador de relleno para calcular los aportes a la Seguridad Social de todos los empleados.

12 En la celda **I4** deberá escribir una fórmula utilizando la función **SI**, de manera que, si se cumple la condición de que el total de haberes sea mayor de **1000**, se calcule el importe del impuesto, y en caso contrario se devuelva el valor **0**. Escriba entonces la fórmula de esta forma **=SI(F4>1000;F4*C19;0)** y pulse la tecla **ENTER**. Después arrastre el controlador de relleno para copiar la fórmula hasta la celda **I11**.

13 Haga clic en la celda **J4** y escriba la fórmula **=G4+H4+I4** que suma los tres ítems de descuentos **(Figura 4)** y cópiela para los demás empleados.

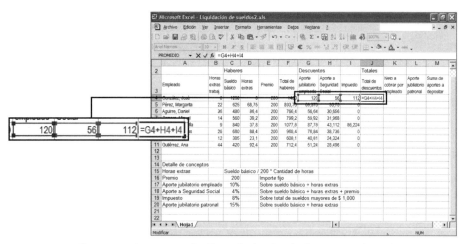

Figura 4. Al arrastrar la fórmula hacia abajo se completarán los valores del total de descuentos de los demás empleados.

14 Complete las demás columnas de la planilla escribiendo, en la celda **K4** la fórmula **=F4-J4** que resta, del total de haberes, el total de descuentos. En la celda **L4** la fórmula **=(C4+D4)*C20**, que suma el sueldo básico más las horas extras, y mul-

ÁREA DE IMPRESIÓN

Si necesita imprimir la planilla, selecciónela toda y haga clic en Archivo/ Área de impresión/ Establecer área de impresión. Después haga clic en el botón Vista preliminar para ver y configurar la página. Tal vez necesite darle orientación Horizontal.

tiplica el resultado por el porcentaje de aporte patronal, que es una referencia absoluta y finalmente, en la celda **M4**, la fórmula **=J4+L4** que suma el total de importes descontados a cada empleado más el aporte jubilatorio patronal.

15 Escriba en la celda **A12** la palabra **TOTALES**.

16 Haga clic en la celda **K12**, después en el botón **Autosuma** de la barra de herramientas Estándar y pulse la tecla **ENTER** para obtener el total neto que se les debe pagar a todos los empleados. Repita la operación en la celda **M12** para obtener la suma del total de aportes que se deben depositar. Si lo desea, puede obtener de la misma forma, los totales de cualquier otra columna que le interese.

17 Seleccione el rango de celdas **C4:M12**, haga clic en **Formato/ Celdas.../** ficha **Número**, seleccione la Categoría **Número**, Posiciones decimales **2** y active la casilla de verificación **Usar separador de miles (.) (Figura 5)**, para dar mejor presentación a la planilla, redondeando los decimales a dos cifras **(Figura 6)**.

Figura 5. En esta ficha pueden elegirse formatos para números, monedas, fechas, porcentajes, fracciones y valores numéricos de toda clase.

VALORES RELATIVOS

Utilice la menor cantidad posible de valores fijos en sus fórmulas. Trate de reemplazarlos por referencias a celdas que contengan el valor, ya que de esta manera sólo tendrá que alterar la celda para que se actualicen todas las fórmulas que la utilizan.

LA LIQUIDACIÓN COMPLETA

El archivo correspondiente a la Liquidación de sueldos de la **Figura 4** se encuentra en Internet en el sitio web **www.onweb.tectimes.com**, con el nombre Liquidación de sueldos2.xls

Microsoft Excel - Liquidación de sueldos2.xls

PLANILLA DE LIQUIDACIÓN DE SUELDOS

Empleado	Horas extras trabaj.	Sueldo básico	Horas extras	Premio	Total de haberes	Aporte jubilatorio empleado	Aporte a Seguridad Social	Impuesto	Total de descuentos	Neto a cobrar por empleado	Aporte jubilatorio patronal	Suma de aportes a depositar
	Haberes					Descuentos			Totales			
González, José	0	1.200,00	0,00	200,00	1.400,00	120,00	56,00	112,00	288,00	1.112,00	180,00	468,00
Pérez, Margarita	22	625,00	68,75	200,00	893,75	69,38	35,75	0,00	105,13	788,63	104,06	209,19
Aguirre, Daniel	36	480,00	86,40	200,00	766,40	56,64	30,66	0,00	87,30	679,10	84,96	172,26
Zamora, Miguel	14	560,00	39,20	200,00	799,20	59,92	31,97	0,00	91,89	707,31	89,88	181,77
Fernández, Sofía	9	840,00	37,80	200,00	1.077,80	87,78	43,11	86,22	217,12	860,68	131,67	348,79
Rueda, Milagros	26	680,00	88,40	200,00	968,40	76,84	38,74	0,00	115,58	852,82	115,26	230,84
Díaz, Ramón	12	385,00	23,10	200,00	608,10	40,81	24,32	0,00	65,13	542,97	61,22	126,35
Gutiérrez, Ana	44	420,00	92,40	200,00	712,40	51,24	28,50	0,00	79,74	632,66	76,86	156,60
TOTALES										6.176,18		1.893,78

Detalle de conceptos		
Horas extras		Sueldo básico / 200 * Cantidad de horas
Premio	200	Importe fijo
Aporte jubilatorio emplead	10%	Sobre sueldo básico + horas extras
Aporte a Seguridad Socia	4%	Sobre sueldo básico + horas extras + premio
Impuesto	8%	Sobre total de sueldos mayores de $ 1.000
Aporte jubilatorio patronal	15%	Sobre sueldo básico + horas extras

Figura 6. Así es como se presenta la planilla una vez terminada, antes de darle formato.

18 Puede dar formato a la planilla de la misma forma que al desarrollar una tabla de gastos mensuales. El aspecto final será aproximadamente como en la **Figura 1**.

19 Si no desea realizar otros cambios, guarde el archivo como plantilla, para tenerlo disponible en un futuro en la ficha **General** del cuadro **Plantillas**.

Utilización de la planilla

Esta planilla está diseñada para ser utilizada todos los meses, modificando los datos que puedan haber variado. Cada mes, escriba el nombre que corresponda a continuación del título. Si necesita agregar empleados, cargue los nombres en la columna **A** a continuación de los existentes, y luego arrastre los controladores de relleno de las fórmulas para que se efectúen los cálculos para los mismos. Si inserta filas, recuerde volver a pulsar el botón **Autosuma** para actualizar también las fórmulas de los totales. Si debe dar de baja a algún empleado, seleccione la fila correspondiente, abra el menú **Edición** y pulse en **Eliminar**: los totales se actualizarán automáticamente. Ingrese cada mes los nuevos valores en la columna de las horas extras. Para cambiar un sueldo básico, haga clic en la celda correspondiente e ingrese el nuevo valor: los de las demás columnas se actualizarán automáticamente. Para modificar porcentajes de aportes, impuestos o premio, hágalo directamente una sola vez, en las celdas de la parte inferior de la planilla.

Hacer una factura comercial

Microsoft Excel XP, como se ha visto en
otros ejemplos, es uno de los programas
más versátiles y con mayores posibilidades
de aplicación en la realización
de innumerables tareas relacionadas
con cálculos, tablas y gráficos.
Además dispone de plantillas
preelaboradas para la realización
de determinados documentos.
Tal es el caso de la plantilla Factura.

SERVICIO DE ATENCIÓN AL LECTOR: lectores@tectimes.com

Hacer una factura comercial	140
Personalizar la plantilla Factura	140
Utilizar la plantilla personalizada	145

Hacer una factura comercial

Las plantillas de Microsoft Excel permiten obtener excelentes resultados con sólo ingresar en ellas los datos necesarios para cada ocasión en particular, ya que muchas veces es necesario realizar cambios en las plantillas para adaptarlas a las necesidades del usuario, pudiéndose guardar los documentos modificados como nuevas plantillas para utilizarlos en el futuro.

Tal es el caso de la plantilla **Factura**, a la que puede agregársele el logo y datos de localización de la empresa, así como también cambiar los formatos de textos, números y monedas.

Personalizar la plantilla Factura

Veamos, en los próximos pasos, como completar y modificar la plantilla **Factura** para adaptarla a las necesidades de un usuario determinado. En la **Figura 1** puede verse como ha quedado la plantilla después de ser modificada.

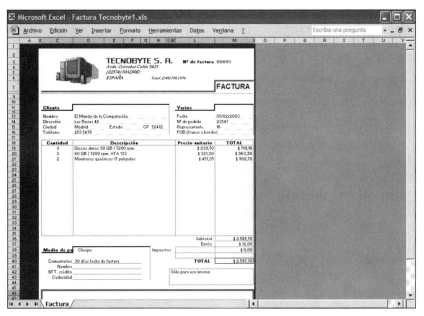

Figura 1. Al ingresar las cantidades y los precios unitarios
de cada artículo, Excel irá calculando los totales automáticamente.

Modificar la plantilla Facturas　　　　　　PASO A PASO

1 Abra Microsoft Excel XP y pulse, en el panel de tareas **Nuevo libro**, en **Plantillas generales...**

2 En el cuadro **Plantillas**, que se presentará, elija la ficha **Soluciones de hoja de cálculo** y haga doble clic en el ícono **Factura**. Se presentará la plantilla que vemos en la **Figura 2**.

Figura 2. La plantilla sólo tiene desbloqueadas las celdas donde se puede escribir y, al hacer clic en algunas de estas, se presentan cuadros explicativos.

3 La plantilla se encuentra protegida para que no puedan modificarse determinadas celdas. Para poder personalizarla, haga clic en **Herramientas/ Proteger/ Desproteger hoja**.

4 En la parte superior izquierda, haga clic en **Escriba la información de la organización**.

REDONDEAR VALORES

Por más que ocultemos decimales, Excel toma el valor real a la hora de usarlo para operaciones, eventualmente desajustando el informe. Para evitar esto, debemos utilizar alguna de las varias funciones para redondear o truncar decimales que se nos ofrecen.

5 Pulse en el botón **Combinar y centrar** para dividir la celda combinada en sus celdas integrantes.

6 Haga clic en la celda **C3**, donde sólo se ve el comienzo del texto y pulse la tecla **SUPRIMIR** para borrarlo.

7 Pulse en **Insertar/ Imagen/ Imágenes prediseñadas...** En el panel de tareas que aparecerá escriba, en el cuadro **Buscar texto:**, la palabra **Computación** y pulse en **Buscar**.

8 Entre las imágenes que aparecen en la ventana **Resultados**, localice y haga doble clic en la imagen que le agrade de una computadora. Después cierre el panel de tareas.

9 Arrastre el controlador de una de las esquinas y achique o agrande la imagen en forma proporcional hasta un tamaño adecuado al del lugar disponible **(Figura 3)**. De esta manera, se ha creado un logo imaginario para la empresa. Si dispone de un logo real, insértelo allí.

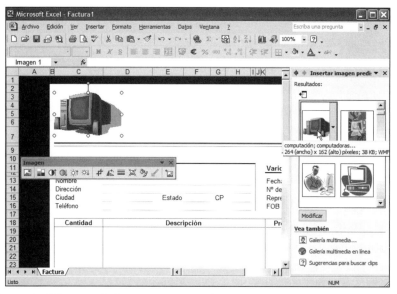

Figura 3. *Al insertar la imagen esta puede ser excesivamente grande o chica y es necesario cambiar su tamaño para que entre en el encabezado de la factura.*

10 Haga clic en la celda **E3**, despliegue el menú **Formato/ Celdas.../** ficha **Alineación** y desactive la casilla **Ajustar texto (Figura 4)**. Después pase a la ficha **Fuente** y elija fuente **Digital** o alguna similar, **Negrita**, tamaño **18** y pulse en **Aceptar**.

Figura 4. *Si no se desactiva la casilla **Ajustar texto**, este se distribuirá hacia abajo en varias líneas del ancho de la columna, en lugar de extenderse hacia la derecha.*

11 Escriba en la celda seleccionada **E3** el texto **TECNOBYTE S. A.** y pulse **ENTER**.

12 Seleccione el rango de celdas **E4:H6**, despliegue el menú **Formato/ Celdas.../** ficha **Alineación** y desactive la casilla **Ajustar texto**.

13 Para continuar seleccione la celda **E4** y escriba **Avda. Cristóbal Colón 5421**.

14 Después seleccione la celda **E5** y escriba **(22574) MADRID** y, en la celda **E6**, introduzca **ESPAÑA**.

15 A continuación escriba en la celda **H6** el texto **Telef. (341) 710.2174** y asígnele la fuente **Arial**, tamaño **9 pts**. y **Cursiva**.

16 Ajuste la altura de la fila **3** para que pueda leerse correctamente el nombre de la empresa y arrastre la imagen para ubicarla más cerca del texto **(Figura 5)**.

Hacer una factura comercial **13**

PERSONALIZAR FORMATO

Para cargar datos con un formato específico no incluido en Excel (como un número de teléfono), puede personalizar con una máscara (para el ejemplo, ####-####) el formato de las celdas para evitar la carga errónea de los datos. Se hace desde Formato/Celdas.

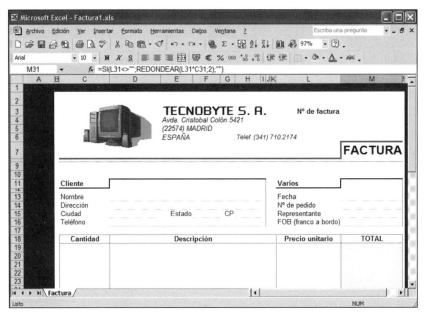

*Figura 5. Esta es la presentación del encabezado de la factura
después de haber sido modificado para personalizarlo.*

17 Seleccione el rango de celdas **L19:M40**, haga clic en **Formato/ Celdas.../** ficha **Número** y seleccione la Categoría **Moneda**, Posiciones decimales 2, el Símbolo de la moneda correspondiente a su país y el formato que desea para los **Números negativos**. Después pulse en **Aceptar**.

18 Deseleccione ese rango de celdas y seleccione desde la celda **M19** hasta **M40**. Después pulse la tecla **CTRL** y agregue el rango **C3:L6**. A continuación haga clic en **Formato/ Celdas.../** ficha **Proteger** y active la casilla de verificación **Bloqueada**.

19 Después pulse en **Herramientas/ Proteger/ Proteger hoja...** En el cuadro que se presentará active solamente la casilla de verificación que permite a los usuarios seleccionar solamente las celdas desbloqueadas, agregue una contraseña, si lo desea, y pulse en **Aceptar**. De esa forma los usuarios no podrán acceder a las celdas bloqueadas.

20 Si no desea realizar otros cambios, haga clic en **Archivo/ Guardar como...** En el cuadro que se presentará asigne el nombre **Factura Tecnobyte** al archivo y, en la lista desplegable **Guardar como tipo:**, seleccione **Plantilla (*.xlt)**. Excel guardará la hoja de cálculo como plantilla en la carpeta de ese nombre y, en lo sucesivo, agregará su ícono a la ficha **General** del cuadro **Plantillas**.

Como mencionábamos en capítulos anteriores, el haber guardado el archivo como plantilla nos permite tenerlo disponible para utilizarlo en un futuro, manteniendo la información que se repite y cargando sólo la nueva, la que es distinta cada vez. Como es de suponer, este proceso nos ahorra tiempo valioso cuando utilizamos siempre el mismo archivo con diferentes datos.

Utilizar la plantilla personalizada

Para realizar una nueva factura utilizando la plantilla personalizada, haga clic, en el panel de tareas **Nuevo libro**, en **Plantillas generales...** y, en la ficha **General** del cuadro que se presentará, en el ícono **Factura Tecnobyte.xlt** (**Figura 6**), que corresponde a la plantilla de ejemplo de nuestro caso.

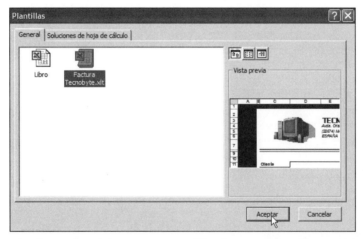

Figura 6. *Al guardar el documento modificado como plantilla, Excel incluye su ícono automáticamente en la ficha General del cuadro Plantillas.*

Luego de hacer clic en **Aceptar** se le abrirá la factura sin datos. Complétela ingresando en los espacios correspondientes los datos del cliente, las cantidades, las descripciones, los precios y demás datos. Excel calculará automáticamente cada uno de los importes parciales y totales, y los ingresará en las celdas correspondientes de la factura. Para llevarse los resultados en papel, haga clic en **Archivo/ Imprimir…**, ajuste los detalles de impresión y pulse en **Aceptar**. Tenga en cuenta que, al tratarse sólo de texto plano, le bastará con la calidad "económica" de la impresora para obtener una copia perfectamente legible. Sin embargo, es posible que la imagen quede un poco deslucida. Si ese es el caso, será mejor optar por la calidad estándar, la normal, para garantizar la correcta visualización de todos los elementos de la factura. Lo ideal será siempre optar por imágenes simples livianas en escala de grises, que puedan imprimirse tal como se ven en la pantalla utilizando la calidad de impresión más baja, aumentando de esta manera la vida útil de sus insumos.

CONTROL DE STOCK

Si decide vincular la factura con la lista de precios, considere la idea de desarrollar una tercera que efectúe un control de stock, para tener la seguridad de que todos los elementos que está listando y/o facturando estén en existencia.

Informe de gastos

Las planillas Informe de gastos
o de Rendición de cuentas, suelen ser
muy utilizadas en las empresas que tienen
personal como vendedores, representantes,
agentes de servicio técnico o de postventa,
que viajan a distintos lugares o
por las zonas que les han sido asignadas,
para promover negocios y realizar distintos
tipos de tareas.

SERVICIO DE ATENCIÓN AL LECTOR: lectores@tectimes.com

Los informes de gastos	148
Crear una plantilla personalizada	148
Dar Formato a la planilla	152

Los informes de gastos

En esos casos, es habitual que dichos representantes deban presentar informes de los gastos realizados en el cumplimiento de sus funciones y muchas empresas disponen de formularios especiales para hacerlo de una forma ordenada y uniforme para facilitar su liquidación y control.

Microsoft Excel XP dispone de una plantilla para esta función, que permite elaborar informes de gastos en los que basta con ingresarlos, indicando su origen e importe, para que la misma realice las sumas y reste los adelantos, de manera de obtener directamente el resultado final. Además, es posible obtener los gastos totales por fecha y también por rubro.

Crear una plantilla personalizada

La plantilla disponible en Microsoft Excel XP puede no resultar suficientemente adecuada para las necesidades de determinados usuarios, que tal vez requieran incluir otros datos o rubros en las mismas. Por esa razón veremos a continuación cómo crear una plantilla para **Informe de gastos** que contemple esas necesidades particulares. Una vez elaborada, la planilla presentará un aspecto como el que se ve en la **Figura 1**.

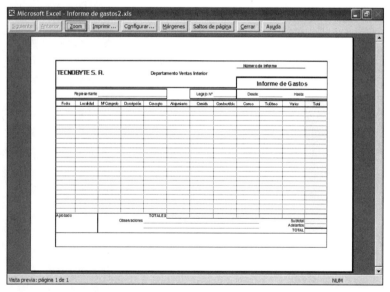

Figura 1. *Esta planilla es muy similar a la que se crea con la plantilla de Microsoft Excel XP, pero agrega algunos rubros y elimina otros.*

Crear una planilla Informe de gastos PASO A PASO

1 Abra Microsoft Excel y cierre el panel de tareas **Nuevo libro**.

2 Haga clic y copie, en cada una de las celdas indicadas en la tabla siguiente, los textos que se muestran a continuación de cada una o baje el archivo de la planilla del sitio Web de MP Ediciones. Al finalizar, la hoja de cálculo debería presentar el aspecto de la **Figura 2**.

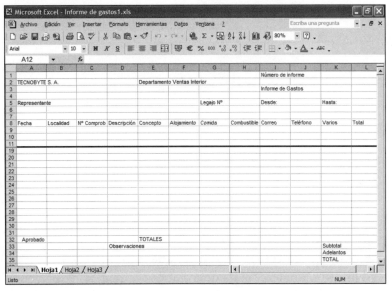

Figura 2. *En la figura se han ocultado las filas 12 a 18 inclusive, para poder ver la parte inferior de la planilla.*

I1 – Número de informe	B8 - LocalidadC8 –	K8 – Varios
A2 – TECNOBYTE S. A.	N° Comprob.	L8 – Total
E2 – Departamento Ventas Interior	D8 – Descripción	A32 – Aprobado
I3 – Informe de gastos	E8 – Concepto	E32 – TOTALES
A5 – Representante	F8 – Alojamiento	D33 – Observaciones
G5 – Legajo N°	G8 – Comida	K33 – Subtotal
I5 – Desde:	H8 – Combustible	K34 – Adelantos
K5 – Hasta:	I8 – Correo	K35 – TOTAL
A8 – Fecha B8	J8 – Teléfono	

4 Seleccione desde la celda **A9** hasta **A31**. Haga clic en **Formato/ Celdas.../** ficha **Número** y seleccione en Categoría: **Fecha**, elija el tipo de fecha **14-03-01 (Figura 3)**.

Informe de gastos 14

Después pase a la ficha **Proteger**, quite la tilde de la casilla de verificación **Bloquea-da** y pulse en **Aceptar**.

Figura 3. En las fichas de este cuadro es posible establecer todas las características funcionales y de formato de las celdas.

4 Seleccione el rango de celdas **B9:E31**, acceda nuevamente al cuadro **Formato de celdas** y en la ficha **Número**, seleccione **Texto**. Después pase a la ficha **Proteger**, qui-te la tilde de la casilla **Bloqueada** y pulse en **Aceptar**.

5 Seleccione el rango de celdas **F9:K32**, acceda nuevamente al cuadro **Formato de celdas** y en la ficha **Número**, seleccione Categoría **Número**, Posiciones decimales **0**, tilde la casilla **Usar separador de miles (.)** y elija el formato de números negativos que le agrade. Después pase a la ficha **Proteger**, quite la tilde de la casilla **Bloquea-da** y pulse en **Aceptar**.

6 Seleccione el rango de celdas **L9:L35**, acceda nuevamente al cuadro **Formato de celdas** y en la ficha **Número**, seleccione Categoría: **Número**, Posiciones decimales: **0**, tilde la casilla **Usar separador de miles (.)** y elija el formato de números negati-vos que le agrade. Después pase a la ficha **Proteger**, verifique que esté tildada la casilla **Bloqueada** y pulse en **Aceptar**.

7 Haga clic en **L9**, escriba la fórmula **=SI(SUMA(F9:K9)>0; SUMA(F9:K9);"")** y pulse la te-cla **ENTER**. La fórmula establece que, si la suma de las celdas **F9** hasta **K9** es mayor que **0**, Excel colocará en la celda **L9** el resultado, en caso contrario la dejará en blanco.

8 Arrastre el controlador de relleno desde la celda **L9** hasta la celda **L31** para copiar la fórmula.

9 Haga clic en la celda **L33**, escriba la fórmula **=SI(SUMA(L9:L31)>0;SUMA(L9:L31);"")** y pulse la tecla **ENTER**. La fórmula establece que, si la suma de las celdas **L9** hasta **L31** es mayor que **0**, Excel colocará en la celda **L33** el resultado, en caso contrario la dejará en blanco.

10 Haga clic en la celda **L35**, escriba la fórmula **=SI(Y(L33="";L34<>"");0-L34;SI (L33<>"";L33-L34;""))** **(Figura 4)** y pulse la tecla **ENTER**. La fórmula establece que, si la celda **L33** está vacía y la celda **L34** no lo está, Excel colocará en la celda **L35** el resultado de la resta **0-L34**, pero, si la celda **L33** no está vacía, colocará el resultado de la resta de **L33-L34**, y si ambas están vacías, la dejará en blanco.

Informe de gastos **14**

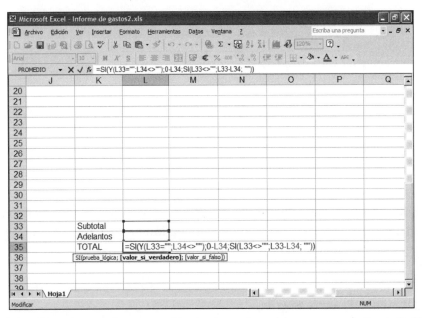

Figura 4. Las fórmulas pueden ser escritas tanto en las celdas como en la Barra de fórmulas.

11 Seleccione el rango de celdas **F32:K32**, acceda nuevamente al cuadro **Formato de celdas** y en la ficha **Número**, seleccione Categoría: **Número**, Posiciones decimales: **0**, tilde la casilla **Usar separador de miles (.)** y elija el formato de números negativos que le agrade. Después pase a la ficha **Proteger**, verifique que esté tildada la casilla **Bloqueada** y pulse en **Aceptar**.

12 Haga clic en la celda **F32** y escriba la fórmula **=SI(SUMA(F9:F31)>0;SUMA (F9:F31);"")** que establece que, si la suma de las celdas **F9** hasta **F31** es mayor que **0**, Excel colocará en la celda **F32** el resultado, en caso contrario la dejará en blanco. La planilla está ahora lista para funcionar.

Introdúzcale valores de gastos en distinto rubros y en distintas fechas e ingrese también algún importe de **Adelanto** a cuenta de gastos. Compruebe cómo los mismos se reflejan en los Totales de fila y de columna y también en el **Subtotal** y en el **Total** general. Solo resta dar formato a la planilla, desbloquear algunas de las celdas en las que deben introducirse valores y proteger la hoja de cálculo para evitar que puedan realizársele modificaciones en las celdas bloqueadas.

Dar Formato a la planilla

En los próximos pasos veremos cómo dar formato a la planilla y cómo bloquear las celdas que no deben ser modificadas.

Dar formato a la planilla	PASO A PASO

1 Seleccione las celdas **I1** y **J1** y haga clic en el botón **Combinar y centrar**. Después pulse en el botón **Negrita**.

2 Seleccione la celda **A2** y asígnele al texto Fuente **Digital** o similar, tamaño **16 pts.**, **Negrita**. Pulse en la tecla **CTRL**, amplíe la selección hasta la celda **D2**, pulse en **Combinar y centrar** y luego en el botón **Alinear a la izquierda**.

3 Seleccione las celdas **E2:G2**, pulse en **Combinar y centrar** y asigne al texto fuente **Arial**, tamaño **11 pts.** y **Negrita**.

4 Seleccione el rango **I3:L3**, pulse en **Combinar y centrar** y asigne al texto fuente **Arial**, tamaño **16 pts.** y **Negrita**.

5 Seleccione el rango **A5:B5**, pulse en **Combinar y centrar** y asígnele **Alineación a la derecha**.

6 Seleccione las celdas **G5**, **I5** y **K5** y pulse en **Alinear a la derecha**.

7 Seleccione el rango **A8:L8** y asígnele a los textos fuente **Arial Narrow**, tamaño **10 pts.**, **Negrita** y alineación **Centrada**.

8 Seleccione las celdas **E32** y **K35** y aplíqueles **Negrita** y **Alineación a la derecha**.

9 Seleccione las celdas **D33**, **K33** y **K34** y aplíqueles **Alineación a la derecha**. La planilla presentará, en este punto, el aspecto de la **Figura 5**.

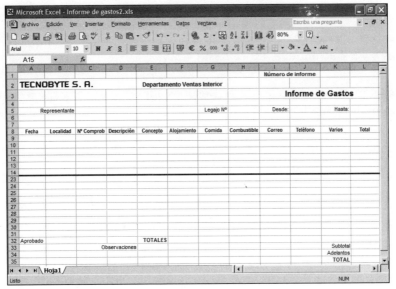

*Figura 5. En la figura se han ocultado las filas 15 a 22 inclusive,
para poder ver la parte inferior de la planilla.*

10 Seleccione el rango **I1:K1**, pulse en el botón **Bordes** y luego en **Borde inferior**.

11 Seleccione el rango **A3:H3**, abra el menú **Formato/ Celdas...**/ ficha **Bordes** y haga clic, en **Estilo:**, en la línea gruesa. Después pulse, en el sector **Borde**, en las líneas de borde inferior y de borde a la derecha **(Figura 6)**.

Figura 6. Debemos elegir el estilo de línea antes de hacer clic en el borde a aplicar.

12 Seleccione la celda combinada **Informe de gastos (I3:L3)**, vuelva a acceder a la ficha **Bordes** y pulse, en **Estilo:**, en la línea gruesa y después en la línea de borde superior.

13 Arrastre, en los encabezados de fila, a la izquierda, la línea de separación entre las filas **4** y **5** y achique la altura hasta **4,50**.

Repita la operación para la fila **7**. Después aumente el de la fila **5** hasta **21** y disminuya el de la fila **6** hasta **6,75**.

14 Seleccione los rangos **A5:E6**, **G5:H6** e **I5:L6**, pulse en el botón **Bordes** y luego en **Borde de cuadro grueso**.

15 Seleccione el rango **A8:L8**, pulse en el botón **Bordes** y luego en **Borde de cuadro grueso**.

16 Aumente la altura de las filas **1**, **2**, **3** y **8** para mejorar la estética. El encabezado de la planilla presentará un aspecto aproximadamente igual al que puede ver en la **Figura 7**.

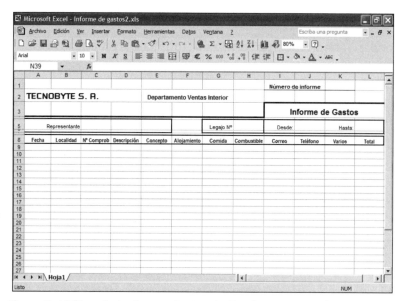

Figura 7. *Utilizando las herramientas de Excel, y con una cierta práctica, es posible dar formato a la planilla en forma sumamente fácil.*

17 Seleccione los rangos de celdas **A31:L31**, **F32:L32**, **A35:L35** y la celda **L34**, pulse en el botón **Bordes** y luego en **Borde inferior grueso**.

18 Seleccione el rango **A32:B35**, pulse en el botón **Bordes** y luego en **Borde de cuadro grueso**.

19 Seleccione el rango **C5:E5** y pulse en **Combinar y centrar**.

20 Sin mover la selección actual, haga clic en **Formato/ Celdas.../** ficha **Bordes** y seleccione en **Estilo** la línea punteada que se halla inmediatamente debajo de **Ninguna**. Después pulse en la línea de borde inferior y en **Aceptar**.

21 Seleccione las celdas **H5**, **J5** y **L5** y apliqueles el estilo de borde utilizado en el paso anterior.

22 Seleccione el rango **A8:L31**. Haga clic en **Formato/ Celdas.../** ficha **Bordes** y seleccione, en **Estilo:**, la línea punteada que se haya inmediatamente debajo de **Ninguna**. Después pulse, en el sector **Preestablecidos**, en **Interior** y a continuación en **Aceptar**.

23 Reponga algún recuadro grueso que se ha borrado y luego seleccione el rango de celdas **F32:L32**. Acceda nuevamente a la ficha **Bordes**, seleccione la misma línea punteada y pulse sobre las tres líneas verticales del cuadro **Borde**. Después haga clic en **Aceptar**.

24 Haga clic en **Herramientas/ Opciones.../** ficha **Ver** y destilde la casilla de verificación **Líneas de división**. Desaparecerá la cuadrícula de la hoja de cálculo y se podrá ver mejor el trabajo realizado.

25 Seleccione el rango **E33:I34** y la celda **L33**. Acceda nuevamente a la ficha **Bordes**, seleccione la misma línea punteada y pulse sobre las líneas horizontales central e inferior del cuadro **Borde**. Después haga clic en **Aceptar**.

26 Seleccione toda la planilla desde la celda **A1** hasta **L38** y apliquele un **Borde de cuadro grueso** exterior.

FUNCIONES ANIDADAS

Una función dentro de otra. En uno de los casos del ejemplo, la función SI no devuelve un valor: ejecuta una segunda función SI que trabaja de igual forma que la primera. Puede anidar cuantas funciones quiera, sean de igual o diferente tipo, de esta forma.

14

Informe de gastos

27 Seleccione el rango **L8:L35**, pulse la tecla **CTRL** y seleccione también el rango **F32:K32**. Haga clic en **Formato/ Celdas.../** ficha **Tramas** y seleccione el color amarillo claro que se ve en el sector de colores inferior. Después haga clic en **Aceptar** **(Figura 8)**.

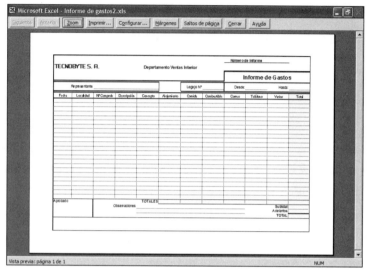

Figura 8. *La **Vista preliminar** nos muestra de esta manera la planilla completa con el formato terminado.*

28 Seleccione las celdas **K1, H5, J5, L5, B32, L34** y los rangos **C5:E5, E33:I34, A33:B35**. Haga clic en **Formato/ Celdas.../** ficha **Proteger** y desactive la casilla de verificación **Bloqueada**.

29 Si su intención es imprimir la planilla, defina el área de impresión seleccionando el rango **A1:L38**, abriendo el menú **Archivo/ Área de impresión** y pulsando en **Establecer área de impresión**. Recuerde que todo lo que quede fuera del área de impresión establecida no saldrá por la impresora, por más que esté en la planilla.

30 Ahora es necesario proteger la hoja para evitar que se le puedan hacer cambios en las celdas bloqueadas. Haga clic en **Herramientas/ Proteger/ Proteger hoja...** En

GENERADOR DE FUNCIONES

Cuando deba trabajar con funciones, diríjase a **Insertar/Función**, seleccione la categoría y función que desea e ingrese los argumentos (si corresponde, puede seleccionar celdas o rangos con el mouse), para evitarse escribir toda la sintaxis a mano.

el cuadro de diálogo que se presentará active únicamente la casilla que permite a los usuarios solamente **Seleccionar celdas desbloqueadas**, si lo desea escriba una contraseña, y pulse en **Aceptar**.

31 Cuando desee imprimir la planilla pulse antes en **Vista preliminar** para verificar que esta se imprima completa. Si desea imprimirla en una sola hoja pulse en **Configurar página**, active la casilla de verificación **Ajustar a:** e introduzca el valor **1**, página de ancho por **1** de alto, para que Excel corrija la escala y haga clic en **Aceptar**. Después pulse en **Imprimir**, establezca las opciones de impresión y pulse en **Aceptar**.

32 Si no desea realizar otros cambios, haga clic en **Archivo/ Guardar como...** En el cuadro que se presentará asigne el nombre **Informe de gastos Tecnobyte** al archivo y, en la lista desplegable **Guardar como tipo:**, seleccione **Plantilla (*.xlt)**. Excel guardará la hoja de cálculo como plantilla en la carpeta de ese nombre y, como hemos visto en casos anteriores, en lo sucesivo verá su ícono en la ficha **General** del cuadro **Plantillas**.

En la **Figura 9** puede verse un **Informe de gastos** a medio llenar, mostrando los totales por rubro, el **Subtotal** y el **Total** general que se van actualizando a medida que se agregan los importes.

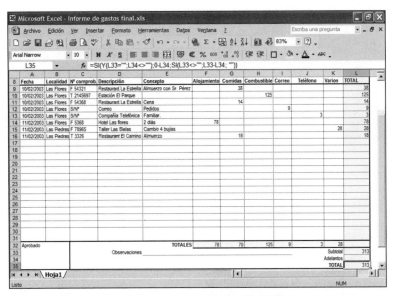

Figura 9. En la figura se ve una planilla en la que se han
discriminado los gastos por comprobante. También se pueden
completar por día, colocándolos en las distintas columnas.

Como siempre, este informe se ha creado únicamente a modo de ejemplo. Siéntase libre para personalizarlo a su gusto y hacerlo más acorde a sus necesidades. Puede agregar más columnas de gastos fijos o discriminar distintos tipos de gastos variables, incluso si lo desea puede utilizar la opción de **Formato condicional** para establecer que los colores de las celdas y del texto varíen dependiendo de los valores ingresados. Esto le permite, por ejemplo, determinar que el total de Comidas aparezca destacado si el valor es superior a 50. De esta forma, usted puede autolimitarse y chequear de un solo golpe de vista dónde está superando las barreras que se impuso.

Como puede ver, las posibilidades son infinitas. No se restrinja a la planilla que se ofrece: por el contrario, mire, recorra, investigue, pruebe opciones, paulatinamente irá descubriendo que tiene en Excel la solución a muchos de sus problemas cotidianos. La cantidad de opciones que tenemos es incalculable, y las posibilidades que nos brinda son aún mayores.

OCULTAR FÓRMULAS

Si debe compartir la planilla y no desea que los demás vean cómo la ha construido, tilde la opción Oculta en la ficha Proteger de la ventana Formato de celdas. Por último, deberá proteger la hoja con una contraseña, aunque esto evitará incluso sus modificaciones.

Capítulo 15

Crear una Presentación

Es muy común expresar ideas y objetivos, como la motivación de equipos, la evaluación de proyectos, la promoción de productos y servicios, los planes de negocios y muchas otras actividades más, por medio de presentaciones basadas en una sucesión de diapositivas, ya sea para ver en una computadora o para ser proyectadas en una pantalla, acompañadas por textos e imágenes apropiados y, muchas veces, por la presencia de un orador.

SERVICIO DE ATENCIÓN AL LECTOR: lectores@tectimes.com

Crear una presentación   160
Animar la presentación   166

Crear una presentación

Microsoft PowerPoint XP es el programa indicado para elaborar estas presentaciones, ya que permite mostrar en cuadros sucesivos el desarrollo de esas ideas, por medio de palabras, fotografías, imágenes, sonidos y videos a los que puede dotárselos de distintos efectos de transición y animación.

Existen tres formas de crear una presentación en PowerPoint: iniciándolas a partir de una presentación en blanco, de una plantilla de diseño o por medio del Asistente para autocontenido.

A continuación veremos, paso a paso, cómo se puede crear una presentación a partir de una plantilla de diseño, para el ofrecimiento, en este caso, de un servicio turístico (**Figura 1**).

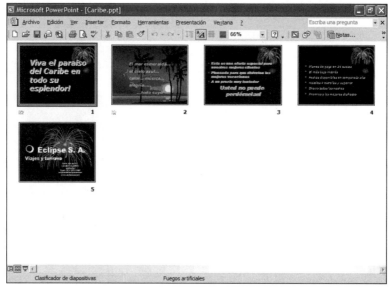

Figura 1. *La presentación comprende cinco diapositivas.*
*En la **Vista Clasificador de diapositivas** pueden verse todas simultáneamente.*

Los recursos y herramientas que se manejarán en este ejemplo posibilitarán luego la creación de otros tipos de presentaciones, adecuadas para necesidades distintas.

Crear una presentación	PASO A PASO

1 Abra Microsoft PowerPoint XP y, en el panel de tareas **Nueva presentación**, haga clic, en el sector **Nuevo**, en **De plantilla de diseño (Figura 2)**.

Figura 2. *Así se presenta la ventana de PowerPoint en la* **Vista**
Normal, *mostrando a su izquierda el panel* **Esquema/Diapositivas**,
abajo el panel de **Notas** *y a la derecha el panel de tareas.*

2 Haga doble clic en la plantilla **Fuegos artificiales (Figura 3)**, luego pulse en el menú **Formato/ Diseño de la diapositiva...** y en el panel de tareas que se presentará seleccione el autodiseño **En blanco (Figura 4)**.

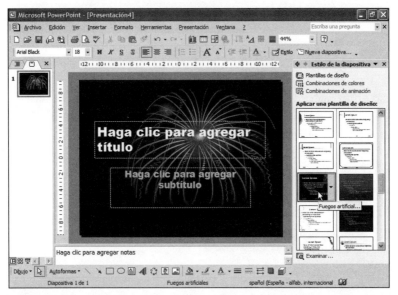

Figura 3. *La cantidad de plantillas para elegir es realmente grande.*
Elija un motivo y un color adecuados para el tema de su presentación.

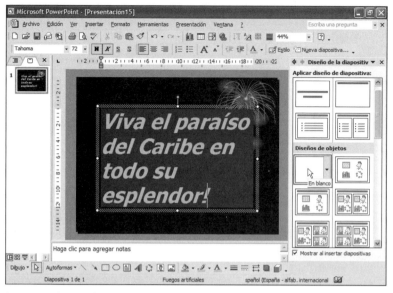

Figura 4. El autodiseño **En blanco** ha disminuido el tamaño del elemento decorativo y ha permitido una mejor visibilidad del título.

3 Haga clic en el botón **Cuadro de texto** de la barra de herramientas **Dibujo** e inserte, cerca del borde superior de la diapositiva, un cuadro de aproximadamente **15 cm** de ancho y escriba en su interior **Viva el paraíso del Caribe en todo su esplendor!** También podría haber utilizado el autodiseño **Sólo el título**, pero consideramos más didáctico insertar el cuadro de texto.

4 Seleccione ese texto y asígnele fuente **Verdana**, tamaño **66 pts.**, **Cursiva**, **Negrita** y, pulsando en el botón correspondiente de la barra **Formato**, agréguele efecto de **Sombra**.

5 Haga clic en el botón **Nueva diapositiva** de la barra de herramientas **Formato**. Se agregará una nueva diapositiva que ocupará la posición número **2**. En el panel de tareas pulse en el autodiseño **En blanco**.

6 Pulse en el menú **Insertar/ Imagen/ Imágenes prediseñadas...** Aparecerá el panel de tareas **Imágenes prediseñadas...** En el cuadro **Buscar texto:** escriba **Palmeras** y

PRESENTACIONES PORTÁTILES

Si lo desea, puede crear una versión de la presentación que sea capaz de visualizarse en una PC que no tenga instalado PowerPoint. Diríjase a la opción Presentaciones portátiles del menú Archivo para encontrar un asistente que lo guiará en esta tarea.

haga clic en **Buscar**. En la ventana **Resultados**, que se presentará, haga doble clic sobre una imagen adecuada, como la que se ve en la **Figura 5**.

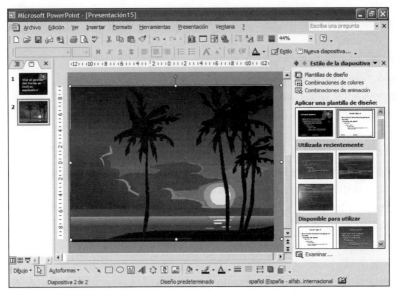

Figura 5. *A medida que se van insertando diapositivas, las miniaturas de estas aparecen en el panel de la izquierda.*

7 Haga clic derecho sobre la imagen y, en el menú contextual, en **Formato de imagen...** En la ficha **Tamaño**, del cuadro que se presentará, desactive la casilla de verificación **Bloquear relación de aspecto**. Después arrastre los controladores de sus esquinas y lados hasta que el tamaño de la imagen ocupe toda la diapositiva.

8 Cerca del borde superior de la diapositiva inserte un cuadro de texto de unos **15 cm** de ancho y escriba el texto siguiente, pulsando **ENTER** entre cada línea:

El mar esmeralda...
el cielo azul...
calor... música...
alegría...
... todo suyo!

9 Seleccione todo el texto y asígnele fuente **Verdana**, tamaño **36 pts.**, **Negrita** y **Cursiva**. Coloque el punto de inserción delante de la última línea y pulse la tecla **TABULADOR**. Tome el cuadro de texto por su borde con el puntero y arrástrelo hasta la ubicación que considere más adecuada.

10 Pulse en el botón **Nueva diapositiva** de la barra de herramientas **Formato**. Se insertará la diapositiva número **3**. Haga clic en el autodiseño **En blanco**.

11 Inserte un nuevo cuadro de texto cerca del borde superior y escriba

Esta es una oferta especial para nuestros mejores clientes
Planeada para que disfruten las mejores vacaciones
A un precio muy tentador
¡Usted no puede perdérselas!

12 Seleccione el texto desde **Esta...** hasta **...tentador**, y asígnele fuente **Verdana**, tamaño **32 pts.**, **Negrita** y **Cursiva**. Haga clic en **Formato/ Interlineado...** y establezca un espacio antes del párrafo de **0,4** líneas. Haga clic en **Vista previa** para observar el efecto y, si le agrada, pulse en **Aceptar**. Después aplique viñetas a este texto, pulsando en el botón de la barra de herramientas **Formato**, y desplace el marcador de sangría francesa para separar las mismas del texto.

13 Seleccione la última línea y asígnele fuente **Verdana**, tamaño **48 pts.**, **Negrita** y **Cursiva**. Haga clic en **Formato/ Interlineado...**, establezca un espacio antes del párrafo de 0,4 líneas y pulse en Aceptar. Después aplíquele alineación Centrada.

14 Pulse en el botón **Nueva diapositiva** de la barra de herramientas **Formato**. Se insertará la diapositiva número **4**. Haga clic en el autodiseño **En blanco**.

15 Inserte un nuevo cuadro de texto cerca del borde superior y escriba.

Planes de pago en 24 cuotas
El más bajo interés
Fechas disponibles en temporada alta
Hoteles 4 estrellas o superior
Shows todas las noches
Premios a los mejores disfraces

16 Seleccione todo el texto y asígnele fuente **Verdana**, tamaño **28 pts.**, **Cursiva** y efecto de **Sombra**. Haga clic en **Formato/ Interlineado...** y establezca un espacio antes del párrafo de **0,5** líneas. Después pulse en el menú **Formato/ Numeración y viñetas...**, haga clic en el botón **Imagen**, seleccione un tipo de viñeta que le agrade y pulse en **Aceptar**. La diapositiva debería verse ahora aproximadamente como en la **Figura 6**.

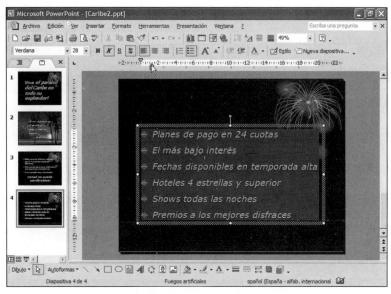

Figura 6. *Después de insertar las viñetas arrastre el marcador*
de sangría francesa para separarlas del texto.

17 Pulse en el botón **Nueva diapositiva** de la barra de herramientas **Formato**. Se insertará la diapositiva número **5** donde deberán agregarse los datos de la empresa. En este caso, seleccione el autodiseño **Diapositiva de título**.

18 Para improvisar un logo para este ejemplo haga clic en el marcador de título y luego pulse en el menú **Insertar/ Símbolo...** En el cuadro que se presentará seleccione la fuente **Windings**, elija el símbolo **Nº 109**, haga clic en **Insertar** y luego en **Cerrar**. Selecciónelo y asígnele un tamaño de **96 pts**. Después deje un par de espacios, escriba el nombre **Eclipse S. A**. Selecciónelo y asígnele un tamaño de **66 pts**. Deselecciónelo, pulse **ENTER** y escriba **Viajes y turismo** con tamaño **40 pts**.

19 Haga clic en el marcador de texto inferior y escriba los demás datos, tales como dirección, teléfono, etc. Asígneles los tamaños adecuados, achique los marcadores y reubíquelos en forma estética, como puede verse en la **Figura 7**.

TÉRMINO MEDIO

Una presentación estática puede ser muy aburrida, pero una con demasiado movimiento distrae innecesariamente la atención. No exagere con las animaciones entre diapositivas, y tenga especial cuidado con las que aplique al texto.

Figura 7. *El último cuadro cierra la presentación suministrando los datos de la empresa.*

20 A esta altura de la tarea usted seguramente querrá tener una primera visualización, aunque todavía incompleta, de su presentación. Para lograrlo haga clic en el menú **Presentación/ Ver presentación**, o pulse la tecla **F5**.

21 Si no lo ha hecho antes, guarde la presentación pulsando en **Archivo/Guardar**, asignándole el nombre **Caribe** y seleccionando en **Guardar como tipo:** la opción **Presentación (*.ppt)**

Animar la presentación

La presentación creada hasta ahora sería poco interesante si se limitara a mostrar, al pulsar el mouse o una tecla, las diapositivas una tras otra, exhibiendo sólo figuras y títulos estáticos. Por eso es preciso animarla, haciendo que los textos e imágenes hagan su entrada y salida automáticamente con distintos efectos y movimientos.
Veamos a continuación cómo hacerlo.

Animar la presentación	PASO A PASO

1 Comience por definir la presentación del título de la primera diapositiva. Para hacerlo selecciónelo y haga clic en el menú **Presentación/ Personalizar animación...**

2 En el panel de tareas, haga clic en **Agregar efecto**. En el menú que se desplegará pulse en **Entrada**, para definir esta opción, y en el submenú elija **Desvanecer** (Figura 8).

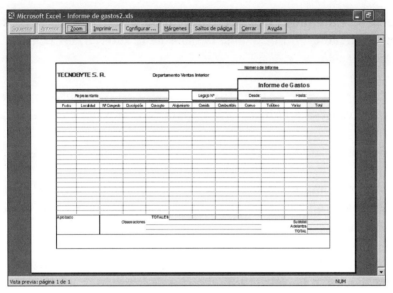

Figura 8. *En el menú de Agregar efecto se pueden definir opciones para la entrada y salida del objeto, para énfasis durante su permanencia y para definir la trayectoria del movimiento.*

3 Abra la lista desplegable **Inicio:** y seleccione la opción **Después de la anterior**, para que el efecto elegido se inicie después del evento anterior sin necesidad de hacer clic.

4 En **Velocidad:** elija **Medio**, para que el efecto no se realice en forma demasiado rápida ni demasiado lenta. Después deseleccione el texto.

5 Haga clic, en el panel de izquierda, en la diapositiva **N° 2**. Seleccione el texto de las cuatro primeras líneas, haga clic en **Agregar efecto/ Entrada/ Desplazar hacia arriba**. En **Inicio:** elija **Después de la anterior**, en **Dirección:**, **Desde abajo** y en **Velocidad:**, **Medio**.

PRESENTACIONES EMPRESARIALES

Combinando PowerPoint con gráficos de Microsoft Excel, puede crear presentaciones de productos, de proyectos, de apoyo a un discurso o de lo que mejor se adapte a sus necesidades con una excelente calidad y en sólo unos minutos.

6 Seleccione la última línea y pulse en **Agregar efecto/ Entrada/ Desplazar hacia arriba**. En **Inicio:** elija **Después de la anterior**, en **Dirección:**, **Desde abajo** y en **Velocidad:**, **Medio**.

7 Manteniendo la última línea seleccionada, haga clic en **Agregar efecto/ Énfasis/ Aumentar y hundir**. En **Inicio:** elija **Después de la anterior**, en **Tamaño:**, **150%** y en **Velocidad:**, **Rápido**.

8 Active la diapositiva **Nº 3**, seleccione el primer párrafo y pulse en **Agregar efecto/ Entrada/ Desvanecer**. En **Inicio:** elija **Después de la anterior** y en **Velocidad:**, **Rápido**.

9 Repita la operación con el segundo y tercer párrafo asignando los mismos valores.

10 Seleccione el último párrafo y pulse en **Agregar efecto/ Entrada/ Desplazar hacia arriba**. En **Inicio:** elija **Después de la anterior**, en **Dirección:**, **Desde abajo** y en **Velocidad:**, **Medio**.

11 Manteniendo el último párrafo seleccionado, haga clic en **Agregar efecto/ Énfasis/ Aumentar y hundir**. En **Inicio:** elija **Después de la anterior**, en **Tamaño:**, **150%** y en **Velocidad:**, **Rápido**.

12 Active la diapositiva **Nº 4**, seleccione todo el texto y pulse en **Agregar efecto/ Entrada/ Máquina de escribir en color**. En **Inicio:** elija **Después de la anterior** y en **Velocidad:**, **Muy rápido**.

13 Active la diapositiva **Nº 5**, seleccione el título principal y pulse en **Agregar efecto/ Entrada/Desvanecer**. En **Inicio:** elija **Después de la anterior** y en **Velocidad:**, **Medio**.

14 Seleccione el marcador de posición con los datos de la empresa y pulse en **Agregar efecto/ Entrada/ Desplazar hacia arriba**. En **Inicio:** elija **Después de la anterior**, en **Dirección:**, **Desde abajo** y en **Velocidad:**, **Muy rápido**.

DATOS ÚTILES

CONVIÉRTASE EN LOCUTOR

En la opción Grabar narración del menú Presentación se le permite agregar una voz hablada y vincular cada diapositiva con una parte determinada de la lectura, aunque presentaciones audiovisuales como ésta necesitarán mucho espacio en disco para el audio.

15 Todos los textos tienen ya sus efectos de animación. Si pulsa la tecla **F5**, podrá verlos en acción, sólo tendrá que hacer clic para pasar de una diapositiva a otra. Será necesario ahora establecer la transición entre diapositivas para que estas también cambien automáticamente.

16 Seleccione todas las diapositivas y haga clic en **Presentación/ Transición de diapositiva...** En el panel de tareas seleccione, en **Aplicar a las diapositivas seleccionadas** el efecto de transición **Recuadro saliente**, **Velocidad:**, **Lento**, **Sonido:**, **Cámara**, tilde las casillas **Al hacer clic con el mouse** y **Automáticamente después de** y asigne un tiempo de **4** segundos.

17 Seleccione las diapositivas **N° 4** y **N° 5** y modifique el tiempo de transición a **10** segundos.

18 También puede estipular el tiempo de duración de cada diapositiva manualmente. Para hacerlo, pulse en **Presentación/ Ensayar intervalos** y esta comenzará a desarrollarse. Apoye el puntero en el botón **Siguiente**, de la barra **Ensayo (Figura 9)**, y cuando considere que debe pasar a la próxima diapositiva haga clic. Al terminar la última de ellas se presentará un mensaje para preguntarle si desea guardar los tiempos grabados. Si está de acuerdo, pulse en **Si**. En caso contrario pulse en **No** y reinicie la operación.

Figura 9. En el borde superior izquierdo se puede ver la barra
para asignar los tiempos de los intervalos entre diapositivas. En la figura,
el texto **alegría...** está subiendo y aún no ha llegado a su posición final.

Crear una presentación

15

19 Si desea insertar un sonido que acompañe la presentación, seleccione la primera diapositiva, haga clic en **Insertar/ Películas y sonidos** y elija el origen del archivo a insertar. Para este ejemplo haga clic en **Sonido de la Galería multimedia...**

20 Haga doble clic en el archivo **Baile caribeño 2**, pulse en **Si** en el cuadro que aparecerá para que el sonido se reproduzca automáticamente y arrastre el ícono de altavoz que aparecerá en la diapositiva, hasta fuera de ella, para que no se vea durante la presentación.

21 Haga clic derecho sobre el ícono y pulse en **Personalizar animación...** En el panel de tareas, pulse sobre la flecha del botón que está a la derecha del nombre del archivo de música y haga clic en **Opciones de efectos...**

22 En la ficha **Efecto**, del cuadro que se presentará **(Figura 10)**, en el sector **Iniciar reproducción**, active el botón de opción **Desde el principio** y en **Detener la reproducción** estipule **Después de 5 diapositivas**.

23 Pase a la ficha **Intervalos** y en **Inicio:** seleccione **Con la anterior**. Cierre el cuadro pulsando en **Aceptar**.

24 Su presentación ahora está terminada. Pulse la tecla **F5** para verificar que todo funcione bien. Después haga clic en **Archivo/ Guardar como...**, en el cuadro que se presentará, asigne el nombre **Caribe** al archivo y en **Guardar como tipo:** seleccione **Presentación con diapositivas de PowerPoint (*.pps)** para que, al hacer doble clic sobre su ícono, esta se ejecute automáticamente.

VELOCIDAD DE LECTURA

Cuando ensaye los intervalos, no calcule un promedio de velocidad de lectura que considere estándar. Piense en la persona que más tiempo necesite para leer cada diapositiva. Es mejor que algunos esperen unos segundos y no que otros no alcancen a leer el texto.

Administrar la agenda de citas

Entre las funciones a las que se puede

acceder por medio de Microsoft Outlook XP,

una de las más interesantes es el

Calendario, que constituye una verdadera

agenda de citas, reuniones y eventos con

características realmente muy ventajosas.

SERVICIO DE ATENCIÓN AL LECTOR: lectores@tectimes.com

Administrar la agenda de citas   172
Crear citas o eventos   177

Administrar la agenda de citas

Si usted es usuario de una agenda con hojas de papel, encontrará que el calendario de Microsoft Outlook es mucho más práctico. Por ejemplo, con un simple clic en el lugar indicado puede escribir su cita, reunión o evento y luego, si el mismo cambia de hora o de fecha, no tendrá necesidad de borrarlo o tacharlo y volver a escribirlo en otro lugar, le bastará con arrastrarlo a la nueva ubicación.

También podrá, realizando una sola entrada, ingresar citas o eventos que se repiten a través del tiempo en determinados días, semanas o meses, como visitas al odontólogo, su sesión de gimnasia, el vencimiento de un pago mensual; o cada año, como los aniversarios y cumpleaños, ya que quedarán registrados por el tiempo que usted estipule. Microsoft Outlook XP le recordará estos compromisos puntualmente, cuando llegue el momento, por medio de un cuadro de mensaje, agregándole también al aviso, si lo desea, el sonido que usted elija. Además puede asignar a cada una de sus citas y eventos colores diferentes para indicar su importancia, o para diferenciar si se trata de un compromiso personal o de trabajo, un aniversario o un viaje.

Las citas se diferencian de los eventos en que aquellas tienen fechas y horas fijadas, mientras que estos pueden durar uno o varios días, como por ejemplo un curso, las vacaciones o un viaje de negocios.

Para acceder al **Calendario**, abra Microsoft Outlook y pulse en el ícono de ese nombre en la **Barra de Outlook**, que se encuentra a la izquierda.

La ventana que se presentará puede ser vista de varias formas distintas. Mostrando un solo día por vez (**Figura 1**), mostrando simultáneamente los cinco días de la semana laboral (**Figura 2**), exhibiendo la semana completa (**Figura 3**) o todo el mes (**Figura 4**).

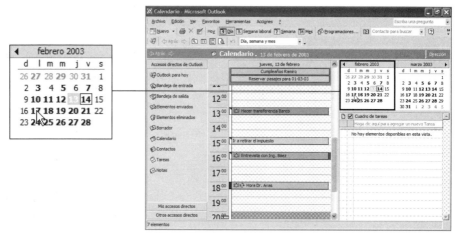

Figura 1. *Para ver la agenda correspondiente a otra fecha, haga clic en el calendario ubicado al lado sobre el día que desea ver. El recuadro marca el día actual.*

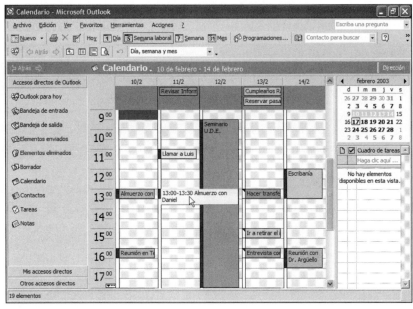

Figura 2. *Esta disposición no es muy práctica ya que no pueden leerse simultáneamente todas las citas. Para leer el texto completo de cada una se debe colocar el puntero sobre la misma.*

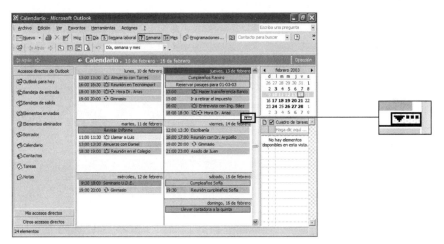

Figura 3: *Ver la semana completa es una buena opción. Un rectángulo amarillo en la parte inferior derecha de algunos de los días, significa que existen más citas en el mismo.*

MANTÉNGALO ABIERTO

Para utilizar el Calendario mantenga encendida su computadora todo el día y el programa abierto en segundo plano mientras trabaja, para que pueda recordarle sus compromisos antes de que el horario de estos haya pasado y ya sea tarde para cumplirlos.

DATOS ÚTILES

Administrar la agenda de citas

16

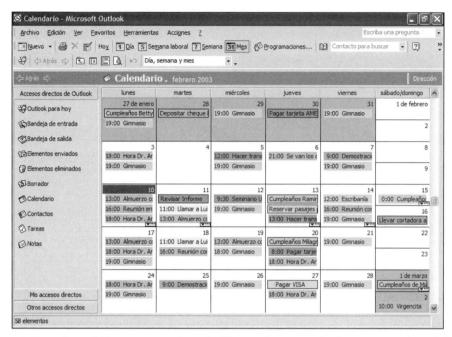

Figura 4. Esta vista, si bien es poco clara, facilita ver juntos todos los compromisos del mes.

Para cambiar de una vista a otra se debe pulsar en los botones correspondientes de la barra de herramientas Estándar **(Figura 5)** o en la opción correspondiente del menú Ver.

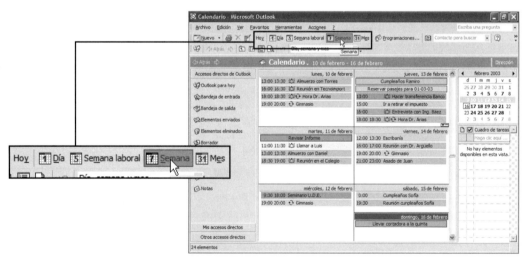

Figura 5. En la vista *1 día*, el botón **Hoy** permite pasar
directamente desde cualquier otro día al actual.

Si desea disponer de más lugar en el sector de citas, puede arrastrar las líneas de división para achicar la **Barra de Outlook** o mostrar un solo mes en el almanaque **(Figura 6)**.

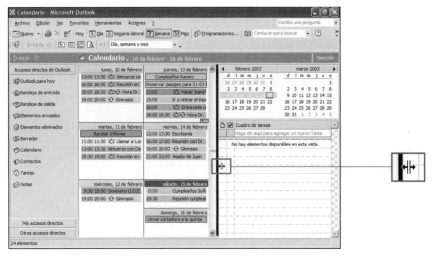

Figura 6. *Arrastre la línea de división, presionando el botón del mouse, cuando el puntero cambie de forma.*

En la vista de un solo día por vez, las citas aparecen cada una en su hora correspondiente, lo que permite, arrastrándolas con el puntero, cambiarlas fácilmente a otro horario **(Figura 7)**.

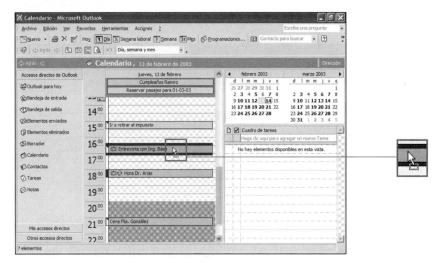

Figura 7. *Al arrastrar una cita con el puntero, este cambia su forma mostrando un rectángulo en la parte inferior.*

También se pueden arrastrar los bordes de las citas con el puntero para alargarlas o acortarlas **(Figura 8)**. Tenga en cuenta que Outlook alarga o acorta el período utilizando intervalos de media hora. Si desea alargar la cita 15 minutos, deberá hacer doble clic sobre ella e ingresar el horario manualmente.

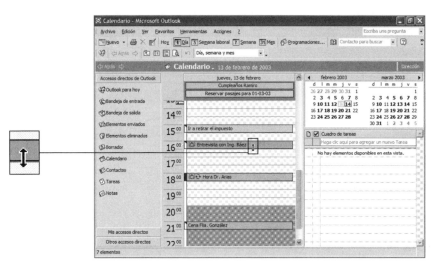

Figura 8. *Si arrastra el borde superior de la cita puede anticipar o posponer la hora de inicio y si arrastra el borde inferior alargarla o acortarla.*

En las vistas donde se ven varios días, puede arrastrar la cita hasta otra fecha, manteniendo el horario y la duración inicial **(Figura 9)**.

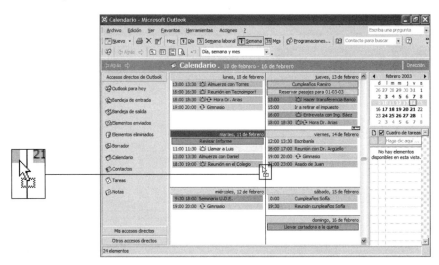

Figura 9. *Se está comenzando a arrastrar la* **Reunión en el Colegio** *hacia el* **Viernes 14.**

VER ANTES LAS CITAS

Si desea que al abrir Microsoft Outlook se presente directamente la carpeta Calendario, haga clic en Herramientas/ Opciones.../ ficha Otros/ botón Opciones avanzadas..., despliegue la lista Iniciar en esta carpeta y seleccione Calendario.

ESCRIBA DIRECTAMENTE

Para modificar el texto de una cita en la ventana del Calendario no es necesario que abra el cuadro de diálogo, haga clic sobre el texto y aparecerá el punto de inserción para escribir directamente. Para abrir el cuadro de diálogo haga doble clic.

Crear citas o eventos

En la ventana de Microsoft Outlook XP puede crear citas, eventos y convocatorias a reunión de varias maneras distintas. Veamos cómo hacerlo:

Crear citas o eventos PASO A PASO

1 Para crear una cita haga clic en el botón **Nuevo**, de la barra de herramientas **Estándar** o pulse conjuntamente las teclas **CTRL+U**. También puede desplegar el menú del botón **Nuevo** y pulsar en **Cita** o el menú **Acciones** y hacer clic en **Nueva cita** **(Figura 10)**. Se presentará el cuadro **Sin título – Cita (Figura 11)**.

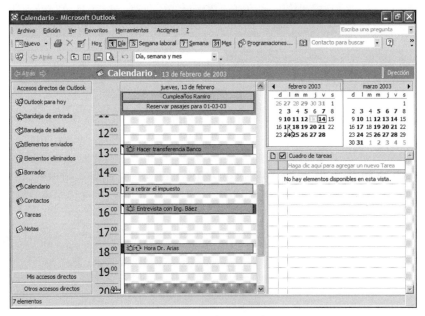

Figura 10. En este menú dispone de otras opciones
para crear eventos de todo el día o citas periódicas.

EVENTOS

Puede crear un evento haciendo doble clic, en cualquiera de las vistas, en el encabezado del día en que comenzará. Se presentará el cuadro Sin título – Evento para llenar los datos necesarios y definir la duración y demás detalles del mismo.

(Margen derecho) Administrar la agenda de citas **16**

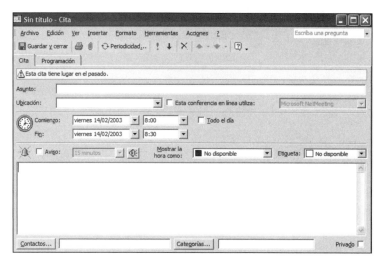

Figura 11. El cuadro muestra, de forma predeterminada, la fecha del día actual o del que se encuentra seleccionado y la primera hora de la jornada laboral.

2 Escriba, en el cuadro **Asunto:**, el texto que aparecerá en la ventana del **Calendario** para recordarle su cita.

3 En **Ubicación:** escriba, si es necesario, el lugar o la dirección donde se realizará la cita o el evento.

4 Pulse en la flecha descendente del cuadro **Comienzo:** y, en el almanaque que se desplegará, haga clic en la fecha que desea establecer para la cita **(Figura 12)**. El cuadro **Fin:** adoptará de forma automática la misma fecha.

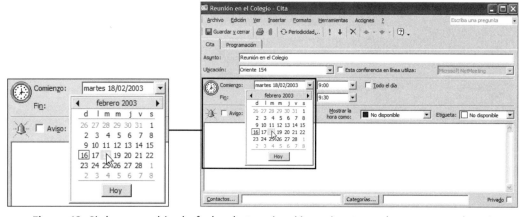

*Figura 12. Si desea cambiar la fecha de terminación o si se trata de un evento de más de un día de duración despliegue también el almanaque **Fin:** y marque la fecha adecuada.*

5 A continuación de la fecha seleccione la hora de comienzo y la de terminación. Cuando se trata de un evento, las listas desplegables permanecen ocultas.

6 Si desea que se le recuerde el compromiso, active la casilla de verificación **Aviso:** y despliegue la lista correspondiente para seleccionar el tiempo de anticipación con que desea recibirlo. Para recibir, simultáneamente con el cuadro de aviso, un sonido de advertencia, pulse en el botón que muestra un altavoz. Puede aceptar el sonido predeterminado o pulsar en el botón **Examinar...** para elegir otro.

7 Si pertenece a un grupo de trabajo en el que su agenda puede ser vista por otros miembros, para la fijación de horarios de reunión, despliegue la lista **Mostrar la hora como:** y seleccione la opción que quiere que muestre su agenda cuando otros la consulten. Puede elegir que aparezca como **Libre, No disponible, Fuera de la oficina** o asignarle al compromiso la calificación de **Provisional**.

8 Despliegue la lista **Etiqueta:** y elija el color que desea que muestre la cita o el evento cuando la vea en la ventana del Calendario para indicar a que categoría pertenece y que importancia tiene.

9 Si desea que los demás miembros de su grupo puedan ver la existencia de esta cita y su horario cuando organicen reuniones, pero no su contenido, tilde la casilla de verificación **Privado**.

10 Si la cita o el evento que esta creando son periódicos, debe hacer clic en el botón **Periodicidad...** para definir cuándo deben repetirse. Se presentará entonces el cuadro de diálogo **Repetir cita (Figura 13)**.

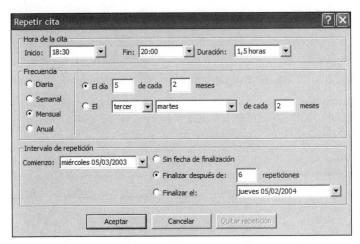

Figura 13. El cuadro muestra, al aparecer, el horario y la duración de la primera cita. Luego se completarán los demás datos.

11 En el sector **Frecuencia** active el botón de opción que corresponda, de acuerdo con la periodicidad con que debe repetirse la cita o el evento. Si se trata, por ejemplo, de una cita que se repite tres veces por semana active **Semana** y luego los días en que debe realizarse. Si se trata de un evento que debe repetirse solamente **6** veces, cada **2 meses**, los días **5**, comenzando en ese día del mes próximo, marque todas las opciones correspondientes, como puede verse en la **Figura 13** y pulse en **Aceptar** para volver al cuadro **Cita**.

12 Si desea agregar un archivo que necesitará durante la cita o la reunión, pulse en el botón **Insertar archivo**, de la barra de herramientas **Estándar**, localícelo en el cuadro que se presentará y pulse en **Insertar**. También dispone de un botón para imprimir la cita **(Figura 14)**.

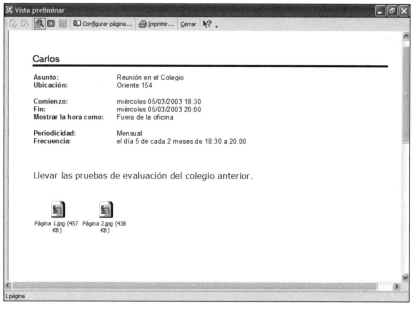

Figura 14. En la Vista preliminar pueden verse todos los detalles de la cita que figurarán en la impresión.

13 Haga clic en el botón **Guardar y cerrar** y la cita comenzará a aparecer en la ventana del Calendario en los días que corresponde.

En el menú **Ver/ Vista actual** dispone de múltiples opciones para mostrar en distintas formas las citas y eventos del Calendario. Observe que en ciertos casos en los que la visualización por fecha no es útil, Outlook le ofrece listar las citas basándose en otros parámetros, como el tipo o la categoría de la cita, opciones muy útiles para ver, por ejemplo, cuándo era que teníamos turno con el médico.

Si de todas formas no estamos conformes con ninguna de las posibles vistas que el Calendario de Outlook nos brinda, podemos personalizar cualquiera de ellas o crear una nueva desde cero (**Figura 15**). Es posible definir los campos a mostrar, elegir cuáles tener en cuenta para agrupar los registros y cuáles tener en cuenta para ordenarlos, decidir luego cómo filtrarlos, y definir en último lugar hasta las fuentes a utilizar para cada uno de los elementos. Incluso es posible diferenciar cada tipo de cita con colores distintos, algo interesante para evitar confusiones.

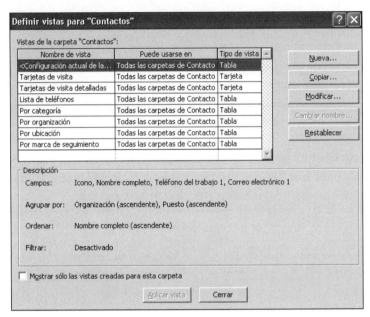

Figura 15. En esta pantalla de configuración puede modificar cada detalle de cualquiera de las vistas predeterminadas del Calendario, o definir paso a paso todos los elementos para una vista nueva.

Cuando se presente el cuadro de aviso de una cita (**Figura 16**), puede optar entre descartarlo, posponerlo por una determinada cantidad de tiempo, que puede fijar abriendo la lista desplegable y pulsando en una de las opciones o abrir el elemento para modificarlo. No es posible posponer el evento para una fecha u horario determinados: si esto es lo que desea, deberá abrirlo y modificar la fecha de inicio.

LA VENTANA AVISOS

Si cerró accidentalmente la ventana Avisos mientras estaba utilizándola, no se preocupe: sólo tiene que ir a Ver/ Ventana Avisos para volver a mostrarla y seguir trabajando como si nada hubiera pasado.

MENÚ CONTEXTUAL

Si hace clic derecho dentro del espacio de un día cualquiera, en el menú contextual encontrará comandos para crear citas, citas periódicas y eventos, para ir a un día determinado o a la fecha actual y otras opciones.

Administrar la agenda de citas · 16

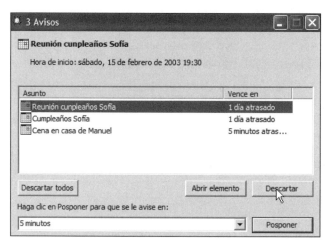

Figura 16. *Si se acumulan varios avisos juntos puede descartarlos todos simultáneamente, pulsando en el botón correspondiente.*

Por último, recuerde que además de las vistas del Calendario propiamente dicho, en la página **Outlook para hoy** (la que aparece al abrir el programa) puede ver, entre otras cosas, los eventos que ha programado para los próximos días.

CITAS DE MÁS DE UN DÍA

Cuando definimos una cita que ocupa uno o más días (por ejemplo, una convención, una feria), Outlook sólo agrega un comentario al principio de cada día seleccionado. De esta forma, podemos agregar otras citas sin que el programa suponga que se superponen.

SUPERPOSICIÓN DE CITAS

Si le es de utilidad, puede crear dos citas que se superpongan, si bien Outlook le avisa lo que está sucediendo, no le impide hacerlo. Puede servir, por ejemplo, para agendar dos compromisos mientras todavía no se ha decidido a cuál de los dos asistir.

Gestionar el correo electrónico

El correo electrónico es uno de los grandes avances de nuestro tiempo y por eso, su uso se ha popularizado en pocos años hasta límites difíciles de predecir tiempo atrás. Entre las varias y eficientes funciones de Microsoft Outlook, una de las más destacadas es el envío y recepción de correo electrónico de una forma fácil de implementar y de utilizar.

Configurar el acceso telefónico	184
Configurar la cuenta de correo	185
Crear el mensaje	186
Enviar y recibir mensajes	189
Responder y reenviar mensajes	190
Eliminar mensajes	190

SERVICIO DE ATENCIÓN AL LECTOR: lectores@tectimes.com

Configurar el acceso telefónico

El correo electrónico no sólo permite enviar en segundos un mensaje a cualquier lugar del planeta, sino también agregar al mismo documentos, fotografías, sonidos, etc. y recibir, también en segundos, la respuesta. Para usarlo bastará con tener instalado Microsoft Outlook y configurada una conexión de acceso telefónico y una cuenta de correo electrónico.

Para gestionar su correo electrónico (y de paso para navegar por Internet), necesitará contar en su equipo con un módem adecuado para el tipo de conexión que va a utilizar y disponer de los servicios de un Proveedor de Servicios de Internet (I.S.P.), que puede contratar en la zona de su domicilio. Existe suficiente publicidad sobre proveedores de estos servicios, algunos de ellos gratuitos, como para que pueda asesorarse convenientemente antes de contratar uno.

Este le proporcionará el número telefónico que debe marcar, si no opta por una conexión de banda ancha, y le autorizará la utilización de un nombre de usuario exclusivo y una contraseña. Usted deberá elegir el nombre con el que desea identificar la conexión con ese proveedor.

Para configurar el acceso telefónico presione el botón **Inicio/ Todos los programas/ Accesorios/ Comunicaciones/ Asistente para conexión nueva**. Una vez en presencia del Asistente, lea y ejecute cuidadosamente las instrucciones que le irá dando en cada cuadro (**Figura 1**). Estas le guiarán con claridad y precisión sobre todos los pasos necesarios para configurar la conexión. Al finalizar este proceso ya estará en condiciones de conectarse a Internet.

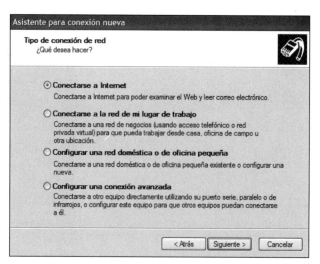

Figura 1. *En este paso del Asistente debe activar, obviamente, el botón* **Conectarse a Internet,** *que es lo que necesitará hacer para gestionar su correo electrónico.*

Configurar la cuenta de correo

Una vez que haya completado la conexión debe configurar la cuenta de correo. Para hacerlo dispone de otro eficiente Asistente que también lo guiará, como en el caso anterior, hasta completar la creación de la cuenta.

Antes de comenzar solicite a su I.S.P. que le informe el tipo de servidor que le proporcionará (POP3, IMAP, HTTP o el que corresponda) y, si es necesario, los nombres de los servidores de correo entrante y saliente. Además consúltele como autorizará su nombre de usuario y contraseña y si existe algún otro dato que deba conocer, como por ejemplo si su servidor de salida requiere autenticación.

Para acceder al Asistente abra Microsoft Outlook, haga clic en **Herramientas/ Cuentas de correo electrónico...** y se presentará el primer cuadro de configuración.

Complete la información en los cuadros siguientes y al llegar al tercer paso (**Figura 2**), rellene las casillas con la información adecuada y pulse en el botón **Más configuraciones...**

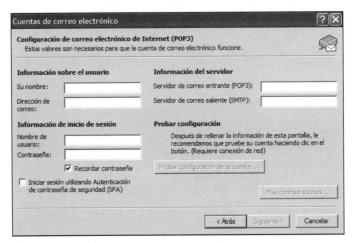

Figura 2. Esta es la ficha principal donde se ingresan los datos particulares de la cuenta y puede probarse su funcionamiento.

En la ficha **General** del cuadro que se presentará, asigne un nombre a la cuenta, en la ficha **Servidor de salida** vea si debe ingresar alguna información según lo informado por

COMPARTIR LA CONEXIÓN

Si cuenta con una red local y una de las PCs accede a Internet, puede compartir la conexión con las demás utilizando el mismo Asistente para conexión nueva que se ve en este capítulo. Así, cada vez que esa PC se conecte, las otras tendrán acceso a Internet.

WEBMAIL O POP3

Si su cuenta de correo electrónico es de un proveedor que brinda sólo el servicio de webmail, no habrá forma alguna de configurarla en Outlook, ya que su proveedor no pone a disposición general el acceso POP3 a los servidores donde se almacena el correo.

su I.S.P. y en la ficha **Conexión** (**Figura 3**), marque el tipo de conexión que utilizará y, si va a usar la línea telefónica, seleccione el acceso telefónico recién creado. Después pulse en **Aceptar** y continúe con el Asistente.

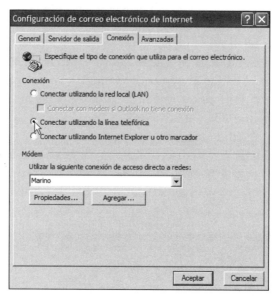

Figura 3. *Si dispone de varias conexiones de acceso telefónico despliegue la lista de la parte inferior y seleccione la que desea usar.*

Crear el mensaje

Una vez configurado el acceso telefónico a redes y la cuenta de correo electrónico, estará en condiciones de crear y enviar su primer mensaje siguiendo estos simples pasos.

Crear un mensaje de correo electrónico   PASO A PASO

1 Abra Microsoft Outlook y, si se encuentra en la vista de alguna de las carpetas de correo **(Figura 4),** haga clic en el botón **Nuevo** o pulse la combinación de teclas **CTRL+U**. Se presentará la ventana que vemos en la **Figura 5**. Si está ubicado en otro tipo de ventana (Calendario o Tareas, por ejemplo), al pulsar **Nuevo**, Outlook interpretará que desea crear un nuevo elemento del tipo correspondiente a la ventana actçal. En estos casos puede hacer clic sobre la flecha del botón **Nuevo** y elegir **Mensaje**.

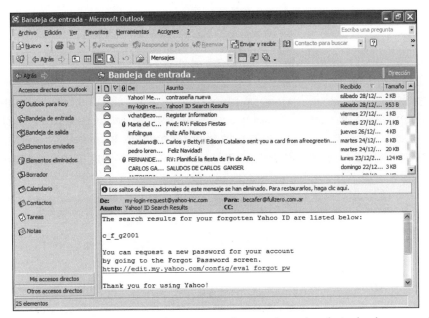

Figura 4. En la **Bandeja de entrada** aparecen los encabezados de todos los mensajes recibidos y, según la configuración existente, también una vista previa de ellos.

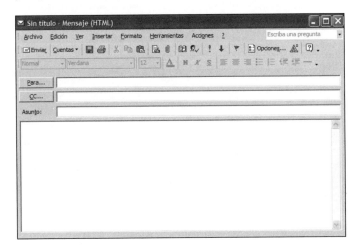

Figura 5. En la ventana se pueden ver las barras de herramientas **Estándar** y **Formato**. Esta última se activará al colocar el punto de inserción en el cuadro inferior para escribir el cuerpo del mensaje.

2 Escriba la dirección de correo electrónico de destino en el campo **Para...** (si son varias, sepárelas usando punto y coma). Puede enviar copias del mensaje a otros destinatarios escribiendo sus direcciones en el cuadro **CC...** (Con Copia). Si desea enviar copias sin que los demás destinatarios sepan que las está enviando, agregue las direcciones correspondientes en el cuadro **CCO...** (Con Copia Oculta).

Gestionar el correo electrónico

17

3 Escriba una breve descripción del contenido del mensaje en el cuadro **Asunto:**.

4 Haga clic en el cuadro inferior y escriba el texto completo del mensaje.

5 Si necesita agregar un archivo al mensaje, por ejemplo una foto, el balance de una empresa o un mensaje hablado, sólo necesita tener preparado el archivo para poder insertarlo. Pulse en el botón **Insertar archivo**, localícelo en el cuadro que se presentará y haga doble clic en el mismo. Al insertar un archivo, en el mensaje se agregará una nueva barra con un ícono del mismo **(Figura 6)**.

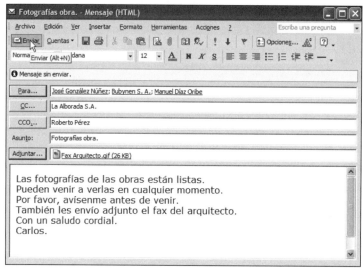

Figura 6. Si lo desea, puede insertar varios archivos juntos. Selecciónelos en el cuadro Insertar archivo (mientras mantiene apretada la tecla CTRL) y luego pulse Insertar.

6 Para finalizar, pulse el botón **Enviar**. Si está conectado a Internet, el mensaje se enviará inmediatamente; si no, quedará en espera en la **Bandeja de salida**.

Si el destinatario figura en su lista de contactos no necesitará escribir la dirección, bastará con que pulse el botón **Para...** y se presentará el cuadro **Seleccionar nombres** (**Figura 7**), desde donde puede insertarlos en el mensaje.

	AYUDA AL INSTANTE Cuando se le presenten dudas en un cuadro de diálogo o de Asistente, recuerde que puede recurrir al botón con signo de interrogación de la Barra de título o pulsar, con el botón derecho del mouse, sobre el cuadro o la opción en duda.		**PRUEBE LA CUENTA** Cuando configure su cuenta de correo electrónico POP3 es conveniente que, antes de abandonar el tercer paso, pulse en el botón Probar configuración de la cuenta... para estar seguro de que la misma funciona correctamente.

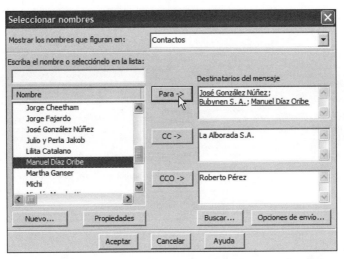

Figura 7. Una vez seleccionado un nombre pulse en el botón adecuado para enviarlo como destinatario directo, como copia o como copia oculta y después en **Aceptar**.

Enviar y recibir mensajes

Si se encuentra conectado en forma continua a Internet a través de algún tipo de conexión de banda ancha, puede configurar Microsoft Outlook para que los mensajes que usted escriba se despachen directamente cuando haga clic en el botón **Enviar** del cuadro **Mensaje** y/o para que el programa chequee periódicamente su cuenta de correo en busca de nuevos mensajes, con la finalidad de avisarle inmediatamente ni bien baje a la **Bandeja de entrada**.

En cambio, si no dispone de ese tipo de conexión, cuando quiera enviar los mensajes que se encuentran en su **Bandeja de salida** o recibir los que puedan haberle enviado, deberá pulsar en el botón **Enviar y recibir** para activar la conexión a Internet. En todos los casos, una copia de los mensajes despachados pasará a la carpeta **Elementos enviados**, donde puede volver a verlos

Manteniendo activa la **Vista previa**, en la **Bandeja de entrada** podrá ver directamente los mensajes que seleccione. Si hace un doble clic sobre alguno de ellos, se abrirá en una ventana aparte. Para activar la **Vista previa**, si no lo está, pulse en el botón correspondiente de la barra de herramientas **Avanzada**.

Algunos de los mensajes que reciba pueden mostrar, a su izquierda, un ícono en forma de clip para papeles. Esto significa que traen un archivo adjunto y en el sector de **Vista previa**, más abajo, aparecerá otro ícono con el nombre del archivo (**Figura 8**), que puede abrir con el programa correspondiente con sólo hacer un doble clic.

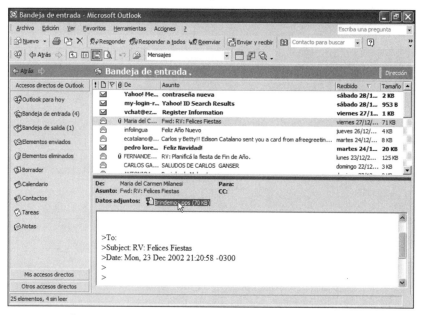

Figura 8. *Para abrir el archivo adjunto haga doble clic sobre su nombre. En la lista,*
los íconos con forma de sobre cerrado indican que esos mensajes todavía no han sido leídos.

Responder y reenviar mensajes

Para responder a un mensaje recibido bastará con seleccionarlo y pulsar en el botón
Responder. Si desea responder simultáneamente a todos los destinatarios de ese mensaje pulse en **Responder a todos**. En ambos casos se presentará la ventana para escribir
mensajes con las direcciones ya incluidas. El **RE:** inicial en **Asunto:** indica que es la respuesta al mensaje original. También puede derivar un mensaje recibido a otros utilizando
Reenviar. En este caso tendrá que ingresar las direcciones, y verá que el texto en **Asunto:**
está precedido por **RV:**.

Eliminar mensajes

Los mensajes contenidos en cualquiera de las carpetas pueden ser eliminados seleccionándolos y pulsando la tecla **SUPRIMIR** o el botón **Eliminar** de la barra de herramientas **Estándar**. También puede hacer clic derecho sobre el nombre y pulsar en **Eliminar**.

Gestionar los contactos

Los contactos son las personas
u organizaciones con las que cada uno
tiene una vinculación, ya sea personal,
familiar o de trabajo y, por consiguiente,
con las que necesita comunicarse,
programar citas o reuniones, delegar tareas
y contactarse por muchos otros motivos.

SERVICIO DE ATENCIÓN AL LECTOR: lectores@tectimes.com

Gestionar los contactos	192
Crear una lista de contactos	193

Gestionar los contactos

En la carpeta **Contactos** de Microsoft Outlook puede reunir toda la información sobre una persona determinada: su nombre completo, apodo, dirección postal, número de teléfono, dirección de correo electrónico, fecha de cumpleaños y mucha información adicional.

Puede utilizar la carpeta **Contactos** para iniciar un mensaje de correo electrónico, registrar una cita, enviar una convocatoria de reunión o una solicitud de tarea a un contacto. Basta hacer clic derecho sobre el nombre de este y pulsar en la opción adecuada del menú contextual para acceder de inmediato a los cuadros que permiten crear y gestionar dichos elementos.

También puede realizarse una combinación de correspondencia, tomando como base de datos los contactos de Microsoft Outlook.

Para acceder a la carpeta **Contactos** de Outlook, abra el programa y haga clic en el ícono de ese nombre.

Se presentará una ventana como la que puede verse en la **Figura 1**.

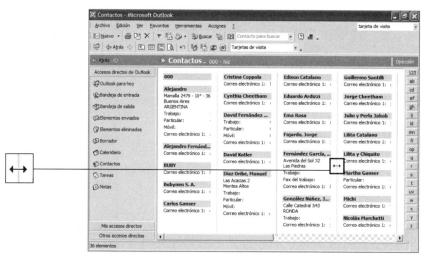

Figura 1. *Si desea ver más información sobre cada contacto puede arrastrar las líneas de división, mostrando menor cantidad de columnas.*

BUSCAR UN CONTACTO

Cuando en la carpeta existen muchos contactos, puede utilizar los botones correspondientes a los caracteres del abecedario, ubicados en el borde derecho de la ventana, para ir directamente a la letra que necesita.

Crear una lista de contactos

Al comenzar, la carpeta de contactos estará vacía y será necesario ingresar los datos de las personas u organizaciones con las que existe una vinculación, para crearla. Después será preciso ir agregando los nuevos contactos y quitando los que han perdido vigencia, para mantenerla actualizada.

Veamos, paso a paso, como agregar un nuevo contacto.

Agregar contactos a la lista	PASO A PASO

1 Dentro de la ventana **Contactos**, haga clic en el botón **Nuevo** de la barra de herramientas **Estándar**. Aparecerá el cuadro para ingresar los datos del contacto **(Figura 2)**.

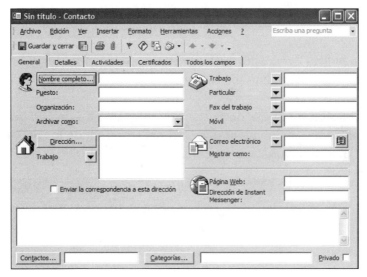

Figura 2. *En el cuadro de diálogo existen cinco fichas que permiten ingresar todo tipo de informaciones sobre el contacto.*

2 En el cuadro **Nombre completo...**, de la ficha **General**, puede escribir directamente los nombres y apellidos del contacto. No obstante, si la lista será empleada como base de datos, ya sea para realizar una combinación de correspondencia, facilitar la búsqueda de un contacto o para extraer listas parciales de acuerdo con determinados datos, como el título (Sr., Sra., Dr., etc.) o por determinados apellidos o zonas postales, etc., será conveniente pulsar en el botón **Nombre completo...** para que se presente el cuadro **Comprobar el nombre completo (Figura 3)**.

18

Gestionar los contactos

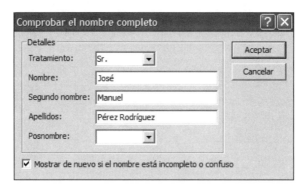

Figura 3. En este cuadro es forzoso ingresar cada dato en el campo correcto, garantizando la buena constitución de la base de datos.

3 Si utiliza el cuadro **Comprobar el nombre completo**, ingrese todos los datos y pulse en **Aceptar**. El nombre se incorporará a la ventana **Contacto** en el cuadro que corresponde.

4 En los cuadros **Puesto:** y **Organización:** introduzca los datos apropiados.

5 Despliegue la lista del cuadro **Archivar como:** y seleccione con que forma de presentar el nombre desea que se archive el contacto.

6 Pulse en el botón de punta de flecha que se encuentra debajo del botón **Dirección...** y seleccione, en el menú que se despliega, cuál de los domicilios del contacto es el que va a ingresar a continuación **(Figura 4)**.

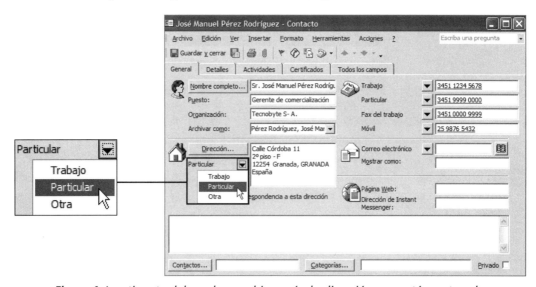

Figura 4. La etiqueta del cuadro cambia según la dirección que esté mostrando.

7 Escriba directamente en ese lugar la dirección o pulse en el botón **Dirección...** y utilice para hacerlo el cuadro de diálogo **Comprobar la dirección**, de la misma forma con que lo hizo con los nombres.

8 Si conoce otras direcciones del contacto pulse nuevamente en el botón de punta de flecha para seleccionar qué dirección va a ingresar, e introduzca los datos correspondientes.

9 Seleccione, utilizando el botón con flecha descendente, la dirección a la que se debe enviar la correspondencia para este contacto y active la casilla de verificación **Enviar la correspondencia a esta dirección (Figura 5)**.

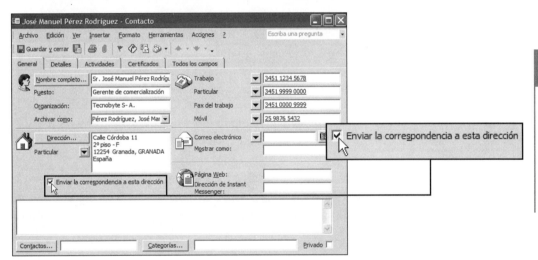

Figura 5. *Seleccionando una de las direcciones y activando esta casilla Microsoft Outlook sabrá dónde enviar la correspondencia.*

10 Pase ahora al sector de teléfonos e introduzca los números que conozca del contacto. Si desea agregar más números, pulse en los botones con punta de flecha **(Figura 6)**, seleccione qué teléfonos desea agregar y escríbalos en el cuadro. Si cuenta con un módem conectado a una línea telefónica, podrá utilizar estos datos para marcar directamente los números de sus contactos.

EXPORTE LOS DATOS

La información contenida en la carpeta Contactos de Microsoft Outlook puede ser exportada en distintos formatos para utilizarla en otras aplicaciones. Haga clic en Archivo/ Importar y exportar... y elija las opciones que necesite.

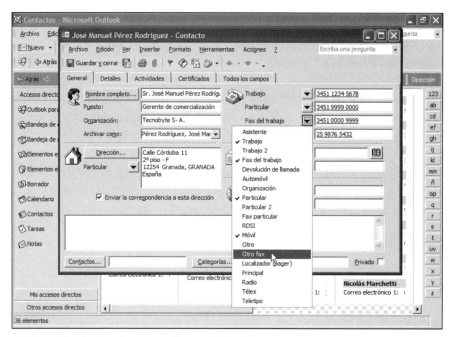

Figura 6. *Al seleccionar en el menú el teléfono que se va a agregar, en este caso otro número de fax, el cuadro queda libre para poder escribir.*

11 De la misma forma en que ingresó los números de teléfono puede ingresar, en el cuadro correspondiente, hasta tres direcciones de correo electrónico. Si pulsa en el botón que está inmediatamente a la derecha podrá tomarlas de la libreta de direcciones.

12 Al hacer clic en el cuadro **Mostrar como:** aparecerá el texto que, de forma prede-terminada, mostrará el cuadro **Para:** al enviar un mensaje de correo electrónico a ese contacto. Si lo prefiere puede cambiarlo sobrescribiendo otro distinto.

13 Si el contacto posee una página Web o una dirección de *Instant Messenger* (men-sajero instantáneo) puede ingresar sus direcciones en los cuadros que se encuen-tran más abajo.

14 Si desea agregar algún comentario relacionado con el contacto puede escribirlo en la ventana de la parte inferior.

15 Puede agrupar este contacto con otros existentes en la carpeta de ese nombre, pulsando en el botón **Contactos...** En el cuadro que se presentará **(Figura 7),** selec-cione los nombres con los que quiere relacionarlo y pulse en **Aceptar.**

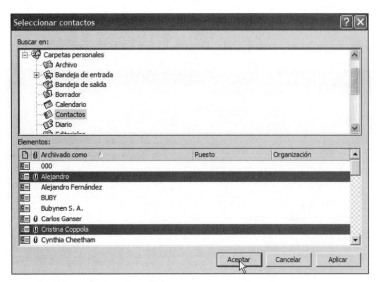

Figura 7. Para seleccionar más de un nombre mantenga
pulsada la tecla **CTRL** mientras hace clic en cada uno.

16 Si desea asignar el contacto a determinadas categorías para agruparlo con otros o facilitar su búsqueda, haga clic en el botón **Categorías...** En el cuadro que aparecerá **(Figura 8),** active las casillas de las categorías a las que desea asignarlo y pulse en **Aceptar**.

Figura 8. La lista **Categorías disponibles:** *incluye no sólo las que se utilizan para los contactos, sino también otras, útiles para distintas funciones de Microsoft Outlook.*

17 Para que las personas que tengan acceso a su computadora no puedan ver este contacto active la casilla de verificación **Privado**.

18 Si dispone de más datos sobre el contacto, como fecha del cumpleaños o nombre del cónyuge, pase a las otras fichas **(Figura 9)** e ingréselos en los lugares adecuados.

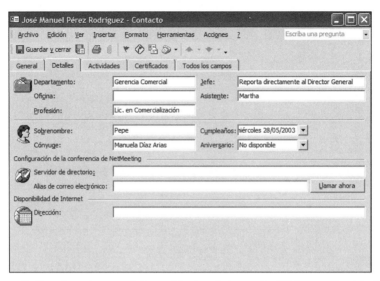

Figura 9. *Cuanto más completos estén los datos, más útil le resultará la lista. Abra las distintas fichas e introduzca toda la información posible.*

19 Cuando haya completado todos los datos pulse en el botón **Guardar y cerrar**. Si va a agregar más contactos puede abrir el menú **Archivo** y pulsar en **Guardar y nuevo**.

La ventana de la carpeta **Contactos** puede ser vista de diferentes maneras. Haciendo clic en el botón de punta de flecha del cuadro **Vista actual (Figura 10),** pueden seleccionarse otras formas de ver los contactos. Es muy útil agruparlos por organización, categoría o cualquier elemento que nos permita clasificarlos. Esto puede ser irrelevante cuando tenemos pocos contactos, pero lo encontrará sumamente práctico una vez que su lista crezca. También puede personalizar las columnas, decidiendo qué datos ver y qué datos no, en la pantalla principal. Así puede especificar, por ejemplo, que sus contactos se muestren en forma de lista con nombre, teléfonos y correo electrónico, y acceder a la información completa con un doble clic.

OPCIONES DE CONTACTOS

Si hace clic en el menú **Herramientas/ Opciones.../** ficha **Preferencias/** sección **Contactos** y hace clic en el botón **Opciones de los contactos...** podrá definir la forma en que Outlook ordenará los nombres y archivará los nuevos contactos.

LISTAS DE DISTRIBUCIÓN

Cuando necesite enviar con cierta frecuencia elementos o correo electrónico, al mismo grupo de personas, puede crear una **Lista de distribución** incluyendo a las mismas, de modo que no sea necesario enviarlos individualmente a cada una de ellas.

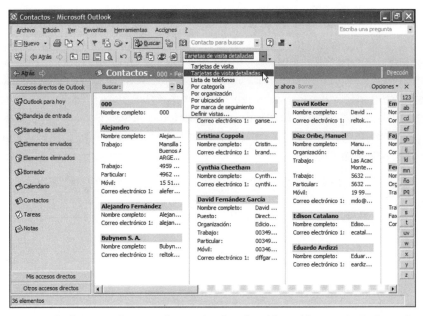

*Figura 10. En la figura se ha optado por la visualización en forma de **Tarjetas de visita detalladas**, que muestra los detalles prácticamente completos de cada contacto.*

Para acceder al cuadro de datos de alguno de los contactos haga doble clic sobre su **Tarjeta de visita** en la lista. Si hace clic derecho se presentará un menú (**Figura 11**), con las principales acciones que pueden realizarse con relación al mismo.

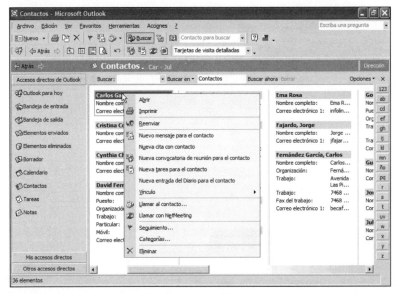

Figura 11. Desde este menú se pueden crear mensajes de correo electrónico, citas, imprimir los datos del contacto, eliminarlo y muchas acciones más.

Gestionar los contactos

18

La vista actual de la lista de contactos puede ser impresa, pulsando en **Archivo/ Imprimir...** o en el botón correspondiente de la barra de herramientas **Estándar**. En la **Figura 12**, puede verse cómo se presenta una de las vistas al ser impresa. Al momento de imprimir, puede seleccionar distintos estilos de impresión, que varían dependiendo de la vista seleccionada. Sin cambiar la visualización actual de los registros, puede optar por imprimir tarjetas, tablas, memorandos, folletos o listas. Y si las opciones le resultan insuficientes, no tiene más que personalizar los estilos de impresión para crear uno acorde a sus necesidades.

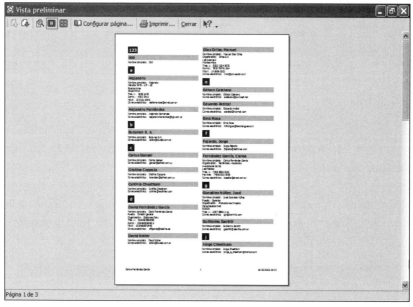

Figura 12. *En la figura se muestra cómo quedará la impresión de la vista de* **Tarjetas de visita detalladas.**

EL MENÚ ACCIONES

En el menú Acciones de la ventana de la carpeta Contactos dispone de los comandos que permiten, desde agregar un nuevo contacto hasta llamarlo por teléfono.

Las notas de Outlook

Seguramente usted, como la mayoría de nosotros, acostumbra a anotar en hojas de papel las cosas que debe recordar, como una llamada telefónica que debe hacer, un número de teléfono, una pequeña tarea pendiente, una idea que no desea perder y muchas cosas más. Microsoft Outlook propone una manera más eficaz y segura de realizar esta tarea.

SERVICIO DE ATENCIÓN AL LECTOR: lectores@tectimes.com

Las notas de Outlook   202
Escribir notas   203
Formas de ver las notas   206

Las notas de Outlook

El problema de las notas tomadas en papeles es que siempre quedan sobre el escritorio, dentro de una agenda o pinchados en un tablero de pared, expuestos a perderse. Si es más cuidadoso, probablemente utilizará esas notas autoadhesivas que se pegan en el monitor de la computadora o en cualquier otra superficie apropiada.

Pero Microsoft Outlook dispone de una solución mejor, que consiste en escribir **Notas** que quedan archivadas en el disco rígido de la computadora. Estas notas son el equivalente electrónico de las que se escriben en papel, pero tienen la ventaja de que es imposible extraviarlas.

Un aspecto práctico de las notas es que pueden ser dejadas abiertas sobre el Escritorio de Windows como un recordatorio constante.

Además, otra de las funciones más útiles de las notas consiste en que pueden almacenarse en ellas textos que van a ser utilizados más adelante para ser pegados en otros documentos.

Para acceder a la carpeta **Notas** abra Microsoft Outlook y, en la ventana de la aplicación, haga clic en el ícono **Notas**. Se presentará la ventana que vemos en la **Figura 1**.

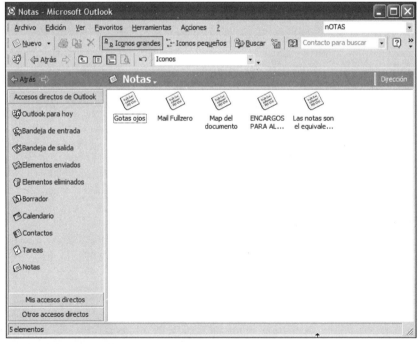

Figura 1. *Las notas pueden verse en la ventana de Outlook de distintas formas. En la figura se ha optado por la vista **Íconos grandes**.*

Escribir notas

Escribir una nota en Microsoft Outlook es un proceso sumamente sencillo. Veamos a continuación como hacerlo.

Escribir una nota   PASO A PASO

1 En la ventana **Notas** haga clic en el botón **Nuevo** o pulse la combinación de teclas **CTRL+U**. También puede hacer clic en el menú **Acciones/ Nueva nota**. En cualquiera de las otras carpetas de Microsoft Outlook pulse en la flecha descendente del botón **Nuevo**, seleccione **Nota** y aparecerá en la pantalla una nueva nota en blanco **(Figura 2)**.

Figura 2. Al presentarse la nueva nota mostrará, en la parte inferior, la fecha y la hora actuales.

19/02/2003 21:49

2 En la nota estará titilando el punto de inserción. Escriba el texto que necesite y, si no va a hacer más cambios, pulse en el botón **Cerrar**. La nota se guardará automáticamente, utilizando como nombre las primeras palabras del texto escrito y comenzará a aparecer como un nuevo ícono en la ventana **Notas**, accesible de una forma tan simple como un doble clic.

3 Si prefiere guardarla en una carpeta determinada pulse, antes de cerrarla, en el ícono ubicado a la izquierda de la barra de título y, en el menú que se presentará **(Figura 3)**, haga clic en **Guardar como...** Después elija la ubicación y pulse en **Guardar**. El programa la guardará como un archivo de texto enriquecido (RTF), que puede abrirse con Word, en la ubicación seleccionada.

IDEAS

CREAR NOTAS

Otra forma de crear una nota consiste en hacer doble clic en el área de vista previa de la ventana **Notas** de Microsoft Outlook, donde pueden verse los íconos de todas las notas creadas.

Las notas de Outlook · 19

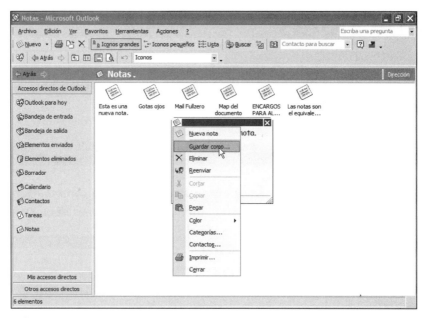

Figura 3. En este menú existen varios comandos para aplicar a las notas.

4 Si prefiere dar a la **Nota** un color distinto del amarillo que aparece de forma predeterminada pulse, en el mismo menú, en la opción **Color** y seleccione el que le agrade **(Figura 4)**.

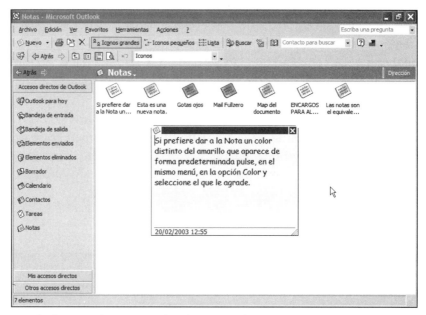

Figura 4. En la figura se han asignado a las notas distintos colores y se ha creado una nota escribiendo un texto que se desea tener disponible para pegarlo en otros documentos.

5 Pulsando en **Categorías…** puede asignar la **Nota** a una categoría determinada, con el objeto de agruparla con otras y facilitar su búsqueda.

6 Si desea asociar a algún contacto con la **Nota** haga clic en la opción **Contactos…** y seleccione, en el cuadro que aparecerá, los contactos que desee asociar.

7 Finalmente pulse el botón **Cerrar**.

Para colocar una **Nota** sobre el escritorio, ya sea como recordatorio o como un texto para aplicar a otro documento, bastará con arrastrar su ícono desde la ventana **Notas** hasta el Escritorio de Windows (**Figura 5**).

Figura 5. *Si arrastra el ícono presionando el botón derecho del mouse podrá elegir entre mover o copiar la nota.*

Haciendo doble clic sobre el ícono de la nota en el escritorio, esta se abrirá mostrando su texto (**Figura 6**).

VISTA PREVIA

IDEAS

Seleccionando alguna de las notas y pulsando en el botón **Panel de vista previa** en la barra de herramientas **Avanzada**, podrá tener una visualización del contenido de esa nota.

Las notas de Outlook **19**

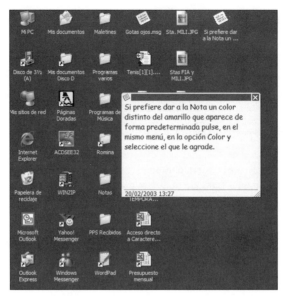

*Figura 6. La **Nota** ubicada sobre el Escritorio contiene un texto
que será luego copiado en otros documentos.*

Formas de ver las notas

Las notas, al igual que todas las demás carpetas de Microsoft Outlook, pueden ser vistas de distintas formas. Para seleccionar la forma de visualización haga clic en el menú
Ver o despliegue el menú **Vista actual** y pulse en la opción que necesite.

Si pulsa en **Lista de notas**, estas aparecerán como puede verse en la **Figura** 7, mostrando todo o gran parte de su contenido y algunos detalles adicionales, como, por ejemplo, la fecha de creación, la categoría y otros. A efectos prácticos, estas vistas detalladas
aportan algo más de información sobre los posibles contenidos de la nota, que a veces
no quedan del todo claros ante la lectura de la mitad de la primer frase. Como con el
resto de los elementos de Outlook, puede categorizar las notas, con una clasificación
extra que no tienen los demás: puede ordenarlas hasta por el color que les asignó.

IMPRIMIR LAS NOTAS

Si desea imprimir alguna de las notas,
selecciónela y pulse en Archivo/ Imprimir... Se presentará el cuadro de
diálogo para definir las opciones de
impresión. Antes, puede pulsar en Vista preliminar y Configurar página...
para corregir cualquier detalle.

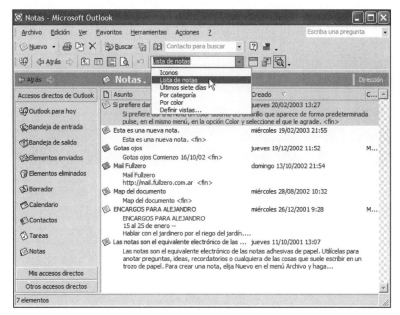

Figura 7. Pulsando en los encabezados de las columnas puede
ordenar las notas alfabeticamente, por fecha de creación y por categoría.

Si elige ver las notas agrupadas por categoría, se presentarán como muestra la **Figura 8,** con un encabezado para cada categoría y la indicación de cuantos elementos agrupa cada una.

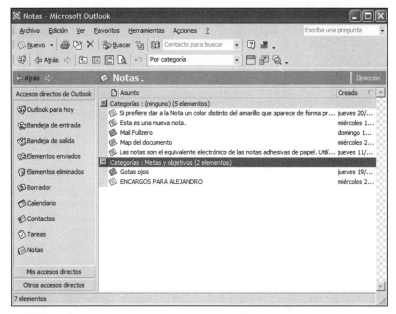

Figura 8. Las notas que no están asignadas a ninguna categoría
aparecen agrupadas en el encabezado **(Ninguno)**.

Las notas de Outlook   19

Si necesita, en cambio, agruparlas por su color, se presentarán como puede ver en la **Figura 9**.

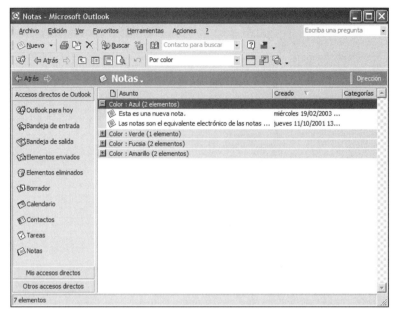

Figura 9. *Haciendo clic en el signo más (+) a la izquierda de cada encabezado se mostrarán las notas de ese color. Pulsando en el signo menos (-) se contraerán.*

Como puede ver, Microsoft Outlook, así como los otros programas del paquete Office, mantiene una uniformidad en cuanto a la forma de manejo. Observe que en determinadas vistas, la forma de agrupar las notas es la misma que se utiliza para agrupar, por ejemplo, los contactos.

OUTLOOK SIN OUTLOOK

Utilizando un programa llamado Glance for Outlook, es posible seguir manejando elementos de Outlook aunque cerremos la ventana principal. Por ejemplo, podemos tener las notas sobre el escritorio sin la ventana principal de Outlook que nos moleste.

Retocar una fotografía

Retocar imágenes es una de las tareas
más agradables que se pueden realizar
en una computadora. Eliminar manchas
o deficiencias en las mismas, cambiar
colores y aplicar efectos, permite mejorar
y a veces recuperar fotografías que, tal vez,
tienen un imponderable valor.

Retocar una fotografía

Existen numerosos programas especialmente creados para retocar imágenes digitalizadas, tales como fotografías, dibujos y gráficos. Estos programas poseen herramientas sumamente precisas y sofisticadas y su utilización está reservada, prácticamente en forma exclusiva, para uso profesional.

Otros, como Microsoft Paint, incluido en Windows XP, es muy fácil de utilizar, aun por usuarios no expertos, y con él se consiguen excelentes resultados en determinados tipos de trabajos.

Paint no solamente posibilita retocar imágenes de archivos existentes o adquiridas mediante cámaras fotográficas digitales y escáneres, sino que también dispone de herramientas para crear dibujos en blanco y negro o en colores, basados en figuras geométricas o en curvas y trazos libres.

Los dibujos y figuras creados o las imágenes retocadas, guardados en formato de mapa de bits (***.bmp**), pueden ser utilizados como fondo del escritorio, pegados en otros documentos e impresos. También, guardándolos en formatos más apropiados para ese fin, pueden ser adjuntados a mensajes de correo electrónico.

Veremos a continuación como retocar una fotografía de una persona que presenta una mancha oscura en la cara (**Figura 1**). Si bien este ejemplo se limitará a mostrar la forma de eliminar esa mancha, es posible, de la misma manera, realizar retoques de todo tipo en las imágenes. Después, cuando adquiera un poco de práctica, podrá encarar tareas tales como quitar las manchas rojas de los ojos en los retratos, disimular quebraduras en fotos escaneadas y muchos otros arreglos más.

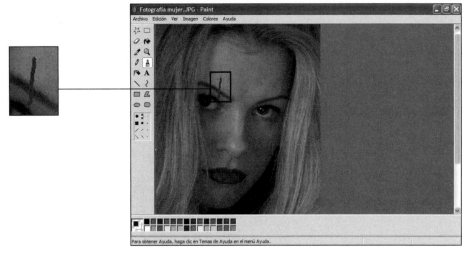

Figura 1. Esta es la ventana de Paint mostrando la fotografía que se debe retocar, donde puede verse una mancha oscura sobre la frente y la ceja.

Retocar una fotografía   PASO A PASO

1 Haga clic en el botón **Inicio/ Todos los programas/ Accesorios/ Paint**.

2 En la ventana de Paint haga clic en el menú **Archivo/ Abrir...** En el cuadro que se presentará localice el archivo de la fotografía que desea retocar, selecciónelo y pulse en **Abrir**. En este ejemplo se usará una fotografía que podrá localizar recorriendo la siguiente ruta: **C:\ Archivos de programa\ Microsoft Office\ Media\ CntCD1\ Photo 1\ J0178849.jpg (Figura 2)**.

Figura 2. Este es el archivo original *J0178849.jpg* sin ninguna mancha.

3 Para preparar la fotografía como la del ejemplo, haga clic, en la caja de herramientas que se encuentra a la izquierda, en la herramienta **Pincel** y, en el cuadro ubicado un poco más abajo, donde se habilitará una muestra de los pinceles disponibles, haga clic en el que ocupa el lugar central de la fila de arriba, como puede verse en la **Figura 2**. A continuación haga clic en el color marrón oscuro que se ve a la derecha en el cuadro de colores de la parte inferior de la ventana.

4 Lleve el puntero hasta la figura y, presionando el botón izquierdo del mouse, arrástrelo para trazar una línea parecida a la que se ve en la **Figura 1**. Si lo prefiere puede bajar directamente la fotografía ya manchada desde el sitio Web de MP Ediciones.

5 Para eliminar la mancha deberá aumentar el tamaño de ese sector de la fotografía hasta ver nítidamente los píxeles que forman la imagen. Haga clic sobre la herramienta **Ampliación** (un botón con el dibujo de una lupa) y traslade el puntero en forma de lupa hasta el lugar de la mancha **(Figura 3)**.

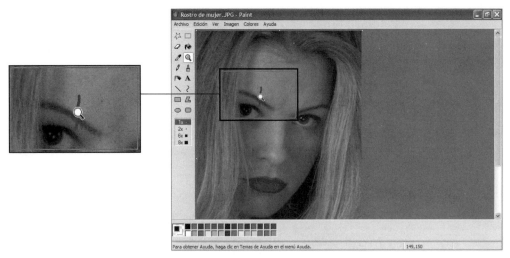

Figura 3. *El rectángulo marca la parte de la figura*
que se ampliará hasta ocupar toda la pantalla.

6 Una vez ubicado el puntero sobre el trazo de la mancha, haga clic para que se amplíe ese sector de la fotografia **(Figura 4)**.

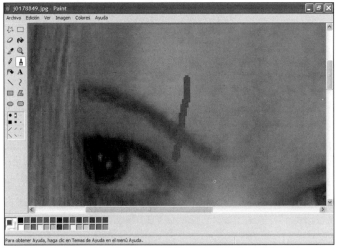

Figura 4. *La mancha una vez ampliada aparece como un conjunto de píxeles*
de color marrón oscuro que es necesario cambiar por los colores de la fotografía.

7 Si desea ver más ampliado todavía el dibujo de la mancha haga clic en la herramienta **Ampliación** y luego en el cuadro de la parte inferior en la opción **8x (Figura 5)**.

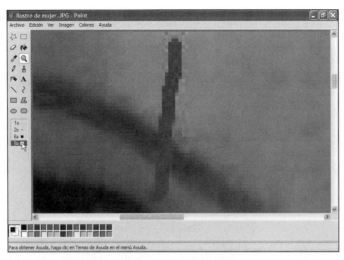

Figura 5. Con esta ampliación pueden verse mejor los colores que rodean a la mancha.

8 Si desea ver más claramente la forma de los píxeles que forman la imagen abra el menú **Ver/ Zoom/ Mostrar cuadrícula** y la imagen pasará a verse como en la **Figura 6**.

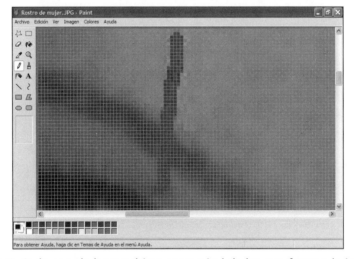

Figura 6. Cada uno de los cuadritos es un píxel de los que forman la imagen.

Retocar una fotografía 20

9 Para eliminar la mancha debe reemplazar los píxeles que tienen el color marrón de la misma, por los de los píxeles más cercanos. Para hacerlo pulse sobre la herramienta **Seleccionar color** (un botón con el dibujo de un gotero) y lleve el puntero, que adoptará esa misma forma, hasta alguno de los píxeles más cercanos a los de la mancha **(Figura 7)**.

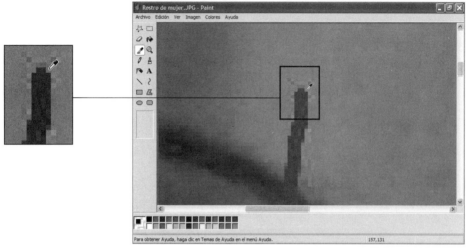

Figura 7. *A veces el píxel más cercano no representa los colores del entorno, en ese caso utilice su criterio y elija otro.*

10 Haga clic en ese lugar para copiar el color. El tono que ha sido copiado con el gotero aparece como color de primer plano en la casilla grande ubicada a la izquierda del **Cuadro de colores**. El color de primer plano corresponde al botón izquierdo del mouse, y el del segundo plano, al botón derecho.

11 Al hacer clic, el gotero se transformará en una herramienta **Lápiz**, que estará cargada con el color que ha tomado el gotero, y pulsando con ella sobre los cuadritos de la mancha les irán reemplazando su color **(Figura 8)**. Cuando cambien los colores en la fotografía debe ir pulsando alternadamente con el puntero **Seleccionar color** en los lugares vecinos de los píxeles que va a corregir, para tomar los nuevos colores, y luego, con el **Lápiz**, sobre los cuadritos que va a corregir.

DESHACER Y REHACER

En Paint, como en otros programas, también es posible deshacer acciones equivocadas, hasta un límite de tres, pulsando en el menú **Edición/ Deshacer** o la combinación de teclas **CTRL+Z** y rehacerlas, si se han deshecho erróneamente pulsando **CTRL+Y**.

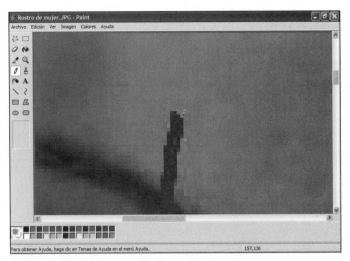

Figura 8. *Si existe un sector amplio que se pueda reemplazar con un mismo color, puede arrastrar directamente el puntero sobre él mismo.*

12 Al acercarse a ciertos lugares, donde los colores cambian más bruscamente, es necesario usar el gotero para seleccionar color con mucha mayor frecuencia, a veces casi píxel por píxel, para ir graduando los cambios de tonalidad con más precisión **(Figura 9)**.

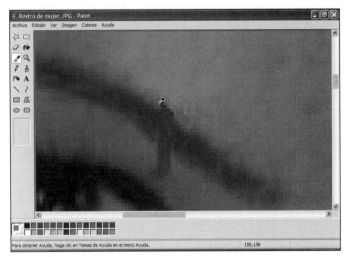

Figura 9. *Al acercarse a la ceja hay que ir seleccionando los colores más oscuros con más cuidado para adaptarse a la forma de la misma.*

13 Para volver a la vista a tamaño natural, a fin de apreciar el efecto del trabajo que se está realizando, pulse nuevamente en la herramienta **Ampliación** y luego en cualquier lugar de la ventana. Si luego desea volver a la vista ampliada, para realizar los retoques que considere necesarios, vuelva a pulsar en la herramienta en forma de lupa y elija el aumento que necesite. Al finalizar este trabajo de retoque, la fotografía modificada debería verse aproximadamente como en la **Figura 10**.

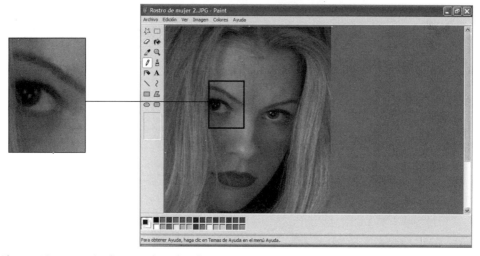

Figura 10. Después de completado el retoque, la mancha ha desaparecido totalmente.

Esto no ha sido más que una breve introducción a lo que es el enorme mundo del retoque fotográfico y el diseño en general. Microsoft Paint es una herramienta más que básica para estos menesteres y no le será de utilidad si necesita un trabajo de calidad profesional, para eso existen herramientas que simplifican muchísimo el trabajo. Pero, sin embargo, puede sacarlo de un apuro en más de una ocasión, cuando los retoques a realizar sean de una naturaleza simple.

HÁGALO SIN APURO

Cuando se disponga a retocar una fotografía, encare la tarea con tiempo y paciencia, porque de ello depende el éxito del trabajo. A menudo, es necesario cambiar varias veces el tono de algunos de los píxeles para poder encontrar el color adecuado.

Crear un cartel de publicidad

Quienes no dispongan de Microsoft Word
para crear sus carteles de publicidad,
también tienen la posibilidad de hacerlo,
con muy buena presentación,
utilizando directamente un accesorio
estándar de Windows, como
lo es el programa de dibujo y tratamiento
de imágenes Microsoft Paint.

Crear un cartel de publicidad

En páginas anteriores hemos visto la forma de crear un cartel publicitario para exhibir-lo en carteleras, vidrieras o adherido sobre cualquier superficie, utilizando el programa Microsoft Word. No obstante, esta tarea también puede realizarse eficazmente con un accesorio de Windows llamado Paint.

El cuadro de herramientas de Paint incluye útiles para realizar selecciones de forma rectangular o irregular, dibujar líneas rectas, curvas y figuras geométricas, rellenarlas con color, borrar sectores de los dibujos e imágenes, retocar estas últimas, ampliar la zona de trabajo hasta permitir una perfecta visibilidad de los gráficos y varias herramientas más que, bien utilizadas, posibilitan la realización de excelentes trabajos.

Veremos a continuación, paso a paso, la forma de crear un cartel de publicidad utilizando algunas de estas herramientas.

Crear un cartel de publicidad   PASO A PASO

1 Para ingresar a Paint pulse en el botón **Inicio/ Todos los programas/ Accesorios/ Paint**.

2 Después haga clic en **Imagen/ Atributos...** y fije los valores de **Ancho:** en **620**, de **Alto:** en **440** y en el sector **Unidades** elija **Píxeles**. Para continuar pulse en **Aceptar**.

3 Haga clic en **Archivo/ Configu-rar página...** y en el cuadro que se presentará seleccione **Orientación: Horizontal**. Asigne a los márgenes izquierdo, superior e inferior un valor de **12 mm** y al margen derecho **16 mm**. En el sector **Escala** active la opción **Ajustar a:** y establezca el valor **1 página por 1 página (Figura 1)**.

4 Haga clic en el **Cuadro de colo-res,** con el botón izquierdo del mouse, en **Celeste claro** y luego en la herramienta **Relleno con**

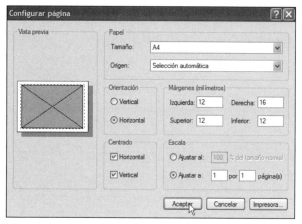

*Figura 1. Se ha asignado un valor de **16 mm** para el margen derecho con el objeto de permitir el trabajo de la impresora.*

color (un balde derramando pintura). Lleve el puntero al sector de dibujo y haga clic en cualquier lugar para aplicar ese color como fondo de toda la página.

5 Para continuar pulse en el menú **Edición/ Pegar desde...** En el cuadro de ese nombre haga clic en **C:\ Archivos de programa\ Microsoft Office\ media\ CntCD1\ ClipArt1**. Despliegue la lista **Tipo:** y seleccione **Todos los archivos**. Despliegue, en la barra de herramientas del cuadro **Pegar desde**, la lista del botón **Menú Ver**, haga clic en **Vistas en miniatura**, seleccione una imagen similar a la de la **Figura 2** y haga clic en **Abrir**. La imagen se insertará en la esquina superior izquierda de la página de Paint.

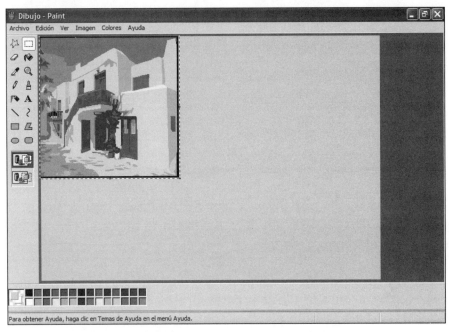

Figura 2. *La imagen se inserta con su tamaño original.*
Por eso será necesario luego expandirla.

6 Pulse en el menú **Imagen/ Expandir o contraer...** En el cuadro que se presentará modifique los valores **Horizontal** y **Vertical** a **160%** y pulse en **Aceptar**. La imagen pasará a ocupar buena parte de la página.

7 Manteniendo la imagen seleccionada, coloque el puntero sobre ella. Cuando este se transforme en una cruz, pulse el botón izquierdo del mouse y arrastre la foto hacia abajo de modo que quede a la misma distancia del borde superior e inferior de la página **(Figura 3)**.

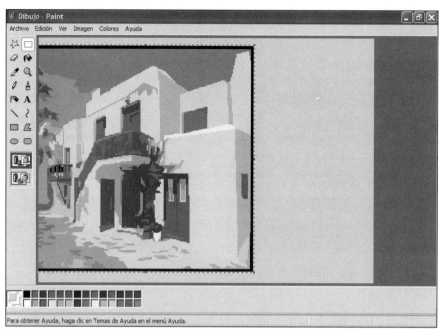

Figura 3. *La fotografía colocada sobre el costado izquierdo permite agregar texto en el derecho formando un conjunto armónico.*

8 Despliegue el menú **Imagen** y desactive la opción **Dibujar figuras opacas**. De esta forma, el texto que va a escribir a continuación se colocará sobre el fondo sin crear un recuadro a su alrededor.

9 Pulse en la herramienta **Texto** (un botón que muestra una letra **A**) y dibuje con el puntero un rectángulo amplio en la parte superior derecha, que se superponga a una buena parte de la fotografía (utilizaremos este recuadro para escribir). En el cuadro de colores de la parte inferior de la ventana pulse en el color **Rojo** con el botón izquierdo del mouse.

10 A continuación seleccione, en la barra de herramientas **Fuentes** que se presentará, un tipo y tamaño de letra que le agrade, por ejemplo **Arial Black**, tamaño **20 pts.**, **Negrita** y **Cursiva**, haga clic en el cuadro de texto y escriba el anuncio, por ejemplo: **La magia de los colores más brillantes se obtiene con... (Figura 4)**. Mientras no deseleccione el cuadro de texto podrá volver a modificar el tipo, tamaño y color del mismo. También podrá cambiarlo de ubicación tomándolo con el puntero por alguno de sus bordes y arrastrándolo, mientras presiona el botón izquierdo del mouse. Por supuesto, puede elegir cualquier tipografía que tenga instalada en su PC, y pude aplicarle el color y estilo de texto que prefiera.

Figura 4. Si el texto no cabe completo en el cuadro, puede ampliarlo arrastrando los botones controladores que presenta en la mitad de los lados y en las esquinas.

11 Cuando considere que el texto ha quedado bien, dibuje un nuevo cuadro de texto en la parte inferior derecha de la ventana y escriba la palabra **Pinturas**. Asígnele, por ejemplo, fuente **Verdana**, tamaño **24 pts.**, **Negrita** y **Cursiva**. Si no le agrada ninguno de los colores existentes en el cuadro de colores, puede personalizar uno enteramente a su gusto, definiendo la mezcla de colores que lo forme. Una vez que termine, sin quitar la selección del texto, pase al punto siguiente.

12 Haga doble clic en uno de los casilleros del **Cuadro de colores** para establecer dónde se ubicará el color personalizado que va a crear. Se presentará el cuadro **Modificar colores**, al que también puede acceder pulsando en el menú **Colores/ Modificar colores...** Haga clic en uno de los casilleros en blanco del sector **Colores personalizados:** y luego en el botón **Definir colores personalizados**. Se extenderá un panel hacia la derecha con las herramientas para definir el nuevo color **(Figura 5)**.

REPONER EL COLOR

Para reponer en la paleta **Cuadro de colores** el que había sido reemplazado al crear uno personalizado, simplemente abra el menú **Colores/ Modificar colores...** y pulse en el color que fue reemplazado.

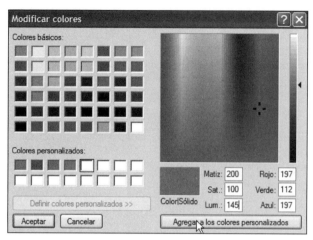

Figura 5. *Por medio de este cuadro puede crear los colores personalizados que desee y aplicarlos donde sea necesario.*

13 En el cuadro **Matiz:** estará titilando el punto de inserción. Haga clic en la muestra de colores para elegir el que más le agrade. Pulse sobre el cuadro **Sat:** (saturación) y luego en la ventana de colores para definir el valor de la misma. A continuación, repita la operación en el cuadro **Lum:** y mueva el control deslizante del lado derecho para cambiar la luminosidad del color. Observe en el cuadro de vista previa el resultado de los cambios que va realizando. Puede deslizar los controles hasta conseguir, por ejemplo, los siguiente valores: **Matiz: 200**, **Sat: 100** y **Lum: 145**. También puede hacer clic en cada cuadro y escribirlos directamente. Cuando haya definido la tonalidad de su agrado, pulse en **Agregar a los colores personalizados** y haga clic en **Aceptar**.

14 El color personalizado se ubicará en el casillero que había establecido en el **Cuadro de colores**. Haga clic sobre el mismo para que el texto adopte esa tonalidad.

15 Deseleccione ese texto y repita la operación para insertar un nuevo cuadro de texto debajo de la palabra **Pinturas**. Allí escriba **Mediterráneo**. En este caso asígnele tamaño **28 pts**. y el mismo color **(Figura 6)**.

Figura 6. Si colocara ambas palabras en el mismo cuadro
de texto no podría asignarles tamaños diferentes.

16 Al deseleccionar el texto y abrir el menú **Archivo/ Vista preliminar** se podrá ver cómo quedará el cartel una vez impreso **(Figura 7)**.

Figura 7. En este cuadro hay botones para acercar la imagen, para alejarla y para acceder al
cuadro de diálogo de la impresora. Pulsando en *Cerrar* se vuelve a la ventana de edición.

Nuevamente, puede observar que si bien Paint no está pensado específicamente para este tipo de actividades, bien puede ser utilizado para carteles simples. No se quede con el ejemplo de este libro: de la misma forma que antes, la recomendación básica es que no tenga reparos en probar combinaciones de imágenes, fuentes y colores hasta encontrar aquellas con las que esté realmente a gusto.

TRANSPARENTES Y OPACAS

Para dibujar figuras transparentes active cualquiera de las dos herramientas de selección o la de texto y pulse, en el cuadro donde se muestran las opciones de las herramientas, en la figura inferior. Para figuras opacas pulse en la superior.

Digitalizar una Imagen

Las oportunidades de escanear una imagen son muchas y la disminución de los precios de estos dispositivos los han puesto al alcance de muchas personas. Por eso, cada día se hace más común la tarea de crear este tipo de archivos digitales para múltiples usos.

Digitalizar una imagen

Es muy común que por razones profesionales o simplemente personales sea necesario, a veces, digitalizar una imagen para agregarla a un documento o enviarla por correo electrónico. Suele ocurrir con un retrato familiar, con la imagen de un producto o con la fotografía de un repuesto que se debe conseguir para reparar una máquina.

Para poder digitalizar imágenes con su computadora debe tener, obviamente, un escáner correctamente conectado a su equipo y el mismo debe ser compatible con las interfaces Twain o WIA, que son las soportadas por los programas de Office XP. Por otra parte, estas interfaces son también las universalmente utilizadas para adquirir las imágenes capturadas mediante escáneres y cámaras digitales. También debe estar instalado en el equipo el software correspondiente al dispositivo a utilizar (en este caso, **VistaScan32**, aunque hay infinidad de programas similares). Para desarrollar el ejemplo de escaneado de una fotografía, que se verá a continuación, se utilizará Microsoft Word, pero también es posible utilizar PowerPoint o Excel, ya que en ellos puede procederse de la misma manera. Veamos cómo hacerlo, paso a paso.

Escanear una imagen   PASO A PASO

1 Coloque la imagen a digitalizar, con la impresión hacia abajo, en la superficie plana de cristal del escáner y cúbrala con la tapa superior.

2 En la ventana de Microsoft Word haga clic en **Insertar/ Imagen/ Desde escáner o cámara...** Se presentará el cuadro del mismo nombre **(Figura 1)**.

3 Si dispone en su equipo de más de un dispositivo para la adquisición de imágenes digitales despliegue la lista **Dispositivo** y seleccione el que va a utilizar. Con los botones de **Resolución** podrá elegir entre **Calidad Web** (para ver en pantalla) o **Calidad de Impresión** (para documentos que serán impresos).

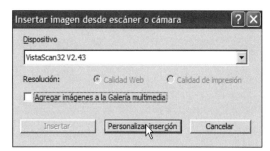

Figura 1. En este cuadro existe una casilla por medio de la cual, colocando una tilde, puede incorporar la imagen que va a adquirir a la Galería multimedia.

En ciertos casos se habilitará directamente el botón **Insertar** y en otros deberá pulsar en el botón **Personalizar inserción**. Se presentará el cuadro donde deben definirse los parámetros de digitalización **(Figura 2)**.

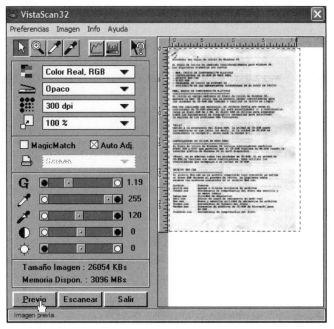

Figura 2. En la figura, la ventana **VistaScan 32** se presenta mostrando, en el **Área de previsualización,** el último documento escaneado.

4 En la ventana de **VistaScan 32** hay una barra de menús y otra de herramientas en la parte superior y a continuación, hacia abajo, un sector con cuatro listas desplegables para definir los principales parámetros de la digitalización. En primer lugar, defina si desea escanear la imagen en color real, en blanco y negro o con medios tonos, etc.

5 A continuación defina si escaneará una imagen opaca, una transparencia o un negativo. Para estos dos últimos casos debe disponer de un escáner adecuado o utilizar un dispositivo complementario adicional.

6 Seleccione luego la resolución con la que digitalizará la imagen. Si la misma se imprimirá luego, será conveniente adoptar un valor de aproximadamente la mitad del que utilizará la impresora. Para publicar en la Web puede elegir **72 dpi** (puntos por pulgada) y si se trata de una imagen para enviar por fax, **200 dpi**.

LIMITAR EL TAMAÑO

Si desea limitar el tamaño de la imagen digitalizada que se incrustará en el documento, inserte un cuadro de texto del tamaño aproximado que desea y con las proporciones aproximadas de la misma, antes de comenzar el proceso de escaneado.

7 En la lista desplegable que continúa hacia abajo seleccione el tamaño, en porcentaje con relación al original, que debe tener la imagen una vez escaneada.

8 En el sector siguiente existen dos casillas de verificación. Una para aplicar el **Autoajuste**, que calculará automáticamente los valores de **Claridad** y **Sombra** óptimos para la imagen que se va a escanear y la otra para habilitar la lista donde se puede seleccionar el dispositivo de salida que se utilizará para ver la imagen escaneada, ya sea la pantalla o una impresora.

9 Más abajo se encuentran los controles deslizantes para calibrar manualmente los ajustes de **Gama**, **Claridad**, **Sombra**, **Contraste** y **Brillo** con que será escaneada la imagen. Los cambios que se introduzcan con estos controles se mostrarán en el **Área de previsualización** de la ventana. Si no es necesario no realice cambios en los mismos, a menos que ya haya conseguido una buena práctica en su manejo.

10 Una vez definidos estos aspectos, será necesario realizar un escaneado previo, a baja resolución, para ajustar los últimos detalles. Antes de pulsar en el botón **Previo** para iniciarlo, arrastre las reglas hasta que cubran un área ligeramente mayor que la figura que va a escanear, con el objeto de que el proceso se realice más rápidamente.

11 Una vez producido el escaneado previo se presentará, en el **Área de previsualización**, la imagen escaneada a baja resolución. Ajuste el **Marco de selección** (se presenta como un recuadro de línea punteada), arrastrando sus bordes con el puntero, para delimitar lo más exactamente posible el área que desea escanear **(Figura 3)**. Esto limitará al máximo posible el tamaño del archivo producido.

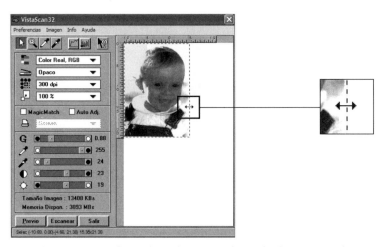

Figura 3. *Cuando realice el escaneado real, el escáner sólo capturará los píxeles del área contenida en el **Marco de selección**.*

12 Una vez ajustados todos los detalles pulse en el botón **Escanear**. Después de unos momentos, cuya duración dependerá del tamaño de la imagen y de la resolución elegida, se presentará en la ventana de Word la imagen insertada **(Figura 4)**.

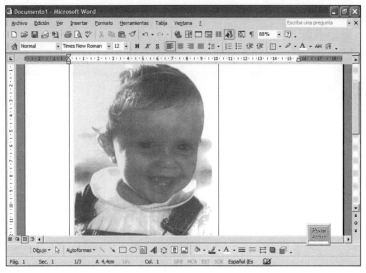

Figura 4. La imagen se insertará en el lugar donde se encontraba el punto de inserción.

13 Si es necesario puede realizar nuevos retoques a la imagen insertada, haciendo clic en ella para seleccionarla y utilizando los botones de la barra de herramientas **Imagen** que se presentará **(Figura 5)**.

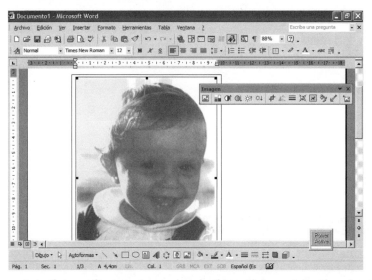

Figura 5. La fotografía muestra un borde, fuera del recuadro de selección, porque ha sido insertada dentro de un cuadro de texto para limitar su tamaño.

Si en lugar de utilizar Microsoft Word XP hubiera utilizado PowerPoint XP el procedimiento hubiera sido el mismo, como se expresó antes, y la imagen se hubiera presentado tal como se ve en la **Figura 6**.

Figura 6. *La fotografía excedía el tamaño de la diapositiva, pero se la ajustó dentro de la misma por medio de los botones controladores de los lados y las esquinas.*

COLÓQUELE UN MARCO

Si insertó la imagen dentro de un cuadro de texto, puede hacer clic derecho en el borde de este y pulsar en **Formato de cuadro de texto...** para colocar una línea y un relleno de color alrededor de la imagen.

Digitalizar textos

Se puede aprovechar la posibilidad
de escanear para disponer en un archivo
digital los textos que se encuentran
ya impresos. De esta manera, utilizando
un programa especial que "lee"
esa imagen del texto, es posible editarlo
y modificarlo como a cualquier archivo
generado en un procesador de textos.

Digitalizar textos

Al escanear una página de texto, esta se presentará en pantalla exactamente como es, con todos sus caracteres, puntos, comas y demás detalles, incluso con alguna mancha si la hubiera, y puede ser leída perfectamente y guardada en un archivo digital para disponer de ella en el futuro. Pero, lo que no será posible es efectuarle ninguna modificación, porque esa página, si bien contiene texto, es en realidad una imagen, donde se ve la página con el texto impreso.

Así, aprovechando el escáner, es posible evitar tener que escribir tal vez varias páginas para conservar su información, pero no es posible agregarle o eliminarle párrafos, cambiar palabras o realizarle cualquier otro tipo de modificaciones.

Actualmente existen programas que permiten solucionar este problema convirtiendo la imagen escaneada del documento en texto modificable, mediante una funcionalidad denominada **OCR** (Reconocimiento Óptico de Caracteres) que, si bien no entrega resultados perfectos, como se verá más adelante, lo hace en una forma aceptable.

Los documentos procesados con este sistema reconocen carácter por carácter los textos escaneados, por lo que es posible colocar en ellos el punto de inserción y realizar las modificaciones que sean necesarias.

No obstante, los documentos obtenidos deben ser luego revisados detalladamente para corregir los caracteres que han sido mal reconocidos por el programa. La exactitud del reconocimiento depende del tipo y tamaño de la letra del documento, de la calidad de la impresión y de la resolución con que se ha realizado el escaneado.

Existen varios programas de software que pueden ser utilizados para ese fin. Obviamente será necesario tener instalado en el equipo alguno de ellos para poder realizar esta tarea. En el ejemplo que veremos a continuación se utilizará el programa **Presto! PageManager**, que es una marca comercial de NewSoft Technology Corporation, y funciona de forma sumamente aceptable. A continuación veremos paso a paso como realizar el escaneado y reconocimiento de caracteres de una página de un libro (**Figura 1**).

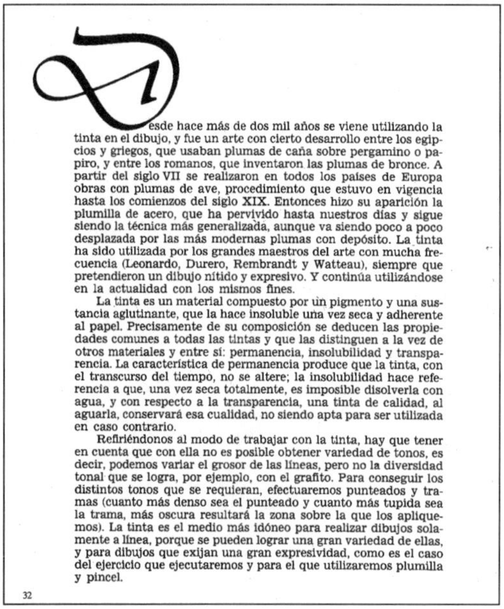
Desde hace más de dos mil años se viene utilizando la tinta en el dibujo, y fue un arte con cierto desarrollo entre los egipcios y griegos, que usaban plumas de caña sobre pergamino o papiro, y entre los romanos, que inventaron las plumas de bronce. A partir del siglo VII se realizaron en todos los países de Europa obras con plumas de ave, procedimiento que estuvo en vigencia hasta los comienzos del siglo XIX. Entonces hizo su aparición la plumilla de acero, que ha pervivido hasta nuestros días y sigue siendo la técnica más generalizada, aunque va siendo poco a poco desplazada por las más modernas plumas con depósito. La tinta ha sido utilizada por los grandes maestros del arte con mucha frecuencia (Leonardo, Durero, Rembrandt y Watteau), siempre que pretendieron un dibujo nítido y expresivo. Y continúa utilizándose en la actualidad con los mismos fines.

La tinta es un material compuesto por un pigmento y una sustancia aglutinante, que la hace insoluble una vez seca y adherente al papel. Precisamente de su composición se deducen las propiedades comunes a todas las tintas y que las distinguen a la vez de otros materiales y entre sí: permanencia, insolubilidad y transparencia. La característica de permanencia produce que la tinta, con el transcurso del tiempo, no se altere; la insolubilidad hace referencia a que, una vez seca totalmente, es imposible disolverla con agua, y con respecto a la transparencia, una tinta de calidad, al aguarla, conservará esa cualidad, no siendo apta para ser utilizada en caso contrario.

Refiriéndonos al modo de trabajar con la tinta, hay que tener en cuenta que con ella no es posible obtener variedad de tonos, es decir, podemos variar el grosor de las líneas, pero no la diversidad tonal que se logra, por ejemplo, con el grafito. Para conseguir los distintos tonos que se requieran, efectuaremos punteados y tramas (cuanto más denso sea el punteado y cuanto más tupida sea la trama, más oscura resultará la zona sobre la que los apliquemos). La tinta es el medio más idóneo para realizar dibujos solamente a línea, porque se pueden lograr una gran variedad de ellas, y para dibujos que exijan una gran expresividad, como es el caso del ejercicio que ejecutaremos y para el que utilizaremos plumilla y pincel.

32

***Figura 1.** Esta es la página del libro que se desea escanear y efectuar el reconocimiento óptico de caracteres.*

Escanear un texto con reconocimiento de los caracteres · PASO A PASO

1 Coloque la página del libro a escanear, mostrándola hacia abajo sobre el cristal plano del escáner.

2 Pulse en el botón **Inicio/ Todos los programas** y ejecute el software disponible en su PC para el escaneado con reconocimiento de caracteres. En este ejemplo pulsaremos, como ya se ha expresado, en **Presto! PageManager**.

3 En la barra de herramientas de la parte superior haga clic en **Adquirir**. Se presentará la ventana de **VistaScan 32** para efectuar el escaneado **(Figura 2)**.

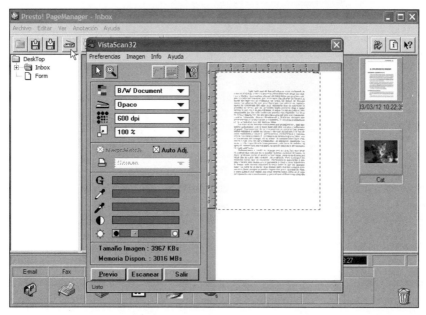

Figura 2. *Antes de comenzar el escaneado previo, verifique que las reglas, en el **Área de previsualización** abarquen el tamaño de la página a escanear.*

4 Para efectuar el **Reconocimiento óptico de caracteres** debe escanear el documento exclusivamente en el modo **Blanco y negro**, de modo que seleccione esa opción.

LOS MARCOS

Al efectuar el reconocimiento de caracteres, el texto no siempre se presenta en un solo marco. Muchas veces, cada párrafo está contenido en un marco por separado. En esos casos, la eliminación de los mismos suele ocasionar múltiples problemas.

5 Establezca la resolución de escaneado en un valor alto, pero teniendo en cuenta que si es excesivo, el archivo producido será de tamaño demasiado grande. Pruebe por ejemplo con **600 dpi**.

6 Verifique que el tamaño de salida sea del **100%** del tamaño original y pulse en el botón **Previo**. Comenzará el escaneado a baja resolución **(Figura 3)**.

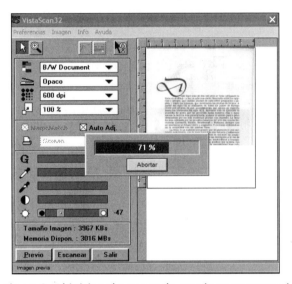

Figura 3. Al iniciar el escaneado previo se presentará
un cuadro mostrando el progreso de mismo.

7 Concluido el escaneado previo, arrastre los bordes del **Marco de selección** para definir exactamente el área de digitalización que le interesa y luego pulse en **Escanear**. Al finalizar, la ventana de **VistaScan 32** se cerrará y en el área de miniaturas aparecerá seleccionada la imagen del documento recién escaneado. Si desea verlo en tamaño natural, haga doble clic sobre la miniatura. Para volver a la ventana anterior pulse sobre el ícono **Inbox** en el panel de la izquierda.

8 Teniendo la miniatura seleccionada pulse sobre el botón **Realizar OCR (Figura 4)**. Al finalizar el reconocimiento de caracteres aparecerá un mensaje confirmándolo.

AGREGAR APLICACIONES

Para agregar un programa a la Barra de aplicaciones haga clic en **Archivo/ Preferencias.../ ficha Aplicaciones/ botón Añadir**. Después localice el programa, seleccione el formato de los archivos, escriba una breve descripción y pulse en Aceptar.

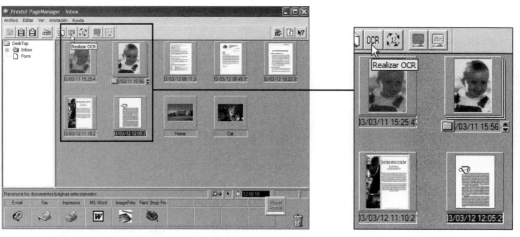

Figura 4. El documento seleccionado se muestra recuadrado en color rojo.

9 Manteniendo seleccionada la imagen haga clic, en la **Barra de aplicaciones** de la parte inferior, en la aplicación que desea utilizar para editarla. En este ejemplo se utilizará Microsoft Word **(Figura 5)**.

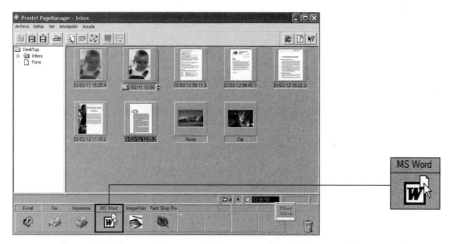

Figura 5. Si lo prefiere puede arrastrar la miniatura seleccionada
hasta la **Barra de aplicaciones** y soltarla en el programa que va a utilizar.

10 Se presentará en pantalla la ventana de la aplicación elegida, mostrando en un documento el texto que se ha reconocido. Como puede verse en la **Figura 6**, el mismo presenta muchos caracteres mal reconocidos, algunos de ellos marcados, incluso, por el corrector ortográfico y gramatical de Word. No se preocupe: estas situaciones son muy comunes cuando utilizamos software de OCR. Dependiendo de la calidad del original y del escaneado, la cantidad de errores puede ser mayor o menor, pero es prácticamente imposible que no aparezca ninguno.

Figura 6. *Al hacer clic o seleccionar algún carácter aparece, bordeando
el texto, el marco en el que el programa lo ha insertado en el documento.*

11 Ahora será necesario corregir los errores que presenta el texto. Puede hacerlo
ayudándose con la función de corrección de Microsoft Word. Pulse en el menú
Herramientas/ Ortografía y gramática... y se presentará la ventana que se ve en
la **Figura 7**.

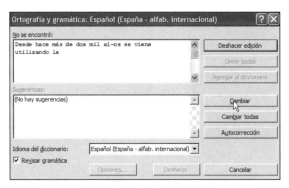

Figura 7. *En este caso Word no pudo relacionar esos símbolos con alguna palabra
correcta para ofrecer sugerencias. Por eso se debió corregir la palabra manualmente.*

12 Después de cada corrección Word le irá marcando las palabras que no reconoce como correctas y le ofrecerá, en algunos casos, la que corresponde, para que reemplace con ella la errónea, pulsando en **Cambiar**. En otros casos deberá hacerlo manualmente, ya que Word no dispondrá de una palabra adecuada para sugerirle. Si
es una palabra que utiliza mucho, puede agregarla al diccionario.

13 También puede optar por corregir directamente el texto en forma manual a medida que va leyendo. En este caso puede utilizar el menú contextual de las palabras mal reconocidas para reemplazarlas por las correctas **(Figura 8)**.

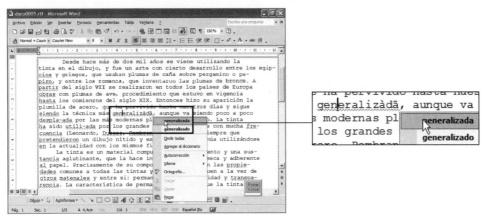

Figura 8. *El menú contextual de las palabras erróneas*
es una herramienta muy rápida e idónea para reemplazarlas.

14 Una de las características de la función de reconocimiento de caracteres la constituye el hecho de que cada línea de texto es considerada como un párrafo independiente, tal como puede verse en la **Figura 9**. Si lo desea, puede suprimir las divisiones en párrafos y eliminar los guiones de separación para dar al texto un formato más correcto.

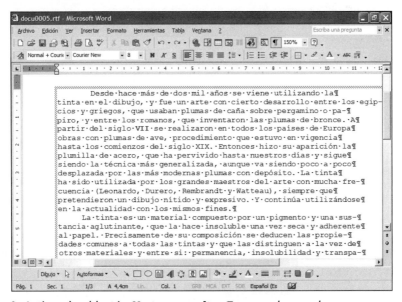

Figura 9. *Activando el botón* **Mostrar u ocultar** ¶ *se pueden ver las marcas a suprimir.*

15 También puede quitar el marco que rodea a todo el texto haciendo clic derecho sobre el borde del mismo y seleccionando, en el menú contextual, la opción **Formato de marco...** Al presentarse el cuadro de igual nombre pulse en el botón **Quitar marco**.

Después de efectuadas todas las correcciones, el documento podrá leerse tal como se ve en la **Figura 10**.

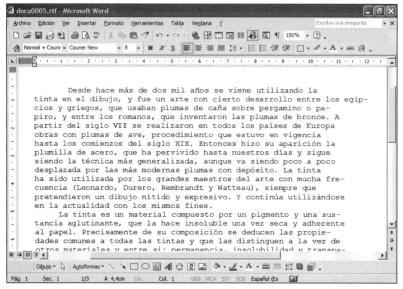

Figura 10. *En este documento pueden agregarse o suprimirse párrafos y efectuar todas las modificaciones que fueran necesarias, tal como si se tratara de un documento original.*

DOCUMENT SCANNING

La versión XP de Microsoft Office incluye una herramienta llamada Document Scanning, que automatiza el proceso de escaneo de textos y trabaja con otra herramienta, llamada Document Imaging, que es capaz de enviar el texto directamente a Word.

Grabar mensajes y sonidos

La grabación de sonidos, ya sean mensajes hablados, música o procedentes de distintas fuentes, como CDs, teclados MIDI, etc., es otra de las actividades que pueden realizarse por medio de una computadora.

Grabar mensajes y sonidos

Si dispone, en el equipo, de una tarjeta de audio es posible grabar mensajes de voz y archivos de música utilizando la **Grabadora de sonidos** de Windows. También pueden realizarse grabaciones que requieran mayores exigencias, utilizando grabadoras de CDs, como se verá más adelante o de DVD.

Para los mensajes hablados es necesario disponer en el equipo de un micrófono y, para controlar y reproducir las grabaciones, de un sistema de altavoces o de auriculares. Los sonidos grabados generan archivos en forma de onda **(*.wav)** que pueden luego ser convertidos a distintos formatos, con distintos grados de compresión, para que ocupen menor espacio. De esta forma, se puede grabar tanto un saludo para un familiar o un amigo, con el objeto de enviárselo por correo electrónico, como un comentario para insertarlo en un documento o un texto para acompañar a una presentación.

Mediante la **Grabadora de sonidos** también es posible mezclar y modificar sonidos en formas diversas y reproducirlos con distintos efectos.

Veremos a continuación cómo grabar sonidos utilizando la **Grabadora de sonidos** de Windows. Comenzaremos con un mensaje hablado.

Grabar un mensaje hablado   PASO A PASO

1. Para abrir la **Grabadora de Sonidos** haga clic en el botón **Inicio/ Todos los programas/ Accesorios/ Entretenimiento/ Grabadora de sonidos**. Se presentará en pantalla la ventana de este accesorio **(Figura 1)**.

2. Para iniciar la grabación, verifique previamente que el micrófono se encuentre debidamente conectado al equipo.

3. Cerciórese de que el micrófono se encuentre activado, haciendo doble clic en el ícono del altavoz

*Figura 1. Como puede ver, los controles de la **Grabadora de sonidos** son similares a los de cualquier equipo de audio común y corriente.*

en el extremo derecho de la **Barra de tareas**. Se presentará el **Control de volumen**, cuadro que vemos en la **Figura 2**, desde donde podremos modificar los volúmenes individuales de cada entrada y salida de audio del sistema.

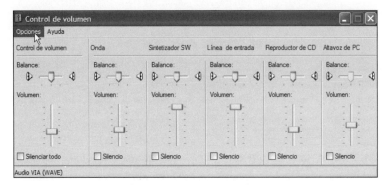

Figura 2. En este cuadro pueden verse los controles del volumen de salida de todos los dispositivos de audio existentes en el equipo.

4 Pulse en **Opciones/ Propiedades** y, en el nuevo cuadro **(Figura 3)**, active el botón de opción **Grabación**.

Figura 3. Tildando las casillas correspondientes se establece cuáles son los controles de volumen que se desea ver.

5 Verifique que, estando activa la opción **Grabación**, del cuadro **Propiedades**, se encuentre tildada la casilla **Mic**, correspondiente al control de volumen del micrófono y pulse en **Aceptar**.

6 En la ventana **Control de grabación (Figura 4)**, que se presentará a continuación, verifique que, en el sector **Mic**, se encuentre tildada la casilla de verificación **Seleccionar** y desplace el cursor vertical hasta la posición central. Si no le molesta, en la ventana deje el **Control de grabación** a la vista.

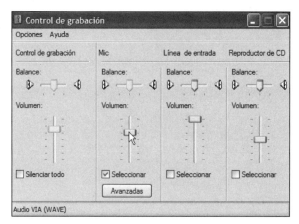

Figura 4. *En la parte superior hay otro cursor deslizante para ajustar el balance entre ambos canales de audio, que se encuentra inactivo por tratarse de un sólo micrófono.*

7 Volviendo a la ventana de la **Grabadora de sonidos,** haga clic en **Archivo/ Nuevo.** Cuando esté dispuesto a comenzar a grabar, pulse en el botón **Grabar** (es el que muestra un círculo rojo) y comience a hablar. En principio sólo puede grabar mensajes de hasta **1** minuto de duración. Más tarde, podrá agregar a este mensaje nuevas grabaciones.

8 Cuando finalice de hablar, haga clic en el botón **Detener** (es el que muestra un rectángulo negro). En el cuadro del sector derecho podrá leer la duración del mensaje que ha grabado.

9 Para reproducir el mensaje pulse en el botón **Saltar al inicio** (es el que muestra la doble flecha apuntando hacia la izquierda) y después haga clic en **Reproducir** (muestra una sola flecha apuntando a la derecha).

10 Si el volumen de la grabación ha resultado muy alto o muy bajo, para corregirlo deberá efectuar nuevamente la grabación, modificando antes el volumen del micrófono en la ventana **Control de grabación.** Para hacerlo desplace hacia arriba o hacia abajo el cursor, en el sentido que corresponda de acuerdo con el resultado de la grabación anterior. También puede compensar la deficiencia durante la reproducción, mediante los controles de volumen de la misma.

11 Cuando la grabación le resulte satisfactoria haga clic en **Archivo/ Guardar** y se presentará el cuadro de diálogo **Guardar como.** Elija la carpeta donde lo va a almacenar, escriba el nombre que dará al archivo y pulse en **Guardar.** La próxima vez que necesite escucharlo, al hacer doble clic sobre el nombre del archivo, este se reproducirá en la aplicación que se encuentra predeterminada para reproducir archivos de tipo **.wav**. También puede abrirlo y reproducirlo en la **Grabadora de sonidos** si lo desea.

A continuación veremos cómo grabar un fragmento de música procedente de un CD comercial de audio.

Grabar un fragmento de música   PASO A PASO

1 Abra la ventana de la **Grabadora de sonidos** y haga clic en el menú **Archivo/ Nuevo**.

2 Abra la ventana **Control de grabación**, como se ha visto en el ejemplo anterior, y active el dispositivo **Mezclador de estéreo**, colocando la tilde en la casilla **Seleccionar** del mismo.

3 Introduzca el **CD** a grabar en el **Lector de CDs** y, si no está desactivada la reproducción automática, aparecerá de inmediato el **Reproductor de Windows Media**. Seleccione el archivo o la pista que desea reproducir y, poco antes de que comience la reproducción, pulse en el botón **Grabar**.

4 Al transcurrir un minuto o cuando pulse en **Detener**, la grabación se habrá completado. Para escucharla haga clic en el botón **Reproducir**.

5 Si desea eliminar los segundos que han quedado sin música al iniciar la grabación, arrastre el cursor hasta ese lugar **(Figura 5)**, abra el menú **Edición** y haga clic en **Eliminar hasta la posición actual**.

Figura 5. Busque la posición exacta hasta donde desea eliminar el sonido reproduciéndolo y observando el tiempo exacto en que el mismo comienza.

Evidentemente serán muy escasas las oportunidades en que sea necesario grabar tan sólo un minuto de música. No obstante, puede ser muy útil hacerlo, por ejemplo mezclándolo con otro, para acompañar como fondo a un mensaje hablado. Veamos a continuación paso a paso la forma de ejecutarlo.

Mezclar archivos de sonido   PASO A PASO

1 Abra la **Grabadora de sonidos** y haga clic en **Archivo/ Abrir...** En el cuadro que se presentará localice y abra el archivo con el mensaje grabado. En nuestro ejemplo **Mensaje grabado.wav**.

2 Como en la **Figura 6**, haga clic en el menú **Edición / Mezclar con el archivo...** Localice el archivo que desea mezclar con el anterior y ábralo, en este ejemplo **Vivaldi.wav**.

3 Haga clic en **Reproducir**. Ambos archivos sonarán simultáneamente superpuestos.

Figura 6. De esta manera combinamos dos archivos para que suenen simultáneamente.

LA CALIDAD DE SONIDO

La calidad del sonido grabado puede establecerse entre (Sin título), Calidad de CD, de radio o de teléfono. Para hacerlo pulse en Archivo/Propiedades/ botón Convertir ahora... y en la lista desplegable Nombre: seleccione la opción que desea.

LA MÚSICA DE VIVALDI

El archivo del fragmento de música del ejemplo se encuentra en el sitio web **www.onweb.tectimes.com** con el nombre Vivaldi.wav.

Grabar un CD de datos

Los discos compactos y DVD han representado una gran solución para el almacenamiento de archivos de datos, audio y video, por la gran capacidad de información que pueden contener.

Grabar un CD de datos

Un CD grabable estándar (CD-R) puede guardar hasta 650/700 Mb de información, que equivalen a 74/80 minutos de música, y los DVD aceptan hasta 17 Gb, lo que permite grabar en ellos películas de largo metraje completas.

Asimismo, la disminución de los precios de las grabadoras de CD han colocado estos dispositivos al alcance de muchos usuarios. Esto ha provocado una verdadera explosión en el campo de la música grabada y en el aprovechamiento de la posibilidad de guardar en CD-R y transferir a otros equipos archivos de datos, realizar *backups*, almacenar imágenes, fotografías, videos y muchos otros usos más.

A diferencia de los discos CD-R, que sólo pueden ser grabados una vez, existen también CD regrabables (CD-RW), en los que se puede grabar, borrar y volver a grabar, un alto número de veces. Si los CD regrabables han sido grabados con música, esta no podrá ser escuchada en equipos reproductores hogareños comunes, sólo será posible hacerlo en una computadora. Son ideales para grabar datos y utilizarlos como *backup*. No obstante, es necesario tener en cuenta que cuando se trata de grabar música, videos o películas, estos tienen seguramente derechos de autor acreditados, que es preciso respetar, en defensa de la propiedad intelectual de quienes los han creado. Además, las leyes de muchos países establecen penas para quienes violen los derechos de autor de esas obras.

Obviamente, para crear un CD, ya sea de datos, de música o de video, debe tener instalada en su equipo una grabadora de CD y utilizar el software adecuado, que puede elegir entre los proporcionados por distintas empresas. A modo de información, ya existen DVDs grabables y regrabables (DVD-R y DVD-RW) con enormes capacidades, pero a pesar de venderse incluso para usuarios finales, el costo de las unidades grabadoras los colocan fuera del alcance del usuario hogareño o de la pequeña empresa.

Windows XP incorpora entre sus prestaciones la capacidad de copiar en CD archivos de datos guardados en el disco rígido de la PC y de crear CDs de música a partir de otros CDs o de pistas individuales seleccionadas de distintas fuentes.

Para comenzar veremos a continuación, paso a paso, como copiar archivos de datos existentes en el disco rígido de la PC, en un CD-R virgen o en un CD-RW con espacio suficiente.

EXPULSIÓN AUTOMÁTICA

Si desea evitar que al terminar la grabación el reproductor expulse el CD recién grabado, abra el cuadro Propiedades de la Unidad grabadora de CD y, en la ficha Grabación, destilde la casilla Expulsar automáticamente el CD después de la grabación.

Crear un CD de datos – Opción 1   PASO A PASO

1 Antes de comenzar verifique que se encuentre activa la opción que permite arrastrar archivos, en el Explorador de Windows, desde su ubicación actual hasta la unidad de grabación de CD. Para cerciorarse de ello abra **Mi PC** y haga clic derecho en el ícono de la **Unidad de CD**. En el menú contextual seleccione **Propiedades** y, en el cuadro que se presentará, elija la ficha **Grabación**. Después, verifique que la casilla de verificación **Habilitar grabación de CD en esta unidad de disco** se encuentre tildada **(Figura 1)**.

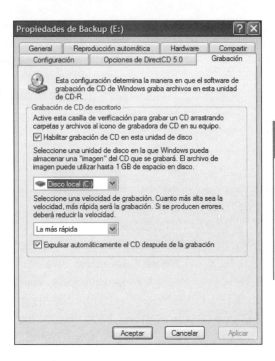

Figura 1. En este cuadro de diálogo se puede conocer los detalles de configuración de la grabadora de CD y modificar algunos de ellos.

2 Inserte un **CD-R** vacío o un **CD-RW** con espacio libre suficiente, en la grabadora de CD. Se presentará el cuadro que puede verse en la **Figura 2**. Acepte la opción **Abrir carpeta de escritura de CD usar Explorador de Windows**, que aparece predeterminada, pulsando en el botón **Aceptar**. Se presentará la ventana de la unidad de disco correspondiente a la grabadora de CD, mostrando su contenido. Si se trata de un **CD-R** la ventana estará, por ahora, vacía y si, en cambio, es un disco **CD-RW** contendrá los archivos ya grabados.

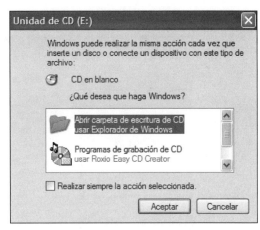

Figura 2. En este cuadro se muestran las acciones que son posible realizar con el CD insertado, teniendo en cuenta los softwares existentes en el equipo.

3 Abra el Explorador de Windows, seleccione los archivos que desea copiar en el CD, arrástrelos hasta el ícono de la grabadora de CD y suéltelos allí **(Figura 3)**.

Grabar un cd de datos   25

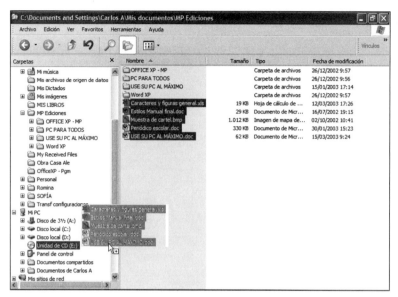

Figura 3. *El proceso para grabar los archivos en el CD es similar al de copiarlos en cualquier otra unidad de disco.*

4 Vuelva a la ventana de la grabadora de CD y compruebe que los archivos seleccionados aparecen ahora agregados a ella **(Figura 4)**. En el **Panel de tareas comunes** pulse sobre la opción **Grabar estos archivos en un CD**. Se presentará el **Asistente para grabación de CD**.

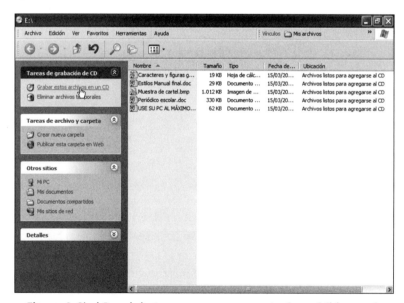

Figura 4. *Si el Panel de tareas comunes no estuviera visible puede abrir el menú Archivo y pulsar en Grabar estos archivos en un CD.*

5 En el primer cuadro del Asistente **(Figura 5)**, escriba un nombre descriptivo para el CD que va a grabar.

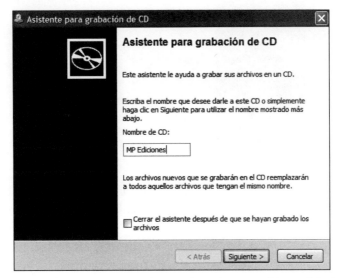

Figura 5. Si no desea crear otros CD con los mismos archivos, tilde la casilla de verificación **Cerrar el asistente después de que se hayan grabado los archivos**.

6 Cuando pulse en **Siguiente** comenzará la copia de los archivos al CD que puede visualizar en el cuadro de diálogo que se ve en la **Figura 6**.

Figura 6. Una barra de progreso le irá indicando el avance de la copia y más abajo el tiempo restante para completarla.

7 Al completarse la copia de los archivos haga clic en **Finalizar (Figura 7)**.

Figura 7. Si desea crear otro CD con los mismos archivos, active la casilla de verificación
correspondiente y el botón **Finalizar** se transformará en **Siguiente** para reiniciar el proceso.

8 De acuerdo con la configuración existente, probablemente el reproductor de CD
expulse el disco recién grabado. Si desea comprobar que la grabación se ha realizado correctamente, reinserte el CD, seleccione **Abrir carpeta para ver los archivos usar Explorador de Windows** y pulse en **Aceptar**.

9 En la ventana del reproductor de CD aparecerán los archivos recién grabados. Haga
doble clic sobre alguno de ellos para comprobar que todo funciona correctamente.

Existe otra forma de grabar un CD de datos, que también es sumamente práctica y es
la siguiente:

Crear un CD de datos – Opción 2	PASO A PASO

1 Inserte un **CD-R** vacío o un **CD-RW** con espacio libre suficiente en la grabadora de
CD mientras mantiene presionada la tecla **MAYÚS** para evitar la reproducción automática.

EL ESPACIO NECESARIO

Tenga en cuenta que Windows crea
una "imagen" del CD a grabar que puede llegar a ocupar 1 Gb en el disco rígido. Asegúrese, antes de empezar, de
que esté disponible el espacio suficiente para que pueda hacerlo, o trate de
liberarlo.

2 Abra **Mi PC** y las carpetas subsiguientes necesarias para poder seleccionar los archivos que desea grabar y selecciónelos.

3 En el **Panel de tareas comunes**, a la izquierda, pulse en la opción que corresponde para **Copiar...** los archivos, carpetas o elementos seleccionados.

4 En el cuadro **Copiar elementos (Figura 8)**, que se presentará, seleccione el ícono de la **Unidad grabadora de CD** y pulse en **Copiar**.

Figura 8. En este caso se ha insertado un CD-RW con archivos ya grabados al que se le había asignado el nombre MP Ediciones.

5 Aparecerá en la parte inferior de la pantalla un globo avisando que **Hay archivos pendientes para grabar en el CD (Figura 9)**. Haga clic en el globo para ver los archivos listos para grabar.

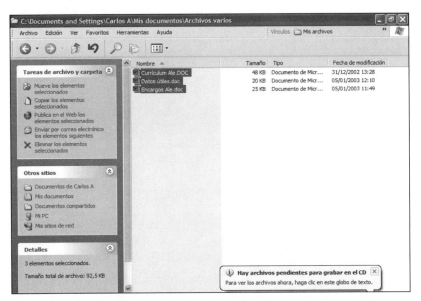

Figura 9. Si desiste de efectuar la grabación en este momento, pulse en el botón con la (x) y el globo se cerrará.

6 Se presentará la ventana de la unidad de grabación mostrando los archivos que ya se encontraban en el CD y los que están listos para ser agregados (el CD insertado en este ejemplo era regrabable y estaba grabado en parte).

7 En el **Panel de tareas comunes** pulse en **Grabar estos archivos en un CD**. Aparecerá el **Asistente para grabación de CD** y deberá repetir los mismos pasos que en el ejemplo anterior, a partir del punto **5**.

Si necesita personalizar más el grabado de CDs, lo recomendable es que utilice programas de terceros, como Nero Burning ROM o Easy CD Creator. Sin ser profesionales, son softwares que ofrecen muchas más opciones que el integrado con Windows XP, que está pensado principalmente para cosas simples y básicas.

DATOS ÚTILES

VELOCIDAD DE GRABACIÓN

Los softwares específicos permiten especificar a qué velocidad se grabará el CD, dependiendo de la capacidad de la grabadora. Cuanto más alta sea la velocidad, más posibilidades existen de que el proceso no sea exitoso. Trate de no excederse.

Grabar un CD de música

La capacidad de los discos duros actuales ha posibilitado que muchos usuarios guarden en su PC música grabada proveniente de distintos orígenes, tales como grabaciones personales, música bajada de Internet, copiada de radios y también de CD existentes.

Grabar un CD de música

Los archivos de música existentes en el disco rígido pueden ser administrados a través de la Biblioteca multimedia, una especie de gran índice, con capacidad para poner en marcha la ejecución de los archivos musicales, donde es posible clasificarlos por álbum, intérprete y género. También permite organizarlos en Listas de reproducción, en las cuales se pueden mezclar e incluir pistas desde distintos orígenes a gusto del usuario. En un gran porcentaje, los equipos de computación actuales traen incorporada la grabadora de CD, una tarjeta de sonido y altavoces o auriculares, que son los elementos necesarios para la grabación en CD de la música existente en la Biblioteca multimedia. Para copiar un CD de audio se debe proceder en dos etapas: primero copiar en la Biblioteca multimedia el CD que se desea grabar y luego copiarlo, de esta al CD virgen.

Copiar a la Biblioteca Multimedia un CD de música   PASO A PASO

1 Inserte el CD de música que desea copiar en la unidad de CD-ROM. Si no se ha modificado la configuración original, se presentará el cuadro que se ve en la **Figura 1**.

Figura 1. Tildando la casilla de verificación de este cuadro, cada vez que se inserte un CD de música se iniciará directamente el Reproductor de Windows Media.

FORMATO MP3

Para grabar música en formato MP3 debe adquirir alguno de los complementos que se ofrecen para esta función. Infórmese haciendo clic, en el Reproductor de Windows Media, en Herramientas/ Opciones.../ ficha Copiar música/ botón Información de MP3.

2 Seleccione **Reproducir CD de audio usar Reproductor de Windows Media** y haga clic en **Aceptar**. Aparecerá la ventana del **Reproductor de Windows Media** mostrando todas las pistas del CD **(Figura 2)**.

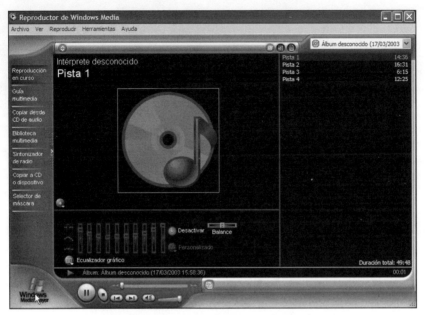

Figura 2. En este caso, tanto el intérprete como el nombre de las pistas no han sido identificados.

3 Haga clic, en el panel de la izquierda, en el botón **Copiar desde CD de audio**. La presentación del Reproductor de Windows Media cambiará, mostrando ahora todos los detalles de las pistas del CD.

4 De forma predeterminada aparecerán seleccionadas todas las pistas (con su casilla de verificación tildada). Si desea excluir alguna, haga clic en su casilla para eliminar la tilde.

5 Si los datos del CD no han sido identificados, puede escribir los nombres de las pistas, títulos, intérpretes y demás información de interés, antes de copiar el CD. Haga clic derecho en el dato que desea cambiar y, en el menú contextual, pulse en **Modificar**. Escriba la información y pulse en la tecla **TAB** para pasar al campo siguiente. Cuando haya completado todas las modificaciones haga clic, en la barra superior, en el botón **Copiar música (Figura 3)**. Si cuenta con una conexión a Internet, puede bajar esta información desde el mismo reproductor, obteniendo no sólo los nombres, sino los estilos de los temas, e información sobre el álbum y el autor del mismo.

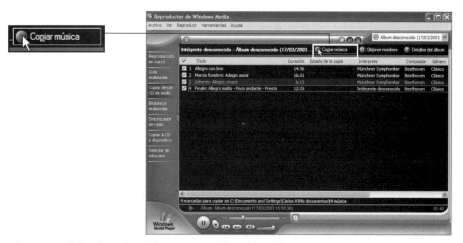

Figura 3. *Tildando o destildando la casilla de verificación que se encuentra al lado de Título, se activan o desactivan simultáneamente las casillas de todas las pistas.*

6 A partir de ese momento, comenzará la copia de las pistas seleccionadas **(Figura 4)**. En la columna **Estado de la copia** se puede ir siguiendo el progreso en la creación de los archivos. Cuando la copia finalice, retire el CD ya copiado y cierre el Reproductor de Windows Media. El nuevo álbum quedará incorporado a la **Biblioteca multimedia** con el nombre **Álbum desconocido** y la indicación de la fecha y la hora en que se realizó la copia.

Figura 4. *Mientras se realiza la copia de los archivos, puede escuchar el CD simultáneamente.*

Los archivos creados se guardarán, de forma predeterminada, en el formato comprimido **.wma** y en la carpeta **Mi música**, dentro de **Mis documentos**. Windows creará allí una nueva carpeta con el nombre **Intérprete desconocido** y los archivos se almacenarán en una subcarpeta que también tendrá el nombre **Álbum desconocido** y la indicación de la fecha y la hora en que se realizó la copia.

Para crear el CD de música será ahora necesario cumplir la segunda etapa del proceso. Veamos cómo hacerlo.

Crear un CD de música desde la Biblioteca   PASO A PASO

1 Haga clic en el botón **Inicio/ Todos los programas/ Reproductor de Windows Media**. Pulse, en el panel de la izquierda, en **Copiar a CD o dispositivo**.

2 Despliegue **Música para copiar** y seleccione el nombre del álbum que desea copiar **(Figura 5)**. En el panel inferior aparecerán todos los archivos del mismo con su casilla tildada. Si no entran en el CD, en **Estado** aparecerá **Demasiado grande**.

Figura 5. *En la parte inferior se puede ver el número de archivos seleccionados y la duración total de los mismos.*

3 Inserte un **CD-R** vacío o un **CD-RW** con espacio libre suficiente en la grabadora. Si el tamaño de los archivos a copiar no excede la capacidad del disco introducido, en la columna **Estado** la leyenda cambiará a **Preparado para copiar (Figura 6)**.

Grabar un CD de música   26

Figura 6. El botón **Copiar música** posibilitará poner
en marcha el proceso de creación del CD.

4 Si desea excluir del CD algunas de las pistas, desactive la casilla correspondiente.

5 Si tiene más de una unidad de CD haga clic, en el sector **Música en el dispositivo**, en el ícono de la grabadora que va a utilizar.

6 Haga clic en el botón **Copiar música**. Se iniciará el proceso de conversión de los archivos a un formato apto para ser grabados en el CD. Al terminar comenzará el proceso de copiado final **(Figura 7)**. Cuando haya sido copiada la última pista, todavía habrá una demora de unos minutos adicionales mientras se cierra el CD. La correcta realización de esta última parte es fundamental para poder escuchar el CD en un equipo de audio tradicional: si el cerrado del CD no es exitoso, la grabación entera habrá sido en vano. Si su PC no es muy potente, es recomendable que no la sobrecargue de tareas mientras dure el proceso de grabado del CD.

REPRODUCIR MP3

El Reproductor de Windows Media permite reproducir una gran cantidad de formatos de audio y video, entre ellos el popular MP3, que ha tenido gran difusión en los últimos tiempos por su gran calidad y el reducido espacio que ocupan sus archivos.

ELIMINE SALTOS Y CHASQUIDOS

Si hace clic en Herramientas/ Opciones.../ ficha Dispositivos/ botón Propiedades... se presentará un cuadro donde, en la ficha Audio, podrá aprovechar, si su equipo admite la reproducción y copia digitales, la función de corrección de errores.

Figura 7. El proceso de conversión y copiado de los archivos pueden demorar unos cuantos minutos.

7 Según la configuración existente, probablemente al finalizar la grabación, el CD sea expulsado. Vuelva a insertarlo y seleccione alguna pista para comprobar que la grabación se ha efectuado correctamente. Otra buena prueba que puede hacer es comprobar que todo funcione como corresponde si inserta el flamante CD en un equipo de audio común y corriente. Esta prueba es fundamental: algunos equipos, sobre todo de los más nuevos, no son capaces de reconocer CDs grabados de ciertas marcas, en los peores casos, de ninguna de ellas.

Si abre el Explorador de Windows podrá ver, en la carpeta **Mi música**, las carpetas **Intérprete desconocido** y **Álbum desconocido.** Es conveniente que les actualice el nombre, escribiendo los del álbum que corresponde, para poder identificarlas en el futuro (**Figura 8**). Si obtuvo los datos a través de Internet, utilizando la opción correspondiente del Reproductor, no será necesario actualizarlos: figurarán desde el primer momento con el nombre correcto.

UN CD PARA CADA COSA

No todas las marcas de CD-R o CD-RW están preparadas para cualquier grabación. Si lo que busca es calidad, será mejor optar por un CD-R especialmente diseñado para grabación de audio. El oído fino sabrá notar la diferencia entre uno y otro.

Grabar un CD de música

26

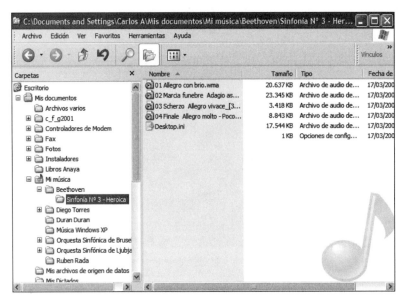

Figura 8. *Al cambiar el nombre de las carpetas es posible conocer el contenido de cada una de ellas sin tener en cuenta las fechas de grabación.*

EQUIPOS DE AUDIO

No todos los equipos son capaces de leer cualquier CD grabado. La recomendación "no oficial" es, si puede decidir a qué velocidad grabar, no superar las 4X. Si bien el proceso se extiende considerablemente, se asegura la reproducción en el 90% de los equipos.

MÚSICA ILEGAL

Copiar música protegida por derechos de autor sin previa autorización, sea por la razón que sea, está penado por la ley, por lo tanto intente manejarse con cuidado y preste especial atención al tipo de archivos que graba en sus CDs.

Grabar un CD desde un casete o LP

Con el Reproductor de Windows Media, disponiendo además de algún otro software especializado, es posible grabar música en CD, a partir de casetes de audio e incluso de los antiguos LP de vinilo.

Grabar un CD desde un casete o LP

Para realizar esta ansiada tarea es necesario disponer del reproductor de casetes, de la bandeja giradiscos y también de un amplificador para ajustar el nivel de la señal que llega a la PC. Obviamente, además, es necesario que ésta esté equipada con una tarjeta de sonido y altavoces o auriculares.

En cuanto a software, existen muchos y muy buenos programas para generar archivos de sonido en formato **.wav**, que admite su posterior grabación en CD de audio.

En este ejemplo utilizaremos el programa **LP Recorder**, producido por la empresa **CFB Software**, cuya versión demo puede ser bajada del sitio **www.cfbsoftware.com.au.**

Veamos a continuación, paso a paso, como grabar un CD de audio a partir de un casete.

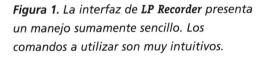

Grabar un CD de audio a partir de un casete   PASO A PASO

1 Conecte la salida de audio del amplificador estéreo a la **entrada de línea (Line-in)** de la tarjeta de sonido de la PC. Normalmente necesitará un cable con dos **fichas RCA** para el extremo que se conectará al amplificador y un **miniplug estéreo** para el extremo que se conectará a la entrada de línea de la computadora.

2 Coloque el casete a copiar en el reproductor de casetes.

3 Haga clic en el botón **Inicio/ Todos los programas/ LP Recorder**. Se presentará la ventana del programa **(Figura 1)**.

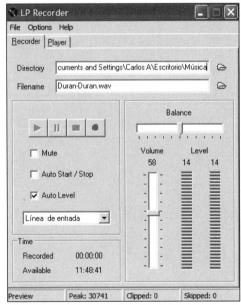

Figura 1. La interfaz de LP Recorder presenta un manejo sumamente sencillo. Los comandos a utilizar son muy intuitivos.

4 Despliegue la lista **Directory** y seleccione la carpeta donde desea guardar el archivo de sonido que va a crear. Usualmente se utiliza la carpeta **Mi música**, ubicada en **Mis documentos**, pero puede utilizar cualquier otra.

5 Escriba en la caja de texto **Filename** el nombre que dará al archivo. **LP Recorder** agregará automáticamente la extensión **.wav**.

6 Abra la lista desplegable de la parte inferior izquierda y seleccione la fuente de donde proviene la señal. Podría ser un micrófono, el reproductor de CD u otra. En este caso seleccione **Línea de entrada (Line-in)**.

7 Ajuste el control de nivel **Volume** cerca del máximo y reproduzca un pasaje suave del sonido a grabar. A medida que el volumen aumente, desplace hacia abajo el control tratando de mantener los picos de sonido en el sector amarillo, pero evitando que se produzcan extensos picos en la zona roja. Si lo prefiere tilde la casilla **Auto Level**, que regulará automáticamente el nivel de grabación **(Figura 2)**.

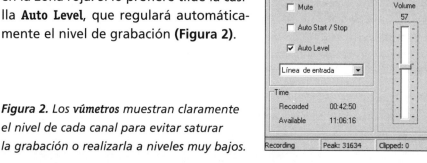

*Figura 2. Los **vúmetros** muestran claramente el nivel de cada canal para evitar saturar la grabación o realizarla a niveles muy bajos.*

8 Cuando haya regulado el nivel vuelva atrás el casete, pulse el botón **Reproducir** de la casetera y a continuación, cuando prevea que está por comenzar el sonido, presione también el botón **Grabar** (es el que muestra un círculo rojo) del **LP Recorder**. A partir de ese momento comenzará a generarse el archivo que luego se utilizará para crear el CD.

9 Cuando finalice la grabación haga clic en el botón **Detener** de **LP Recorder** (es el que muestra el rectángulo negro) y detenga también la casetera.

10 Inserte un **CD-R** vacío en la grabadora de CD, abra el Reproductor de Windows Media y pulse en **Archivo/ Abrir...** En el cuadro que se presentará localice el archivo recién creado y pulse en **Abrir**. Comenzará la reproducción del archivo **(Figura 3)**. En líneas generales, el proceso es similar a la copia de casete a casete: a causa de la cinta de los casetes, es necesario reproducir lo que se quiere capturar al mismo tiempo que se lo graba con otro dispositivo.

Grabar un CD desde un casete o LP 27

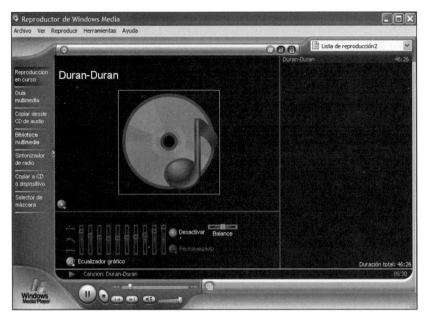

Figura 3. El casete ha sido grabado en una sola pista continua,
como puede verse en el Reproductor de Windows Media.

11 Haga clic, en el panel de la izquierda, en **Copiar a CD o dispositivo (Figura 4)**.

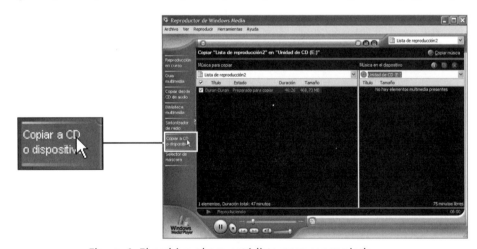

Figura 4. El archivo ahora está listo para ser copiado.

12 Haga clic en **Copiar música** para iniciar el proceso de grabación del CD que insumirá un tiempo bastante considerable. Al finalizar, el CD será expulsado indicando que la copia del archivo ha terminado y que el disco ahora está en condiciones de ser escuchado.

Casi todas las personas que pasan sus casetes a CD prefieren crear archivos separados para cada una de las pistas, con el objeto de poder elegir los temas que desean escuchar en cada oportunidad. En el ejemplo desarrollado hasta aquí se ha creado una sola pista para todo el contenido del casete, que es de 45 minutos.

Existen otros programas que permiten cortar esa única pista generando archivos separados para cada tema. Uno de ellos es el **LP Ripper** de la misma empresa **CFB Software** cuya forma de utilización veremos, aplicándola al ejemplo anterior.

Cortar un archivo de audio para separar las pistas   PASO A PASO

1 Observando la carpeta donde se ha guardado el archivo correspondiente al casete recién copiado, puede verse que existe otro archivo con el mismo nombre que el anterior y con la extensión **.trk (Figura 5)**.

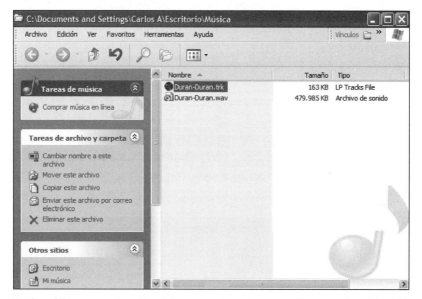

Figura 5. El archivo con extensión *.trk* es mucho más pequeño que el archivo de sonido.

NO FUNCIONARÁ

No conecte directamente la salida de la bandeja giradiscos a la entrada de la PC, ya que el voltaje de la señal que entrega este tipo de cápsulas es demasiado bajo y la grabación resultará distorsionada. Hágalo siempre por medio de un amplificador.

SI NO EXISTE OTRA FORMA

En muchos casos, si es necesario, se puede conectar directamente el reproductor de casetes a la PC, aprovechando la salida de auriculares y el control de volumen del mismo, pero no es lo más recomendable.

2 Teniendo instalado **LP Ripper** en la PC y haciendo doble clic sobre este archivo se presentará en pantalla la ventana del programa.

3 En el cuadro de diálogo introduzca el número de pistas que componen el casete grabado y pulse en el botón **Ok (Figura 6)**.

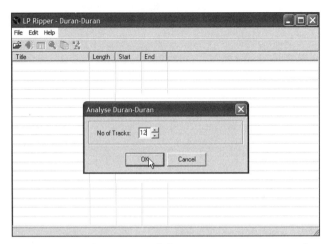

Figura 6. *Junto con la ventana del programa se presenta el cuadro para establecer la cantidad de pistas en que debe cortarse el archivo.*

4 **LP Ripper** analizará el archivo y separará las pistas tomando en cuenta los silencios entre cada uno de los temas. Al terminar mostrará los detalles de cada pista por separado **(Figura 7)**. No obstante será conveniente realizar un ajuste manual de los mismos para evitar errores y corregir imperfecciones.

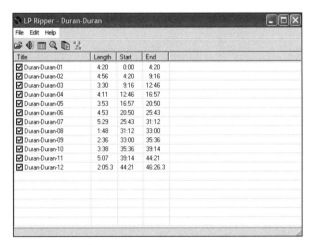

Figura 7. *En este cuadro puede verse el tiempo que ocupa cada pista y el momento de inicio y de terminación de las mismas.*

5 Pulsando en el botón **Trim** (es el que muestra el dibujo de una lupa) se puede acceder a una representación gráfica de las pistas **(Figura 8)**. En la parte superior se ven todas las pistas y en la inferior está ampliada la pista que se encuentra resaltada en la parte superior. Arrastrando las líneas de inicio y de terminación de cada pista pueden eliminarse los ruidos entre las mismas y otros defectos.

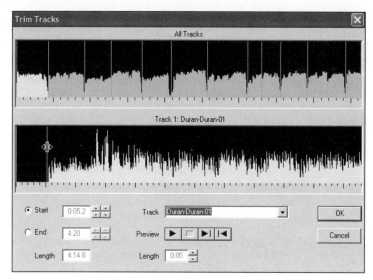

Figura 8. En la figura se está arrastrando, en el gráfico inferior, la línea de inicio de la primera pista para eliminar el espacio vacío al comienzo de la grabación.

6 Actuando sobre los botones del sector **Preview**, se pueden escuchar algunos segundos del comienzo y del final de cada pista. Arrastrando las líneas en el gráfico superior se pueden efectuar los ajustes gruesos y en el inferior los ajustes finos.

7 La casilla **Length** permite establecer la cantidad de segundos que se desean escuchar del inicio y final de cada pista. El botón con flecha hacia la derecha inicia la reproducción a partir de la línea de inicio, o antes de la línea de finalización de la pista. El botón con rectángulo rojo permite volver a repetir la reproducción y los otros dos llevan a la línea anterior, o a la siguiente, ya sean de inicio o de terminación del tema.

HÁGALO AUTOMÁTICAMENTE

Para que se genere automáticamente el archivo con extensión .trk haga clic, en la ventana de LP Recorder, en Options/ Preferences... Y en el cuadro que se presentará active la casilla de verificación Use Tracks File.

NO LO INCLUYA

Cuando seleccione los archivos individuales de las pistas, para crear el CD a partir del casete, tenga el cuidado de no seleccionar también el archivo .wav correspondiente a la grabación inicial en una pista única.

Grabar un CD desde un casete o LP

27

8 En el menú **Edit** existen comandos para distintas acciones. **Merge tracks** permite unir una pista con la siguiente cuando el programa las ha separado mal, y **Split tracks** dividir una pista en dos partes iguales cuando **LP Ripper** las ha considerado una sola.

9 Cuando haya terminado de ajustar todas las pistas pulse en el menú **File/ Save tracks...** para que **LP Ripper** guarde cada pista en un archivo individual.

10 Si abre la carpeta donde se encontraban los dos archivos originales observará que se han agregado ahora los correspondientes a cada una de las pistas. Seleccione solamente los archivos de las pistas individuales y haga clic con el botón derecho del mouse sobre ellos. En el menú contextual seleccione **Copiar en CD de audio (Figura 9)**.

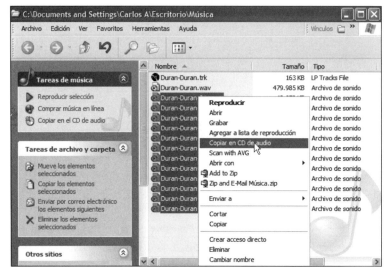

Figura 9. *El menú contextual ofrece una forma muy directa de crear un CD de audio.*

11 Se presentará el Reproductor de Windows Media con los archivos listos para grabar. Inserte un CD-R virgen en la grabadora y, cuando el Reproductor muestre la leyenda **Preparado para copiar**, haga clic en el botón **Copiar música**. Cuando el equipo expulse el CD, la grabación estará completada.

Procediendo de la misma forma que la descripta en este ejemplo también puede copiar en CD los antiguos discos LP de vinilo.

Comunicarse con Windows Messenger

Las posibilidades que abre Internet para el desarrollo y utilización de nuevas tecnologías en beneficio de la información y comunicación entre la gente de distintos lugares, países y continentes no tiene, por ahora, límites. Lo más avanzado es esta área son los sistemas de mensajería instantánea, que posibilitan mantener conversaciones escritas, habladas e incluso con video, en tiempo real, entre personas que se encuentran conectadas simultáneamente a Internet en distintos lugares del mundo.

SERVICIO DE ATENCIÓN AL LECTOR: lectores@tectimes.com

Comunicarse con Windows Messenger	270
Configurar la conexión	270
Crear la lista de contactos	273
Iniciar conversaciones	275
Conversaciones de voz	278
Realizar videoconferencias	279
Transferencia de archivos	280

Comunicarse con Windows Messenger

Todos conocemos lo que significó el advenimiento del correo electrónico, que simplificó y aceleró la comunicación escrita y el envío de documentación entre los habitantes de todo el planeta.

Y si bien el correo electrónico constituyó un gran salto en el avance de las formas de comunicarse entre las personas, han surgido y siguen apareciendo, nuevos sistemas de comunicación, cada vez más completos, más rápidos y con nuevas prestaciones, que superan todo lo que hasta hace poco parecía inmejorable.

Tal es el caso de los sistemas de mensajería instantánea, que posibilitan mantener conversaciones escritas o habladas y también con video, en tiempo real, entre personas que se encuentran conectadas simultáneamente a Internet en muy distintos lugares del mundo.

Además, en el caso de las comunicaciones escritas es posible la participación en ellas de varias personas conjuntamente y también el envío, por este medio, de archivos y fotografías, así como el uso compartido de aplicaciones, del escritorio y el desarrollo de juegos entre varios participantes.

Al ingresar a un programa de mensajería instantánea como, por ejemplo, Windows Messenger o MSN Messenger, es posible ver cuáles son las personas (contactos) que se encuentran conectadas en ese momento e iniciar conversaciones con ellas. A su vez, para todos los demás usuarios también es posible conocer cuándo cada contacto de su lista se conecta al Servicio, estableciendo la posibilidad de comunicarse con él.

Existen distintos programas de mensajería instantánea y todos funcionan de manera similar. Para conocer uno de ellos veamos a continuación como utilizar Windows Messenger (la versión de MSN Messenger exclusiva de Windows XP, que cuenta con casi todas las características del programa original).

Configurar la conexión

Para poder acceder a Windows Messenger será necesario, en principio, dar los pasos previos para poder conectarse e iniciar sesión. Comencemos por ver cómo configurar la conexión y ponerlo en marcha. Tenga en cuenta que necesitará una dirección de correo electrónico asociada a una cuenta .NET Passport. Si dispone de una cuenta de Hotmail, su problema ya está solucionado; caso contrario, deberá asociar la cuenta que desee utilizar mediante el asistente que comentaremos a continuación.

Configurar la conexión con Windows Messenger   PASO A PASO

1 Para poder comenzar debe conectarse a Internet. Los usuarios particulares, para comunicarse por medio de Windows Messenger, tienen que utilizar **.NET Messenger Service** o su versión anterior **MSN Messenger**, un Servicio de red que posibilita la comunicación a través de Internet.

2 Para iniciar el programa haga doble clic en el ícono de Windows Messenger, ubicado cerca del extremo derecho de la **Barra de tareas (Figura 1)**. Se presentará la ventana de Windows Messenger. Si no encuentra el ícono del programa en ese lugar, puede acceder a él a través del menú Inicio, dirigiéndose a **Inicio > Todos los programas > Windows Messenger**.

Figura 1. Este ícono es el que se utiliza para abrir y cerrar Windows Messenger.

3 Haga clic en el vínculo **Haga clic aquí para iniciar sesión** y se presentará el cuadro **.NET Messenger Service (Figura 2)**.

OTRAS OPCIONES

DATOS ÚTILES

Para enviar un mensaje instantáneo puede hacer clic derecho sobre el nombre del contacto y, en el menú contextual seleccionar Enviar mensaje instantáneo. Recuerde que los mensajes instantáneos tienen un máximo de 400 caracteres.

28

Comunicarse con Windows Messenger

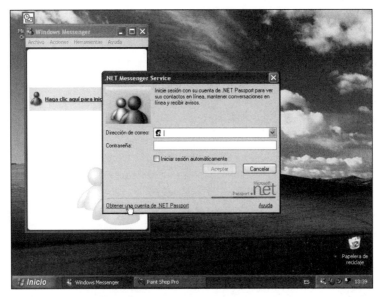

*Figura 2. Para conectarse automáticamente a Windows Messenger
en lo sucesivo, tilde la casilla de verificación.*

4 Si dispone de una cuenta **MSN, Hotmail** o **.Net Passport** escriba su nombre de usuario y su contraseña. En caso contrario pulse en el vínculo **Obtener una cuenta de .NET Passport**.

5 Se presentará el primer cuadro del **Asistente para .NET Passport (Figura 3)**. Pulse en **Siguiente** y continúe con las instrucciones de pantalla para obtener su cuenta.

*Figura 3. Obtener la cuenta .NET Passport es muy sencillo. Sólo debe
completar algunos datos y proponer un nombre y una contraseña.*

6 Una vez creada la cuenta, se presentará la ventana de Windows Messenger **(Figura 4)**, donde todavía no aparece ningún contacto en la lista.

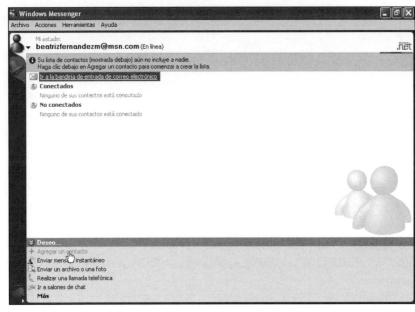

Figura 4. En la parte inferior se encuentra el enlace para agregar contactos a la lista.

Crear la lista de contactos

Cualquier programa de mensajería instantánea necesita crear una lista de contactos para poder detectar cuándo se conectan y cuándo no. Este proceso es imprescindible, ya que para poder comunicarse con los contactos se requiere, obviamente, que éstos se encuentren conectados al mismo tiempo que nosotros. Algunos programas permiten enviar mensajes aún si el usuario está desconectado, para que los reciba apenas abra el programa: no es el caso de Windows Messenger, que pone como condición principal para establecer una comunicación que ambos usuarios se conecten al mismo tiempo.

Crear una lista de contactos	PASO A PASO

1 En la ventana de Windows Messenger, en el sector **Deseo**, haga clic en **Agregar un contacto**. Se presentará un asistente para ingresar los datos del contacto **(Figura 5)** o para buscarlo en el directorio de miembros de Hotmail.

28

Comunicarse con Windows Messenger

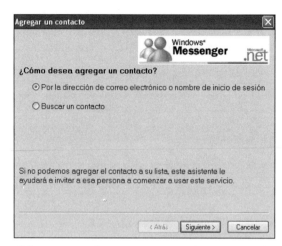

Figura 5. *Si no se ha podido agregar el contacto, este Asistente permite enviarle una invitación para indicarle cómo obtener una cuenta .NET Passport e instalar Windows Messenger.*

2 Ejecute todos los pasos del Asistente completando los datos que se le solicitarán. Al pulsar en **Finalizar** el contacto aparecerá en la lista de la ventana de Windows Messenger.

3 Repita la operación para agregar todos los contactos que desee. También puede agregar contactos más adelante, en cualquier momento, pulsando en el mismo enlace. Al terminar, la ventana del programa se verá como en la **Figura 6**.

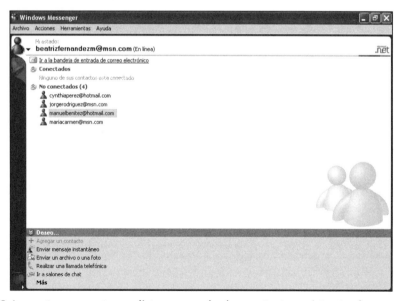

Figura 6. *La ventana muestra en listas separadas los contactos existentes (no conectados) y los que se encuentran conectados actualmente (en este momento no hay ninguno).*

Iniciar conversaciones

Cuando acceda a Windows Messenger y observe que se encuentran conectados algunos de sus contactos, podrá iniciar una conversación de inmediato con cualquiera de ellos enviándole un **mensaje instantáneo**.

Enviar mensajes instantáneos   PASO A PASO

1 Conéctese a Internet y haga doble clic en el ícono de Windows Messenger, en la **Barra de tareas**. Se presentará la ventana de inicio de sesión del programa.

2 Haga clic en el enlace para iniciar sesión **(Figura 7)**. Se presentará la ventana mostrando los contactos que se encuentran conectados y los no conectados.

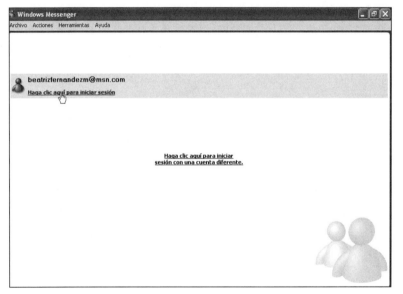

Figura 7. Para conectarse ya no es necesario ingresar
nuevamente el nombre de usuario y la contraseña.

28

Comunicarse con Windows Messenger

CAMBIAR DE PÁRRAFO

En Windows Messenger para iniciar un nuevo párrafo no presione la tecla **ENTER** ya que de esa forma despachará lo que ha escrito hasta ese momento. Debe pulsar la tecla **MAYÚS** simultáneamente con **ENTER**.

3 Haga doble clic en el nombre del contacto con el que desea conectarse **(Figura 8)**. Se abrirá la **Ventana de conversación**.

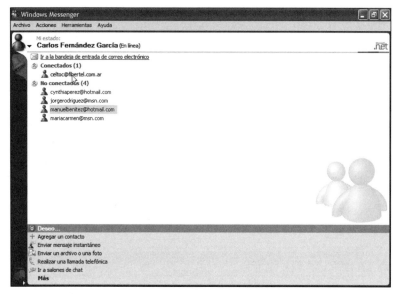

*Figura 8. Sólo es posible enviar mensajes instantáneos
a los contactos que se encuentran conectados en ese momento.*

4 En el cuadro de la parte inferior de la ventana escriba el mensaje que desea enviar y haga clic en **Enviar** o pulse la tecla **ENTER (Figura 9)**.

*Figura 9. Al enviar el mensaje pasará a la parte superior de la ventana,
donde también aparecerán los que le envíen a usted.*

5 Cuando su contacto le escriba el mensaje de contestación, este aparecerá en su propia **Ventana de conversación (Figura 10)**. Intercambiando mensajes de esta forma puede continuar la conversación todo el tiempo que desee.

Figura 10. En la Barra de estado de su Ventana de conversación aparecerán la fecha y la hora del último mensaje recibido o un aviso, cuando su contacto lo esté escribiendo a usted.

6 Si desea utilizar íconos para representar sus emociones o estados de ánimo, puede incorporarlos a sus mensajes, sin necesidad de escribirlos, pulsando en el botón **Íconos gestuales** y seleccionando el que mejor exprese lo que desea mostrar **(Figura 11)**.

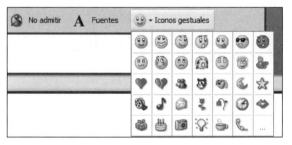

Figura 11. En este panel dispone de gran cantidad de simpáticos íconos gestuales.

CERRAR WINDOWS MESSENGER

Para salir de Windows Messenger debe pulsar en el ícono ubicado en la **Barra de tareas** y seleccionar la opción **Cerrar**. Si cierra solamente la ventana del mismo, éste continuará ejecutándose en segundo plano sin cerrarse.

Comunicarse con Windows Messenger   28

7 Mientras se encuentra en una conversación ya iniciada, puede invitar a participar de la misma a otras personas que también se encuentren conectadas, hasta un máximo de cinco contándolo a usted, haciendo clic en **Invitar a alguien a esta conversación.**

8 Cuando desee terminar la conversación haga clic en el botón **Cerrar.**

Conversaciones de voz

Con Windows Messenger puede mantener conversaciones de voz, en tiempo real, con sus contactos ubicados en cualquier lugar del mundo, como si lo hiciera por teléfono en una llamada local. Obviamente, tanto su contacto como usted deberán disponer de un micrófono y altavoces o auriculares, tener una tarjeta de sonido instalada en el equipo y utilizar Windows XP.
Veamos a continuación, paso a paso, cómo hacerlo.

Realizar comunicaciones de voz	PASO A PASO

1 Estando en comunicación con un contacto, haga clic, en la **Ventana de conversación**, en **Comenzar a hablar (Figura 12)**.

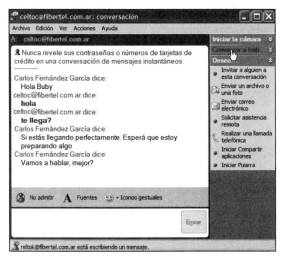

Figura 12. *Al pulsar este botón, estará enviando a su contacto una solicitud que, si es aceptada, le permitirá charlar verbalmente con él.*

2 Si el contacto acepta la invitación ya puede comenzar a hablar y su contacto a contestarle. **(Figura 13)**.

Figura 13. Mientras conversa puede ajustar los niveles de audio de entrada y salida.

3 Cuando desee terminar la conversación, haga clic en el botón **Dejar de hablar**.

Realizar videoconferencias

Agregar a una conversación de voz las imágenes de las personas que están hablando y poder ver sus gestos y el ambiente que las rodea, es una experiencia realmente fascinante. Poder ver a los amigos, familiares y otros seres queridos a través de la pantalla de la PC no requiere un gran equipamiento y permite disfrutar muy gratos momentos. Básicamente los requerimientos son los mismos que para una conversación de voz, a la que debe adicionarse una cámara de video Web (Webcam) y, de ser posible, disponer de una conexión a Internet de banda ancha para obtener los mejores resultados.

Realizar una videoconferencia	PASO A PASO

1 Estando en comunicación con un contacto, haga clic, en la **Ventana de conversación**, en **Iniciar la cámara**. Su contacto recibirá un mensaje donde se le indica que usted desea tener una comunicación de voz y video con él.

28

Comunicarse con Windows Messenger

2 Si su contacto acepta y tiene una cámara de video conectada, la imagen del mismo aparecerá en su **Ventana de conversación (Figura 14)**.

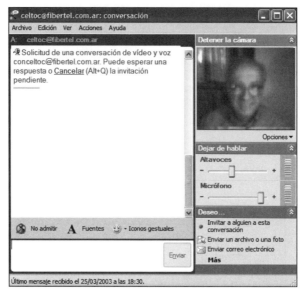

*Figura 14. Si usted también dispone de una Webcam su propia imagen aparecerá en la **Ventana de conversación** del contacto.*

3 Si desea ver su imagen incrustada dentro de la del contacto con quien mantiene la videoconferencia haga clic, debajo del cuadro de video, en el menú **Opciones/Mostrar mi video como Imágenes incrustadas.**

4 Cuando desee terminar la conversación, haga clic en el botón **Dejar de hablar** o en **Detener la cámara.**

Transferencia de archivos

Otra de las prestaciones de Windows Messenger consiste en la posibilidad de enviar archivos y fotografías a otros contactos. Para hacerlo debe ejecutar los siguientes pasos.

Transferencia de archivos con Windows Messenger   PASO A PASO

1 Inicie sesión en Windows Messenger y, si el contacto a quien quiere enviarle el archivo se encuentra conectado, haga doble clic en su nombre.

2 En la **Ventana de conversación** haga clic en **Enviar un archivo o una foto**.

3 En el cuadro que se presentará seleccione el archivo que desea enviar y pulse en **Abrir**.

4 Windows Messenger le avisará cuando el destinatario acepte la transferencia y, en ese momento, se iniciará la transmisión del mismo **(Figura 15)**.

Figura 15. El aviso que recibirá su contacto especificará quiénes la persona que desea enviarle el archivo, el tamaño del mismo y el tiempo que demorará la transferencia.

5 Cuando esta haya finalizado otro mensaje confirmará que el archivo ha sido recibido con éxito.

NO ESTÁN LOS CONTROLES

Si al iniciar una charla los controles de micrófono y altavoces no estuvieran visibles, haga clic en el menú Ver/ Mostrar barra lateral.

Comunicarse con Windows Messenger

28

Sea especialmente cuidadoso con los archivos. No acepte envíos de cualquier contacto y nunca los abra sin analizarlos con un antivirus, especialmente si se trata de programas o documentos de Office, que podrían contener algún tipo de virus o código malicioso que dañe su computadora. Incluso analice los archivos que le envíen sus amigos, familiares o compañeros de trabajo, siempre existe la posibilidad de que exista algo que no hayan detectado.

Es posible que la sola idea de tener que someter cada envío a un examen del antivirus le resulte un poco tediosa, sobre todo al principio, pero luego de un tiempo se convierte en una sana costumbre y nos ayuda, junto con el sentido común, a mantener nuestra PC en un óptimo estado.

Por último, actualice su versión de Windows Messenger cada vez que el programa se lo sugiera. Recuerde que todo software tiene fallas, y si no las corregimos, pueden ser aprovechadas por programas o incluso usuarios "non-sanctos".

¿QUIÉN VE A QUIÉN?

DATOS ÚTILES

Si usted tiene cámara Web y su contacto no, él podrá verle a usted pero usted no podrá verle a él y, a la inversa, si quién tiene cámara es solamente él, usted podrá verlo pero él a usted no.

SEPA CÓMO USAR SU PC AL MÁXIMO

Servicios al lector

Ahora que sabe cómo sacarle el jugo
a su PC, optimice su trabajo utilizando
atajos de teclado, que minimizarán
su tiempo frente a la pantalla trayéndole
las opciones que desea con sólo presionar
la combinación de teclas correspondiente.
Le ofrecemos los más comunes
de Microsoft Windows, de Word y de Excel.

Atajos de teclado	284
Windows XP	284
Generales	284
En cajas de diálogo	284
Para Escritorio, Mi PC y el Explorador	285
Sólo para Mi PC y el Explorador	285
Sólo para el Explorador	285
Con la tecla Windows	286
Word XP	286
Trabajo con documentos	286
Inserciones	287
Aplicar estilos y formatos	287
Formas de ver el documento	287
Inclasificables y muy utilizados	287
Excel XP	287
Navegar por la planilla	289
Formatos	289
Copiar, modificar e insertar datos	289
Seleccionar rangos	290
Opciones de archivo	290
Especiales	290
Índice temático	291

SERVICIO DE ATENCIÓN AL LECTOR: lectores@tectimes.com

Atajos de teclado

WINDOWS XP
Generales

Acción	Teclas/Combinación
Activar la **Barra de menús** en los programas	F10 o Alt
Ejecutar el comando correspondiente de un menú	Alt + más la letra subrayada en el menú
Cerrar la ventana actual en programas con capacidad de abrir varios archivos	Ctrl + F4
Cerrar la ventana actual o salir de un programa	Ctrl + C
Cortar el elemento seleccionado	Ctrl + X
Pegar el elemento seleccionado	Ctrl + V
Eliminar el elemento seleccionado	Supr

Acción	Teclas/Combinación
Eliminar un elemento seleccionado sin que pase por la Papelera de reciclaje	⇧ + Supr
Mostrar **Ayuda** acerca del elemento del cuadro de diálogo seleccionado	F1
Mostrar el menú de sistema de la ventana actual	Alt +
Mostrar el menú contextual del elemento seleccionado	⇧ + F10
Mostrar el menú **Inicio**	Ctrl + Esc
Mostrar el menú del icono de control	Alt + —

En cajas de diálogo

Acción	Teclas/Combinación
Cancelar la tarea actual	Esc
Hacer clic en un botón si el control actual es un botón, o bien marcar o desmarcar un casillero de verificación	
Ejecutar el comando correspondiente	Alt + la letra subrayada
Hacer clic en el botón seleccionado	Enter ←

Acción	Teclas/Combinación
Retroceder a través de las opciones	⇧ + X
Retroceder a través de las fichas	Ctrl + ⇧ + ↦
Avanzar a través de las opciones	↦
Avanzar a través de las fichas	Ctrl + ↦

Para Escritorio, Mi PC y el Explorador

Acción	Teclas/Combinación
Omitir la reproducción automática al insertar un CD	⇧ al insertar el CD
Copiar un archivo	Ctrl mientras arrastra el archivo
Crear un acceso directo	Ctrl + ⇧
Eliminar un elemento seleccionado sin llevarlo a la Papelera de reciclaje	⇧ + Supr
Mostrar **Buscar archivos y carpetas**	F3

Acción	Teclas/Combinación
Mostrar el menú contextual de un elemento seleccionado	⇧ + F10
Actualizar el contenido de la ventana activa	F5
Cambiar el nombre del elemento seleccionado	F2
Seleccionar todos los elementos	Ctrl + E
Ver las propiedades de un elemento seleccionado	Alt + Enter

Sólo para Mi PC y el Explorador

Acción	Teclas/Combinación
Cerrar la carpeta seleccionada y todas las carpetas en las que se encuentra	⇧ mientras hace clic en el botón **Cerrar** en **Mi PC**
Retroceder a una vista anterior	Alt + ←

Acción	Teclas/Combinación
Avanzar a una vista posterior	Alt + →
Ver la carpeta de un nivel superior	←

Sólo para el Explorador

Acción	Teclas/Combinación
Contraer la selección actual si está expandida o bien seleccionar la carpeta de un nivel superior	←
Contraer la carpeta seleccionada	− del teclado numérico
Expandir la selección actual si está contraída o bien seleccionar la primera subcarpeta	→

Acción	Teclas/Combinación
Expandir todas las carpetas bajo la selección actual	* del teclado numérico
Expandir la carpeta seleccionada	+ del teclado numérico
Cambiar entre los paneles izquierdo y derecho	F6

Servicios al lector

Con la tecla Windows

Acción	Teclas/Combinación
Recorrer cíclicamente los botones de la **Barra de tareas**	⊞ + ⇆
Mostrar **Buscar archivos y carpetas**	⊞ + F
Mostrar **Buscar equipos**	⊞ + ⊞ + F1
Mostrar **Ayuda y soporte técnico**	⊞ + F1
Mostrar la caja de diálogo **Ejecutar**	⊞ + R

Acción	Teclas/Combinación
Mostrar el menú **Inicio**	⊞
Mostrar la caja de diálogo **Propiedades del sistema**	⊞ + Pausa
Abrir **Mi PC**	⊞ + E
Minimizar o restaurar todas las ventanas	⊞ + D
Deshacer minimizar todas las ventanas	⇧ + ⊞ + M

WORD XP
Trabajo con documentos

Acción	Teclas/Combinación
Abrir un documento	Ctrl + A
Cerrar un documento	Ctrl + R
Guardar un documento	Ctrl + G
Salir de Word	Alt + F4
Imprimir un documento	Ctrl + P
Pasar al siguiente documento abierto de Word	Ctrl + F6
Maximizar la ventana del documento	Ctrl + F10
Cortar	Ctrl + X
Copiar texto o gráficos	Ctrl + C

Acción	Teclas/Combinación
Pegar el contenido del Portapapeles	Ctrl + V
Ir al final de una línea	Fin
Ir al principio de una línea	Inicio
Ir al principio de la página activa	Ctrl + Alt + Re Pág
Ir al final de la página activa	Ctrl + Alt + Av Pág
Ir al principio de la página anterior	Ctrl + Re Pág
Ir al principio de la página siguiente	Ctrl + Av Pág
Ir al final de un documento	Ctrl + Fin
Ir al principio de un documento	Ctrl + Inicio

Inserciones

Acción	Teclas/Combinación
Insertar salto de línea	⇧ + Enter ←
Insertar salto de página	Ctrl + Enter ←
Insertar un campo **FECHA**	Alt + ⇧ + F

Acción	Teclas/Combinación
Insertar un campo **PÁGINA**	Alt + ⇧ + P
Insertar un campo vacío	Ctrl + F9

Aplicar estilos y formatos

Acción	Teclas/Combinación
Aplicar un estilo	Ctrl + ⇧ + E
Aplicar el estilo Normal	Ctrl + ⇧ + A
Aplicar el estilo Título 1	Ctrl + ⇧ + 1 !
Aplicar el estilo Título 2	Ctrl + ⇧ + 2 @
Aplicar el estilo Título 3	Ctrl + ⇧ + 3 #
Interlineado Simple	Ctrl + 1 !
Interlineado 1,5	Ctrl + 5 %
Interlineado Doble	Ctrl + 2 @
Centrar el texto	Ctrl + T
Justificar a ambos lados	Ctrl + J
Justificar a la izquierda	Ctrl + Q
Justificar a la derecha	Ctrl + D

Acción	Teclas/Combinación
Aplicar sangría a la izquierda	Ctrl + H
Aplicar sangría francesa	Ctrl + F
Mostrar el cuadro de diálogo **Formato fuente**	Ctrl + M
Cambiar entre mayúsculas, minúsculas y estilo Título	Ctrl + F3
Negrita	Ctrl + N
Subrayado	Ctrl + S
Cursiva	Ctrl + K
Doble subrayado	Ctrl + ⇧ + D
Subrayar sólo palabras	Ctrl + ⇧ + P
Eliminar cualquier formato de caracteres aplicado	Ctrl +

Formas de ver el documento

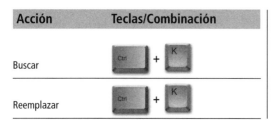

Acción	Teclas/Combinación
Pasar a la vista **Diseño de página**	Alt + Ctrl + D
Pasar a la vista **Esquema**	Alt + Ctrl + E

Acción	Teclas/Combinación
Pasar a **Vista preliminar**	Alt + Ctrl + I

Inclasificables y muy utilizados

Acción	Teclas/Combinación
Buscar	Ctrl + K
Reemplazar	Ctrl + K

Acción	Teclas/Combinación
Deshacer una acción	Ctrl + K
Rehacer o repetir una acción	Ctrl + K

EXCEL XP
Navegar por la planilla

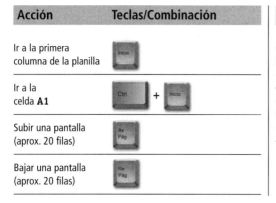

Acción	Teclas/Combinación
Ir a la primera columna de la planilla	Inicio
Ir a la celda **A1**	Ctrl + Inicio
Subir una pantalla (aprox. 20 filas)	Av Pág
Bajar una pantalla (aprox. 20 filas)	Re Pág

Acción	Teclas/Combinación
Correr una pantalla hacia la derecha (aprox. 8 columnas)	Alt + Av Pág
Correr una pantalla hacia la izquierda (aprox. 8 columnas)	Alt + Re Pág

Formatos

Acción	Teclas/Combinación	Acción	Teclas/Combinación
Llamar al menú **Formato/Celdas**	Ctrl + ! 1	Aplicar formato monetario	Ctrl + $ 4
Aplicar formato de negrita	Ctrl + N	Aplicar formato de fecha	Ctrl + . 3 #
Aplicar formato de cursiva	Ctrl + K	Aplicar formato de tachado	Ctrl + % 5
Aplicar formato de subrayado	Ctrl + S	Dibujar un borde alrededor del rango seleccionado	Ctrl + & 6
Aplicar formato de porcentaje	Ctrl + % 5	Eliminar bordes del rango seleccionado	Ctrl + -

Copiar, modificar e insertar datos

Acción	Teclas/Combinación	Acción	Teclas/Combinación
Copiar el dato de arriba	Ctrl + <	Repetir última operación	Ctrl + Y
Copiar el dato de la izquierda	Ctrl + >	Insertar hora	Ctrl + :
Copiar	Ctrl + C	Insertar fecha	Ctrl + ;
Cortar	Ctrl + X	Autosuma	Ctrl + =
Pegar	Ctrl + V	Llamar al Asistente de funciones	F3
Rellenar hacia abajo	Ctrl + J	Ingresar en el modo de edición	F5
Rellenar hacia la derecha	Ctrl + D	Convertir una referencia en absoluta	F4
Deshacer última operación	Ctrl + Z		

Seleccionar rangos

Acción	Teclas/Combinación
Seleccionar la columna actual	Ctrl +
Seleccionar la fila actual	⇧ +
Seleccionar la hoja	⇧ + Ctrl +
Ocultar la fila seleccionada	Ctrl +) 9

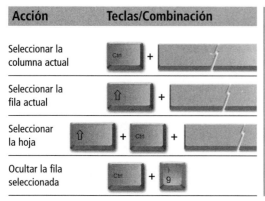

Acción	Teclas/Combinación
Ocultar la columna seleccionada	Ctrl + = 0
Mostrar filas seleccionadas	Ctrl + (8
Mostrar columnas seleccionadas	Ctrl +) 9

Opciones de archivo

Acción	Teclas/Combinación
Abrir archivo	Ctrl + A
Grabar archivo	Ctrl + G
Guardar como	Ctrl + F12
Llamar al menú de impresión	Ctrl + P

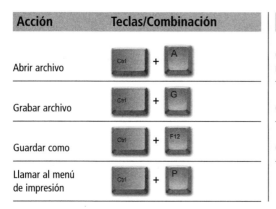

Acción	Teclas/Combinación
Crear una nueva planilla	Ctrl + U
Cerrar archivo	Ctrl + F4
Cerrar programa	Alt + F4

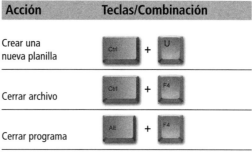

Especiales

Acción	Teclas/Combinación
Revisar ortografía	F7
Llamar al menú **Macros**	Alt + F8

Acción	Teclas/Combinación
Llamar al Editor de Visual Basic	Alt + F11

Índice temático

A

Acceso telefónico
   configurar 184
Adaptar
   portada 18
Administrar
   agenda de citas 172
Agregar
   imagen 20
Animar
   presentación 166
Archivos
   transferencia 280
Asistente
   crear currículo 32

B

Base de datos
   combinar carta 73

C

Carta
   combinar con base de datos 73
   personalizar 70
Cartel
   crear 64
   publicitario, crear 218
Casete
   grabar CD desde 262
CD
   de datos, grabar 246
   de música, grabar 252
   grabar desde casete 262
   grabar desde LP 262
Citas
   administrar agenda 172
   crear 177

Combinación
   preparar 70
Combinar
   carta con base de datos 73
   correo electrónico 81
Comercial
   crear factura 140
Completar
   informe 22
Componente Servicios de fax
   instalar 40
Comunicarse con Windows Messenger 270
Conexión
   configurar 270
Configurar
   acceso telefónico 184
   conexión 270
   cuenta de correo 185
Servicios de fax 41
Contactos,
   crear lista 193, 273
   gestionar 192
Conversación
   de voz 278
   iniciar 275
Correo electrónico
   combinar 81
   configurar cuenta 185
Crear
   cartel 64
   cartel publicitario 218
   citas 177
   currículo personalizado 28
   currículo usando Asistente 32
   diagrama 52
   eventos 177
   factura comercial 140

Servicios al lector

folleto	86
informe	16
lista de contactos	193, 273
lista de precios	128
mensaje	186
organigrama	52
página web personal	104
planilla	132
plantilla personalizada	148
presentación	160
sobres	77
tabla	22, 117
tabla de gastos mensuales	116
Cuenta de correo	
configurar	185
Currículo	
personalizado, crear	28
usando Asistente, crear	32
escribir	28

D

Dar formato	
a planilla	152
a tabla	121
al organigrama	60
Datos	
grabar CD	246
Diagrama	
crear	52
Diagramar	
periódico escolar	94
Digitalizar	
imagen	226
texto	232
Diseño del organigrama	56

E

Elegir	
plantilla	16
Eliminar	

mensaje	190
Enviar	
fax	40, 43
informe por correo electrónico	25
mensaje	189
Escribir	
currículo	28
notas	203
Eventos	
crear	177

F

Factura	
comercial, crear	140
personalizar plantilla	140
Fax	
enviar	40, 43
recibir	40, 50
Folleto	
crear	86
Formas de ver notas	206
Formas	
seleccionar	58
Formato	
dar a planilla	152
dar a tabla	121
dar al organigrama	60
Fotografía	
retocar	210
Funcionamiento	
tabla	123

G

Gastos	
mensuales, crear tabla	116
informe	148
Gestionar	
contactos	192
Grabar	
CD de datos	246

CD de música   252

CD desde casete   262

CD desde LP   262

   mensaje   240

   sonido   240

Gráfico

   representar tabla   22

I

Imagen

   agregar   20

   digitalizar   226

   reemplazar   20

Informe

   de gastos   148

   completar   22

   crear   16

   enviar por correo electrónico 25

Iniciar

   conversación   275

Insertar

   tabla   22

Instalar

   componente Servicios de fax   40

L

Líneas de conexión

   seleccionar   58

Liquidación de sueldos   132

Lista de contactos

   crear   193, 273

Lista de precios

   crear   128

LP

   grabar CD desde   262

M

Mensaje

   crear   186

   eliminar   190

   enviar   189

   grabar   240

   recibir   189

   reenviar   190

   responder   190

Messenger

   comunicarse con   270

Modificar

   tabla   22

Música

   grabar CD   252

N

Notas   202

   escribir   203

   formas de ver   206

Organigrama

   crear   52

   dar formato   60

   diseño del   56

P

Página web personal

   crear   104

Periódico escolar

   diagramar   94

Personalizar

   plantilla Factura   140

Planilla

   crear   132

   dar formato   152

   utilizar   138

Plantilla

Factura, personalizar   140

   personalizada, crear   148

   personalizada, utilizar   145

   elegir   16

Portada

   adaptar   18

Servicios al lector

Precios
    crear lista   128

Preparar
    combinación   70

Presentación
    animar   166
    crear   160

Publicidad
    crear cartel   218

R

Realizar
    videoconferencia   279

Recibir
    fax   40, 50
    mensaje   189

Reemplazar
    imagen   20
    texto   19

Reenviar
    mensaje   190

Representar
    tabla en gráfico   22

Responder
    mensaje   190

Retocar
    fotografía   210

S

Seleccionar
    formas   58
    líneas de conexión   58

Servicios de fax
    configurar   41
    instalar componente   40

Sobres
    crear   77

Sonido
    grabar   240

Sueldos
    liquidación   132

T

Tabla
    de gastos mensuales, crear   116
    crear   22, 117
    dar formato   121
    funcionamiento   123
    graficar   22
    insertar   22
    modificar   22
    representar en gráfico   22

Texto
    digitalizar   232
    reemplazar   19

Transferencia
    archivos   280

U

Utilizar
    planilla   138
    plantilla personalizada   145

V

Ver notas
    formas   206

Videoconferencia
    realizar   279

Voz
    conversación   278

W

Web
    crear página personal   104

Windows Messenger
    comunicarse   270

internet
windows
excel vir
multime

onweb.tectimes.com

Visite nuestro sitio web

Utilice nuestro sitio **onweb.tectimes.com**:

- Vea información más detallada sobre cada libro de este catálogo.
- Obtenga un capítulo gratuito para evaluar la posible compra de un ejemplar.
- Conozca qué opinaron otros lectores.
- Compre los libros sin moverse de su casa y con importantes descuentos.
- Publique su comentario sobre el libro que leyó.
- Manténgase informado acerca de las últimas novedades y los próximos lanzamientos.

También puede conseguir nuestros libros en kioscos o puestos de periódicos, librerías, cadenas comerciales, supermercados y casas de computación de todo el país.

MP

La Biblia de Linux
Este libro trata los más diversos temas, de forma tal que quien no conozca Linux pueda dar sus primeros pasos, y los usuarios que ya tengan experiencia encuentren conceptos útiles que les permitan mejorar su productividad.

COLECCIÓN: MANUALES USERS

Computación desde cero
En sólo 10 lecciones prácticas aprenda a utilizar a fondo su PC. Este libro le permitirá conocer todos los componentes de su computadora, dominar Windows XP y aprender a trabajar con los principales programas: Word XP, Excel XP, Internet Explorer y Outlook Express.

COLECCIÓN: MANUALES USERS

Proyectos con macros en Excel
Automatice y potencie sus planillas de cálculo. Aprenda a construir macros de manera sencilla, con ejemplos útiles para que logre dominar el programa. Junto a los casos prácticos se incorporan temas teóricos para una mejor comprensión.

COLECCIÓN: USERS EXPRESS

Soluciones a problemas de Hardware
El usuario que posee conocimimentos de software, pero que aún no ha incursionado en el tema del hardware, encontrará aquí los fundamentos necesarios para diagnosticar problemas y encontrar las soluciones.

COLECCIÓN: MANUALES USERS

Visual Basic .net
La guía imprescindible para el programador. Este libro enseña al lector el desarrollo de aplicaciones para Windows utilizando Visual Basic .NET. Dirigido tanto a quien aún no sabe programar, como a quienes ya tienen experiencia en el tema.

COLECCIÓN: MANUALES USERS

Programación web avanzada
Enfocado al conocimiento de las tecnologías más populares utilizadas en Internet, como CSS, PHP, ASP y JavaScript. Incluye además la configuración y puesta en marcha de servidores IIS y Apache, y de bases de datos.

COLECCIÓN: MANUALES USERS

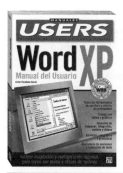

Word XP
Mucho más que en procesamiento de texto, la nueva versión de Word profundiza en temas tales como el trabajo con imágenes, sonidos, gráficos y tablas. Incluye herramientas avanzadas, como macros, autoformato y revisión de documentos.

COLECCIÓN: MANUALES USERS

Sepa cómo armar su PC
Aprenda todo lo necesario para armar y configurar su computadora. Desde los componentes internos hasta la puesta a punto, pasando por la RAM, el microprocesador y las unidades de almacenamiento, en este libro encontrará todo lo necesario para enfrentar el desafío.

COLECCIÓN: MANUALES USERS

Excel XP
100 respuestas avanzadas
Si desea profundizar sus conocimientos en Excel, éste es el libro indicado, ya que en él encontrará respuestas a las dudas más frecuentes, explicadas con ejemplos prácticos.

COLECCIÓN: MANUALES USERS

Access XP
Aproveche al máximo el potencial de Microsoft Access XP, la eficaz herramienta para administrar bases de datos. Desde los fundamentos hasta los temas más complejos.

COLECCIÓN: MANUALES USERS

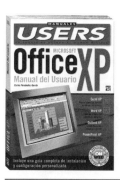

Office XP
Domine las principales aplicaciones incluidas en el paquete Microsoft Office XP. Documentos rápidos y efectivos con Word, planillas de cálculo y gráficos con Excel, presentaciones impactantes con PowerPoint, y administración de correo y agenda con Outlook.

COLECCIÓN: MANUALES USERS

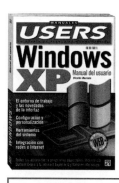

Windows XP
Un manual orientado al usuario que desea conocer las novedades de la última versión del reconocido sistema operativo. Domine, además, Outlook Express 6, Internet Explorer 6 y Windows Messenger.

COLECCIÓN: MANUALES USERS

Microsoft Office XP
Utilice de la manera más fácil y rápida los programas que forman parte del paquete Office XP: Word, Excel, Access, Outlook y PowerPoint. Aprenda a crear documentos profesionales, planillas de cálculo, gráficos, presentaciones, bases de datos, y mucho más.

COLECCIÓN: GUÍAS VISUALES

Excel XP
El objetivo del libro es que conozca a fondo los principales comandos del programa, para usarlos con mayor eficiencia, y ganar tiempo y prestaciones. Incluye un extenso comentario de las novedades que ofrece Excel XP con respecto a versiones anteriores.

COLECCIÓN: MANUALES USERS

Dreamweaver 4, Fireworks 4 y Flash 5
Este libro enseña paso a paso el uso de las principales aplicaciones de Macromedia: Dreamweaver, Fireworks y Flash. **El CD** incluye versiones trial de los tres programas, tutoriales paso a paso y todos los ejemplos desarrollados en el libro.

COLECCIÓN: MANUALES USERS

FrontPage XP
La guía más práctica para diseñar sitios web. Aprenda, paso a paso, a utilizar FrontPage XP, la potente herramienta de Microsoft, y tenga rápidamente su sitio en Internet.

COLECCIÓN: GUÍAS VISUALES

MP3
Todo acerca del formato que arrasó con los medios de grabación existentes. Además, los secretos de los mejores programas para escuchar, crear e intercambiar archivos MP3: Winamp, MusicMatch, LimeWire, etc.

COLECCIÓN: MANUALES USERS

Flash 5
Todo lo que tiene que saber para aumentar al máximo las posibilidades en la creación de contenidos dinámicos para Internet. Desde los pasos básicos hasta la interactividad necesaria para desarrollar películas animadas.

COLECCIÓN: MANUALES USERS

3D Studio MAX
Un libro que explica, de manera fácil y visual, cada uno de los componentes del mejor programa de diseño 3D. **En el CD:** ejercicios resueltos para comprobar los resultados del libro, modelos 3D de alta calidad, scripts y texturas, plug-ins para MAX 3 y el mejor software relacionado.

COLECCIÓN: MANUALES USERS

Cómo buscar en Internet
Navegar por Internet puede resultar una actividad eficaz si, después de aplicar técnicas sistemáticas de búsqueda, se encuentra la información deseada. Este libro propone ejercitar estos procedimientos con casos prácticos y estrategias de búsqueda.

COLECCIÓN: USERS EXPRESS

La Biblia del chat
Los secretos del medio de comunicación elegido por todos. Conozca gente, converse con amigos e intercambie información, fácil y rápidamente. **En el CD:** videos de las acciones más importantes del libro y el mejor software relacionado: ICQ, mIRC, Gooey, NetMeeting, y mucho más.

COLECCIÓN: MANUALES USERS

Diseño Web 2001
La segunda edición del libro *Manual de creación de páginas web*, ampliado y actualizado con las últimas tecnologías. **En el CD:** el mejor software relacionado, fuentes tipográficas, galerías de imágenes, tutoriales y ejemplos.

COLECCIÓN: MANUALES USERS

4000 elementos para crear un sitio web
Una cuidadosa selección de fotos, botones, iconos y GIFs animados para asistir el trabajo de diseñadores de páginas web. **En el CD:** el mejor software de diseño, utilitarios y programas relacionados.

COLECCIÓN: USERS EN CD

Sitios web con FrontPage 2000
Proyectos que enseñan todas las funciones del poderoso programa FrontPage 2000 para diseño de sitios web. **En el CD:** los mejores programas relacionados, los proyectos del libro, galería de imágenes, y mucho más.

COLECCIÓN: USERS EXPRESS

Oracle
Un completo análisis de las tecnologías desarrolladas por Oracle Corporation, necesario para profesionales de sistemas vinculados o no a esta área. Se hace referencia a las bases de datos, y a las herramientas Developer, Designer, Discoverer, Oracle Portal, IAS y JDeveloper.

COLECCIÓN: USERS EXPERTOS

Excel 2000
Claudio Sánchez, el especialista en Excel de la revista USERS, explica de manera clara y visual cada una de las tareas a realizar con una planilla de cálculo. Desde cómo grabarla hasta conceptos avanzados, como las herramientas de análisis.

COLECCIÓN: GUÍAS VISUALES

Microsoft Outlook 2000
Los pasos necesarios para dominar el organizador más poderoso y versátil del mercado. Con explicaciones paso a paso, ejemplos de práctica, guías de ayuda y material complementario para conocer los secretos del programa de manera fácil y entretenida.

COLECCIÓN: MANUALES USERS

Linux Fácil
Una guía rápida, completa y explicada paso a paso para todo aquel que quiera iniciarse en el nuevo mundo del sistema operativo Linux. **En el CD:** la última versión completa de Corel Linux, paquetes con juegos, aplicaciones administrativas y herramientas de mantenimiento.

COLECCIÓN: MANUALES USERS

BackOffice
Domine las aplicaciones del sistema operativo de red Windows NT Server 4.0 para la administración de bases de datos, acceso a Internet, etc. **En el CD:** las mejores aplicaciones y el texto completo del libro *Resource Kit de Small Business Server 4.5* en versión digital.

COLECCIÓN: COMPUMAGAZINE

Bases de datos en Visual Basic 6.0
Las últimas técnicas para el manejo de bases de datos. Cómo se diseñan y cómo se emplea el lenguaje SQL, entre otros temas clave. **En el CD:** SQL Server 7 y Visual Basic 6 Working Model (versiones de prueba).

COLECCIÓN: COMPUMAGAZINE